机电一体化技术专业群"双高"项目建设成果

高等职业教育机电一体化技术专业系列教材

机械制造技术

主编 王德春

参编 陈 爽 张 凌 徐 皓 杨 欢

机械工业出版社

本书是为适合高等职业教育培养复合应用型人才的需要而开发的在线开放立体化教材，是按照基于工作过程的模块化教学需要编写的。本书的特点是结合"互联网+"的教学需求，融合了新媒体的特点，构建了基于工作过程的立体化教材。本书配有在线课程学习平台、二维码等资源。

本书以机械制造工艺制订与实施为主线，紧密结合机械制造领域内典型产品及零件的生产过程，以职业技能需要及企业生产需求为重点，以培养学生全面专业素质及综合职业能力为目标，将金属切削加工、机械工艺基础、机床夹具设计、数控加工、特种加工和先进制造技术等知识有机地结合起来，形成了新的教学内容。本书配套的课程为重庆高校在线开放课程"机械制造基础"。

本书可作为应用型本科、职教本科、高职（含五年制）、中职相关院校、机械类或机电类各专业的教学用书，也可作为机械类、机电类专业技术人员的参考书或机械制造企业的培训教材。

图书在版编目（CIP）数据

机械制造技术 / 王德春主编 . — 北京：机械工业出版社，2024.5（2025.11 重印）
机电一体化技术专业群"双高"项目建设成果　高等职业教育机电一体化技术专业系列教材
ISBN 978-7-111-75555-5

Ⅰ.①机…　Ⅱ.①王…　Ⅲ.①机械制造工艺 – 高等职业教育 – 教材
Ⅳ.①TH16

中国国家版本馆 CIP 数据核字（2024）第 071244 号

机械工业出版社（北京市百万庄大街 22 号　邮政编码 100037）
策划编辑：于奇慧　　　　　　　责任编辑：于奇慧
责任校对：高凯月　张亚楠　　　责任印制：刘　媛
北京建宏印刷有限公司印刷
2025 年 11 月第 1 版第 2 次印刷
184mm × 260mm · 16 印张 · 350 千字
标准书号：ISBN 978-7-111-75555-5
定价：52.00 元

电话服务　　　　　　　　　　网络服务
客服电话：010-88361066　　　机　工　官　网：www.cmpbook.com
　　　　　010-88379833　　　机　工　官　博：weibo.com/cmp1952
　　　　　010-68326294　　　金　书　网：www.golden-book.com
封底无防伪标均为盗版　　机工教育服务网：www.cmpedu.com

前言

"机械制造技术"是机电类专业的一门专业核心课,通过该课程的学习,使同学们掌握机械加工的基本理论知识,掌握机械加工工艺规程编制的基本原则,掌握数控加工、特种加工等先进制造技术,为今后从事机电类专业的技术工作打下良好基础。

本书是根据教育部《中国教育现代化2035》《关于实施中国特色高水平高职学校和专业建设计划的意见》等文件精神,坚持以就业为导向、以职业岗位工作过程为课程设计基础编排的。

本书是校企共同开发的、基于重庆高校在线开放课程平台和工作过程的立体化教材,内容丰富、资源立体,与新媒体融合,直观、生动演绎了教学内容,有利于实施线上线下混合式教学。

本书的主要特点如下:

1. 内容模块化

本书是按照实际工作需要、基于工作过程的模块化教学需要编写的,每个模块都通过引入相关的工作案例介绍教学内容,并按单元划分及讲解。

2. 校企合作双元开发

校企合作开发课程资源,在课程中加入行业企业岗位元素,融入新知识、新技术、新工艺、新材料,以适应岗位需要、职业资格证书和1+X书证融通的需要。

3. 教学资源丰富

教学资源丰富,有视频、课件、动画、模拟试卷、专业标准、文献资料等资源。依托课程平台可进行问卷调查、互动答疑、布置作业、在线测试、考试等功能,既能满足学生自学需要,又能提供教师与学生线上互动服务。

4. 融入素质教育元素

通过介绍在世界科学技术发展史上,我国制造工艺方面所取得的举世瞩目的成就,以及新中国成立以后机械制造业的飞速发展和取得的新技术、新材料、新工艺等成就,激发同学们的民族自豪感、自信心,从而树立强烈的爱国情怀,立志成为国家栋梁之材,积极投身于中华民族伟大复兴的宏伟事业中。

本书是将传统的"金属切削原理与刀具""金属切削机床""机械制造工艺学""机床夹具设计""数控加工技术""特种加工技术""冷加

工基础"等课程内容，进行科学组合、结构优化，再吸收"先进制造技术"课程相关内容整合而成的一本机电类专业基础核心课教材。

本书符合机电类专业高等职业教育培养目标的要求和高等职业教育的特点，突出了综合性与实用性。

本书内容丰富、涉及面广、适应性强，不同学校、不同专业在使用时，可按各自的实际情况和具体教学需要进行调整或取舍。本书可作为应用型本科、职教本科、高职（含五年制）、中职相关院校机械类或机电类各专业的教学用书，也可作为机械类、机电类专业技术人员的参考书或机械制造企业的培训教材。

参加本书编写的有：中煤科工集团重庆研究院张凌（编写模块四中的单元1、2、3），重庆工程职业技术学院陈爽（编写模块三中的单元1、2）、王德春（编写模块一、模块二和模块五）、徐皓（编写模块四中的单元4、5、6）、杨欢（编写模块三中的单元3、4）。本书由王德春任主编并负责统稿。

本书在编写过程中参考了相关教材及专著等资料，在此对相关作者表示衷心感谢！由于编者水平有限，书中不妥及错漏之处在所难免，恳请广大读者批评指正。

编　者

目录

前言

模块一　金属切削加工 ················ 1
 一、教学目标 ························· 1
 二、工作案例：减速器箱体底座的加工 ··· 1
 单元1　金属切削加工基础 ············ 3
  一、概述 ··························· 3
  二、切削运动和切削用量 ············· 3
 单元2　金属切削刀具 ················ 6
  一、车刀的组成 ····················· 7
  二、刀具几何角度参考系 ············· 8
  三、刀具材料应具备的性能 ·········· 14
  四、高速钢 ························ 14
  五、硬质合金 ······················ 15
 单元3　金属切削过程 ··············· 17
  一、切屑的形成和切屑种类 ·········· 17
  二、切削力 ························ 19
  三、切削热和切削温度 ·············· 21
  四、刀具磨损和刀具寿命 ············ 23
  五、提高切削加工质量的途径 ········ 27
 单元4　金属切削机床 ··············· 29
  一、机床的分类 ···················· 29
  二、机床型号的编制方法 ············ 30
  三、零件表面的切削加工成形方法和
   机床的运动 ···················· 34
  四、机床传动的基本组成和传动原理图 ··· 36
  五、机床传动系统图和运动计算 ······ 38
 单元5　外圆表面加工 ··············· 40
  一、外圆表面的加工方法 ············ 40
  二、外圆表面的车削加工 ············ 41
  三、外圆表面的磨削加工 ············ 50
 单元6　内圆表面加工 ··············· 59
  一、内圆表面的加工方法概述 ········ 59
  二、钻削加工 ······················ 60
  三、镗削加工 ······················ 67
  四、拉削加工 ······················ 71
  五、内圆表面的磨削加工 ············ 73
 单元7　平面加工 ··················· 76
  一、平面加工方法 ·················· 76
  二、刨削与插削加工 ················ 76
  三、铣削加工 ······················ 80
  四、平面磨削加工 ·················· 89
 单元8　圆柱齿轮加工 ··············· 90
  一、成形法（仿形法）加工齿轮 ······ 91
  二、范成法（展成法）加工齿轮 ······ 91
 单元9　螺纹加工 ··················· 93
  一、车螺纹 ························ 93
  二、铣螺纹 ························ 94
  三、磨螺纹 ························ 94
  四、攻螺纹与套螺纹 ················ 95
 习题 ······························· 95

模块二　工艺规程 ···················· 98
 一、教学目标 ························ 98
 二、工作案例：摇杆加工工艺规程编制 ··· 98
 单元1　工艺规程基础 ·············· 100
  一、概述 ························· 100
  二、机械加工工艺规程 ············· 101
  三、生产纲领与生产类型 ··········· 105
 单元2　工艺规程的制订 ············ 107
  一、零件的工艺分析 ··············· 107
  二、毛坯的选择及加工余量的确定 ··· 107
  三、定位基准 ····················· 108
  四、典型表面的定位方法 ··········· 111
  五、工艺路线的拟订 ··············· 114
  六、工艺文件的编制 ··············· 117
 单元3　机床夹具 ·················· 118
  一、概述 ························· 118
  二、夹具的分类与组成 ············· 120
  三、机床夹具设计要求 ············· 121
  四、专用夹具的设计步骤 ··········· 121
  五、专用夹具设计举例 ············· 124

单元4　典型零件的工艺规程 ………… 127
　一、轴类零件的结构特点和技术要求 … 127
　二、套筒类零件的加工工艺 …………… 129
　三、箱体类零件的加工工艺 …………… 131
习题 …………………………………………… 134

模块三　数控加工 ………………… 135
　一、教学目标 …………………………… 135
　二、工作案例：阶梯轴的数控加工 …… 136
单元1　数控加工概述 …………………… 137
　一、数控技术与数控机床 ……………… 137
　二、数控机床的组成、分类与工作过程 … 141
单元2　数控车床的基本操作 …………… 147
　一、数控车床的构造与操作面板 ……… 147
　二、数控系统的工作方式及功能 ……… 150
　三、数控车床对刀方法 ………………… 151
单元3　数控加工编程 …………………… 155
　一、程序编制的基本概念 ……………… 155
　二、编程的种类 ………………………… 156
　三、数控编程的内容和步骤 …………… 156
　四、加工程序的结构与格式 …………… 157
　五、数控机床的坐标系 ………………… 159
单元4　典型零件的数控加工 …………… 162
　一、阶梯轴的数控加工 ………………… 162
　二、螺纹轴的数控加工 ………………… 167
　三、压板的数控加工 …………………… 169
习题 …………………………………………… 173

模块四　特种加工 ………………… 174
　一、教学目标 …………………………… 174
　二、工作案例：叶轮的特种加工 ……… 174
单元1　概述、电火花加工与电火花线
　　　　切割 …………………………… 175
　一、概述 ………………………………… 175
　二、电火花加工 ………………………… 176
　三、电火花线切割 ……………………… 177
单元2　电解加工（电化学加工） ……… 179
　一、电解加工的原理 …………………… 179
　二、电解加工的特点 …………………… 179
　三、电解加工的应用 …………………… 180
单元3　激光加工与超声加工 …………… 181
　一、激光加工 …………………………… 181
　二、超声加工 …………………………… 183
单元4　电子束加工与离子束加工 ……… 184
　一、电子束加工 ………………………… 184
　二、离子束加工 ………………………… 185
单元5　快速原型（快速成型）技术 …… 187
　一、概述 ………………………………… 187
　二、分类 ………………………………… 188
　三、特点 ………………………………… 188
　四、快速原型的软件系统 ……………… 188
　五、快速原型技术的应用 ……………… 189
单元6　高压水射流加工 ………………… 189
　一、概述 ………………………………… 189
　二、分类 ………………………………… 190
　三、特点与应用 ………………………… 190
习题 …………………………………………… 191

模块五　先进制造技术 …………… 192
　一、教学目标 …………………………… 192
　二、工作案例：型腔零件的加工 ……… 192
单元1　先进制造技术概述 ……………… 193
　一、先进制造技术的内涵及特点 ……… 193
　二、先进制造技术的体系结构 ………… 195
　三、先进制造技术的发展趋势 ………… 197
单元2　机械制造系统的自动化技术 …… 198
　一、成组技术 …………………………… 198
　二、计算机集成制造（CIM） ………… 199
　三、并行工程 …………………………… 200
　四、敏捷制造 …………………………… 202
单元3　精密加工与超精密加工 ………… 203
　一、概述 ………………………………… 203
　二、精密和超精密切削加工 …………… 205
　三、精密磨料加工 ……………………… 206
　四、超精密加工设备 …………………… 207
　五、超精密加工发展趋势 ……………… 208
单元4　超高速加工技术 ………………… 210
　一、概述 ………………………………… 210
　二、超高速切削的原理和特点 ………… 210
　三、超高速加工的发展与应用 ………… 211
　四、超高速铣削和磨削的技术特点 …… 212
单元5　增材制造技术 …………………… 213
　一、增材制造技术概述 ………………… 213
　二、3D打印技术 ………………………… 216

单元6　微细加工技术 …………… 219
一、概述 ………………………… 219
二、几种常见的微细加工技术 …… 220
三、微细加工技术的应用 ………… 223
四、微细加工设备 ………………… 223
五、微细加工技术的发展趋势 …… 224

单元7　虚拟制造技术 …………… 224
一、概述 ………………………… 224
二、虚拟制造的分类 ……………… 224
三、虚拟制造的关键技术 ………… 226
四、虚拟制造的作用 ……………… 227

单元8　工业机器人技术 ………… 227
一、概述 ………………………… 227
二、工业机器人的基本组成 ……… 233
三、工业机器人的技术参数 ……… 235

单元9　绿色制造 ………………… 237
一、绿色制造概述 ………………… 237
二、绿色设计 …………………… 239
三、清洁生产 …………………… 242

习题 ……………………………… 245

参考文献 ………………………… 246

金属切削加工

一、教学目标

（一）能力目标

通过学习减速器箱体底座的加工，使学生了解常用机械零件切削加工的相关知识，掌握切削机床与切削要素、常用材料的切削加工性能、常用材料切削条件的选择，能根据零件加工的要求，完成减速器箱体底座的车削加工参数的选择，并初步具备操作车床的能力。

（二）知识目标

1. 了解金属切削用量的三要素和车刀的几何参数。
2. 掌握刀具的几何角度与切削用量的选择，掌握刀具材料的性能及选用原则。
3. 掌握常用金属切削机床的基本原理和分类的方法。
4. 掌握常用机械零件的典型表面的加工方法。
5. 了解车床、钻床、刨床、铣床、镗床的原理及加工工艺范围。

（三）素质目标

1. 具有严谨求实、开拓进取的工作作风。
2. 具有质量、效益意识，初步掌握工程实践技能和工程思维方法。
3. 具有吃苦耐劳的优良品质和良好的人际交流能力、团队合作能力。
4. 具有强烈的安全责任心和一定的安全生产组织能力。
5. 具有较高的自学能力，能够适应社会不断发展的需要。

二、工作案例：减速器箱体底座的加工

箱体类零件是机器的基础件，用于将机器和部件中的轴、齿轮等有关零件连接成一个整体，并保持正确的相互位置，以传递转矩或改变转速来完成规定的运动。箱体的加工质量直接影响机器的工作精度、使用性能和寿命。

减速器箱体底座是典型的箱体类零件，如图 1-1 所示。箱体类零件的结构形状一般都比较复杂：壁薄且不均匀，刚性差，内部呈腔形；在箱壁上有许多精度要求较高的支承孔和平面需

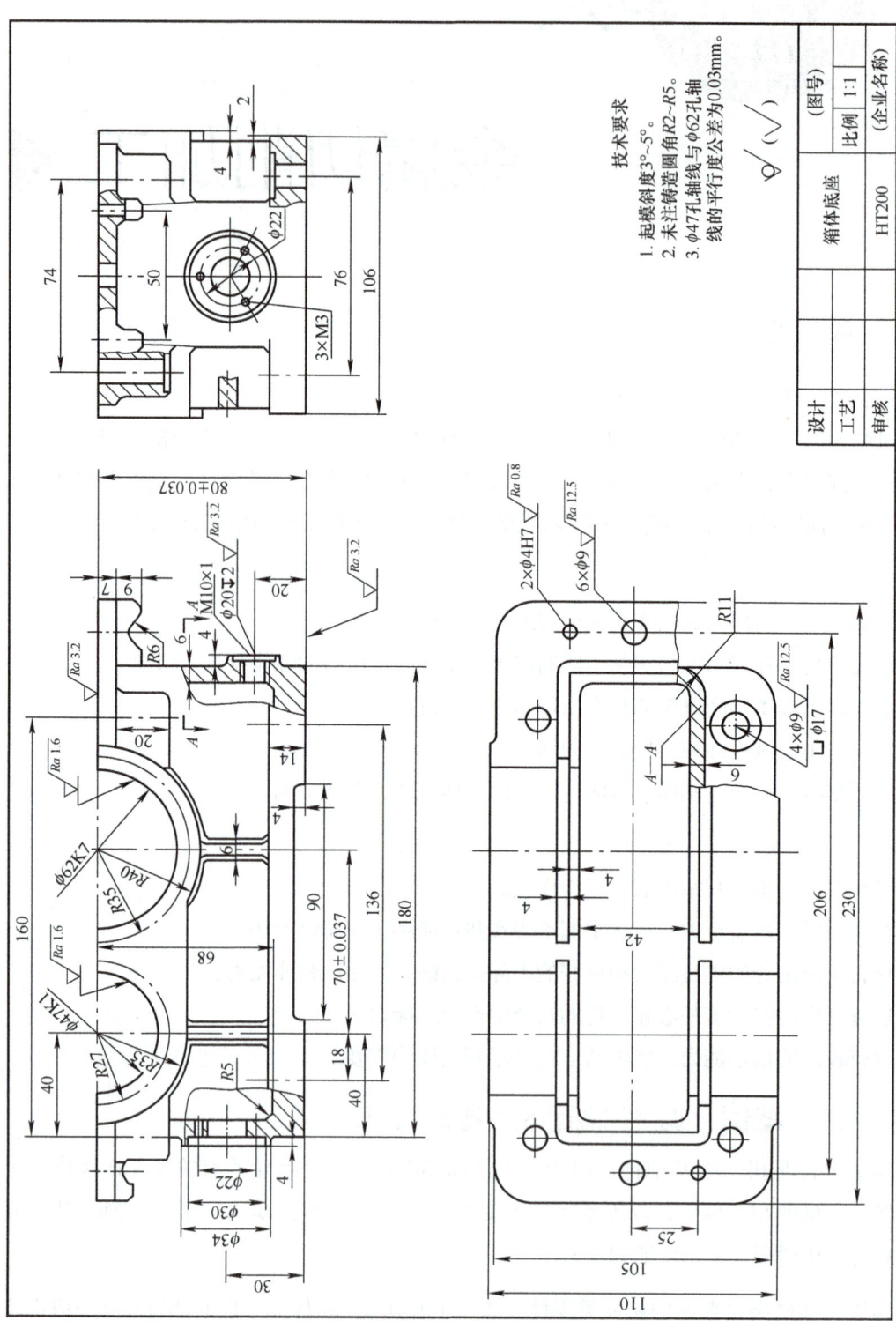

图1-1 减速器箱体底座

要加工,特别是主轴支承孔和基准平面,还有许多精度要求较低的平面、紧固孔需要加工。一般说来,箱体不仅需要加工的部位多,且加工的难度也较大。

根据工作需要,减速器箱体底座的毛坯采用铸造的方法生产,一般选择铸钢或铸铁,该零件材料选择的材料为灰铸铁 HT200。灰铸铁的抗拉强度、塑性和韧性远低于钢,抗压强度与钢相近。按照零件机械制造工艺要求,铸造工序完成后,下一道工序将进行减速器箱体底座的切削加工。金属切削加工即用切削工具从金属材料(毛坯)或工件上切除多余的金属层,从而使工件获得具有一定形状、尺寸精度和表面粗糙度的加工方法,如车削、钻削、铣削、刨削、磨削、拉削等。

为完成减速器箱体底座的加工,需要掌握金属切削加工知识。通过本模块的学习,使学生掌握金属的切削加工原理、切削运动、切削刀具、切削过程的基本规律,掌握常用机床的结构、分类、特点和应用,掌握零件各种表面的常用加工方法、特点和选用,掌握车削、钻削、镗削、刨削、铣削、拉削及磨削等金属切削加工的基本方法。

单元1 金属切削加工基础

一、概述

金属切削加工是利用机床和切削工具从毛坯(如铸件、锻件,棒料或板料)或工件上切去多余的材料,使工件的几何形状、尺寸及表面粗糙度等方面均符合图样要求的机械加工方法。金属切削加工虽有多种不同的方式,但是它们在很多方面如切削时的运动、切削工具及切削过程的实质等都有着共同的现象和规律,这些现象和规律是学习各种切削加工方法的基础。

金属切削加工概述

1. 切削加工的分类

金属切削加工方式很多,一般可分为车削加工、铣削加工、钻削加工、镗削加工、刨削加工、磨削加工、齿轮加工等。

2. 切削加工的特点及应用

切削加工的精度高、生产率高及适应性好,凡是要求具有一定几何尺寸精度和表面粗糙度的零件,通常都采用切削加工方法来完成。

二、切削运动和切削用量

(一)切削运动

切削加工时,为了获得各种形状的零件,刀具与工件必须具有一定的相对运动,即切削运动,切削运动按其作用不同可分为主运动和进给运动。

1. 主运动

切下切屑所必需的基本运动称为主运动。在切削运动中,主运动的速度最高,消耗功率最大。如车削时,主运动是工件的回转运动,如图 1-2 所示;刨床刨削时,主运动是刀具的往复直线运动,如图 1-3 所示。

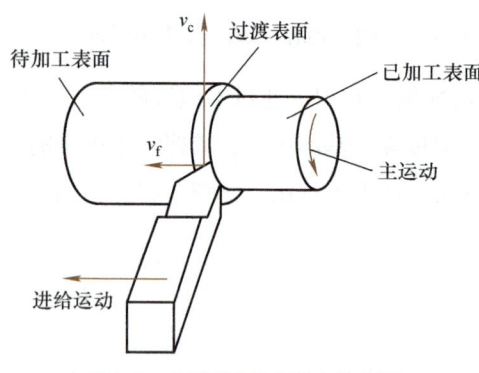

图1-2 车削运动和工件上的表面

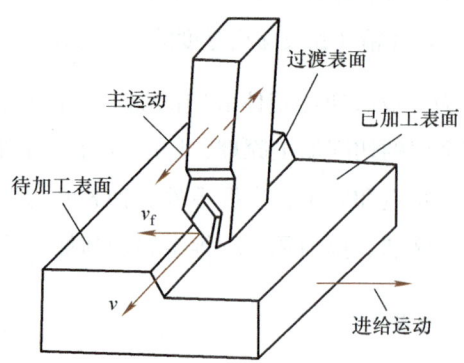

图1-3 刨削运动和工件上的表面

2. 进给运动

使被切削的金属层不断投入切削的运动称为进给运动。如车削外圆时,进给运动是刀具的纵向移动;车削端面时,进给运动是刀具的横向移动。刨床刨削时,进给运动是工作台的移动。

主运动的运动形式可以是旋转运动,也可以是直线运动;主运动可以由工件完成,也可以由刀具完成;主运动和进给运动可以同时进行,也可以间歇进行;主运动通常只有一个,而进给运动可以是一个或几个。

3. 主运动和进给运动的合成

当主运动和进给运动同时进行时,切削刃上某一点相对于工件的运动为合成运动,常用合成速度向量 v_e 来表示,如图 1-4 所示。

(二) 工件表面

切削加工过程中,在切削运动的作用下,工件表面金属不断地被切下变为切屑,从而加工出所需要的新表面。在新表面形成的过程中,工件上有三个依次变化着的表面,它们分别是待加工表面、过渡表面和已加工表面,如图 1-2 和图 1-3 所示。

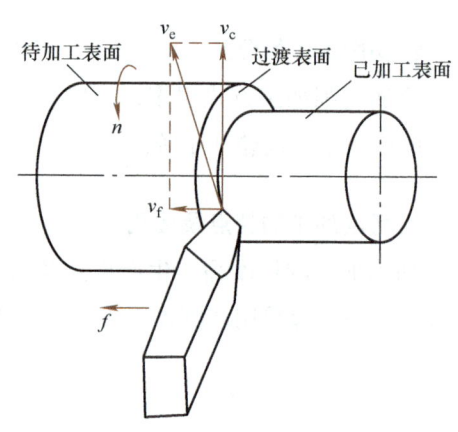

图1-4 合成速度

（1）待加工表面　工件上有待切除的表面。

（2）过渡表面　由切削刃切削而形成的表面，过渡表面又称为加工表面或切削表面。

（3）已加工表面　工件上经刀具切削后形成的表面。

（三）切削用量

切削用量是用来表示切削加工中主运动和进给运动的参数。切削用量包括切削速度、进给量、背吃刀量三个要素。

1. 切削速度 v_c

在切削加工时，切削刃选定点相对于工件主运动的瞬时速度称为切削速度，它表示在单位时间内工件和刀具沿主运动方向相对移动的距离，单位为 m/min 或 m/s。

主运动为旋转运动时，切削速度 v_c 的计算公式为

$$v_c = \frac{\pi d n}{1000} \tag{1-1}$$

式中　v_c——切削速度（m/min 或 m/s）；

　　　d——工件直径（mm）；

　　　n——工件或刀具的转速（r/min 或 r/s）。

主运动为往复运动时，平均切削速度为

$$v_c = \frac{2L n_r}{1000} \tag{1-2}$$

式中　v_c——平均切削速度（m/min）；

　　　L——往复运动行程长度（mm）；

　　　n_r——主运动的往复次数（往复次数/min）。

2. 进给量 f

进给量是刀具在进给运动方向上相对工件的位移量，可用刀具或工件每转或每行程的位移量来表示或度量。车削时，进给量 f 的单位是 mm/r，即工件每转一圈，刀具沿进给运动方向移动的距离。刨削的主运动为往复直线运动，其间歇进给的进给量为 f（mm/双行程），即每个往复行程刀具与工件之间的相对横向移动距离。

单位时间的进给量，称为进给速度，它是切削刃选定点相对于工件进给运动的瞬时速度。车削时的进给速度 v_f（mm/min 或 mm/s）的计算公式为

$$v_f = nf \tag{1-3}$$

式中 v_f——车削时的进给速度（mm/min 或 mm/s）；

n——工件或刀具的转速（r/min 或 r/s）；

f——刀具或工件每转或每行程的位移量（mm/r）。

铣削时，由于铣刀是多齿刀具，进给量单位除 mm/r 外，还规定了每齿进给量，用 f_z 表示，单位为 mm/z。v_f、f、f_z 三者之间的关系为

$$v_f = nf = nf_z z \tag{1-4}$$

式中 v_f——切削时的进给速度（mm/min 或 mm/s）；

n——工件或刀具的转速（r/min 或 r/s）；

f_z——刀具每齿进给量（mm/z）；

z——多齿刀具的齿数。

3. 背吃刀量（切削深度）a_p

背吃刀量 a_p 是指主切削刃工作长度（在基面上的投影）沿垂直于进给运动方向上的投影值。对于外圆车削，背吃刀量 a_p 等于工件已加工表面和待加工表面之间的垂直距离，单位为 mm，即

$$a_p = \frac{d_w - d_m}{2} \tag{1-5}$$

式中 a_p——背吃刀量；

d_w——待加工表面直径；

d_m——已加工表面直径。

单元2　金属切削刀具

金属切削刀具种类很多，如车刀、刨刀、铣刀和钻头等。它们的几何形状各异，复杂程度不等，但它们切削部分的结构和几何角度具有很多共同的特征，其中车刀是最常用、最简单和最基本的切削工具，最具有代表性。其他刀具都可以看作是车刀的组合或变形（图1-5）。因此，

研究金属切削刀具时，通常以车刀为例进行研究和分析。

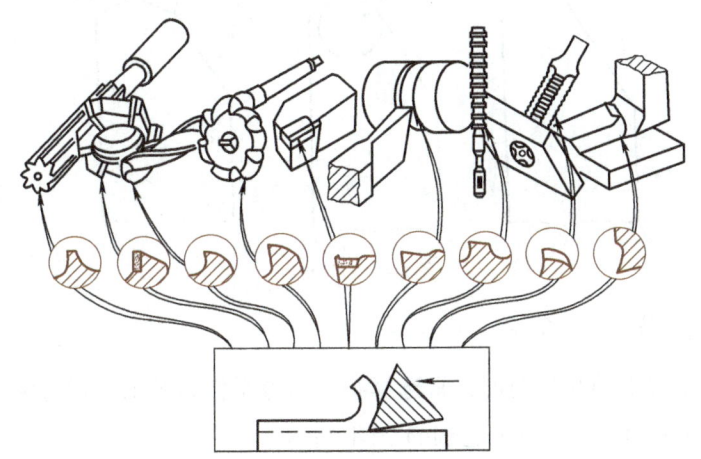

刀具基础知识

图1-5 各种刀具切削部分的形状

一、车刀的组成

车刀由切削部分和刀柄两部分组成。切削部分承担切削加工任务，刀柄用以装夹在机床刀架上。切削部分是由一些面和切削刃组成的。常用的外圆车刀是由一个刀尖、两条切削刃、三个刀面组成的，如图1-6所示。

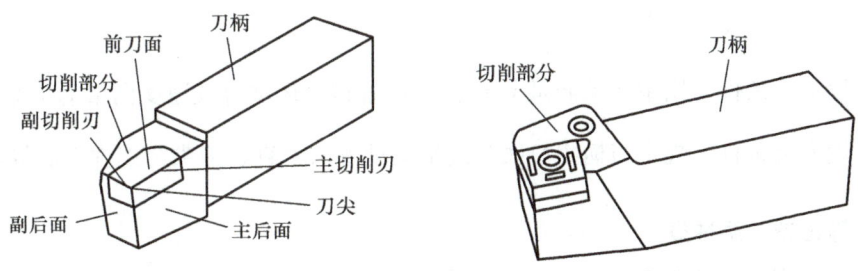

图1-6 车刀的组成

（1）前刀面 A_γ　是刀具上切屑流过的表面。

（2）后刀面（主后面）A_α　是与工件上切削中产生的表面相对的刀面。主后面是刀具上同前刀面相交形成主切削刃的后面，是与过渡表面相对的刀面。

（3）副后面 $A_{\alpha'}$　是与已加工表面相对的刀面。

（4）主切削刃 S　是前刀面与主后面的交线，承担主要的切削工作。

（5）副切削刃 S'　是前刀面与副后面的交线，承担少量的切削工作。

（6）刀尖　是主、副切削刃的相交点，实际上该点是由一段折线或小圆弧组成的，小圆弧的半径称为刀尖圆弧半径，用 r_ε 表示，如图1-7所示（图中 b_ε 为倒角刀尖长度，κ_r 为主偏角）。

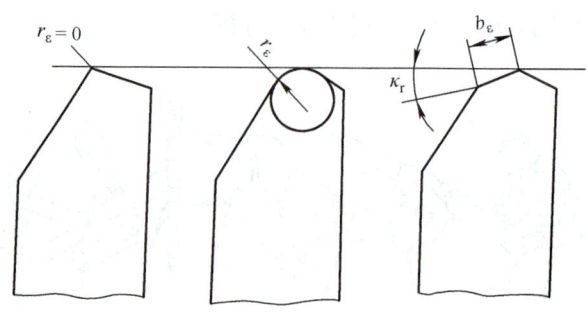

图1-7 刀尖形状

二、刀具几何角度参考系

为了便于确定车刀上的几何角度,常选择某一参考系作为基准,通过测量刀面或切削刃相对于参考系坐标平面的角度值来反映它们的空间方位。

刀具几何角度参考系有两类:刀具静止参考系和刀具工作参考系。

(一)刀具静止参考系

1. 假设条件

刀具静止参考系是刀具设计时标注、刃磨和测量几何参数的基准,在此基准下定义的刀具角度称为刀具角度。为了使参考系中的坐标平面与刃磨、测量基准面一致,特别规定了如下假设条件:

(1)假设运动条件 用主运动向量 v_c 近似地代替相对运动合成速度向量 v_e(即 $v_f=0$)。

(2)假设安装条件 规定刀柄中心线与进给运动方向垂直;刀尖与工件中心等高。

2. 刀具静止参考系种类

根据国家标准 GB/T 12204—2010,刀具静止参考系有正交平面参考系、法平面参考系和假定工作平面参考系三种。

(1)正交平面参考系 如图 1-8 所示,正交平面参考系由以下三个平面组成:

1)基面 p_r。是过切削刃上某选定点,平行或垂直于刀具在制造、刃磨及测量时适合于安装或定位的一个平面或轴线,一般来说其方位要垂直于假定的主运动方向。车刀的基面都平行于它的底面。

2)主切削平面 p_s。是过主切削刃某选定点与主切削刃

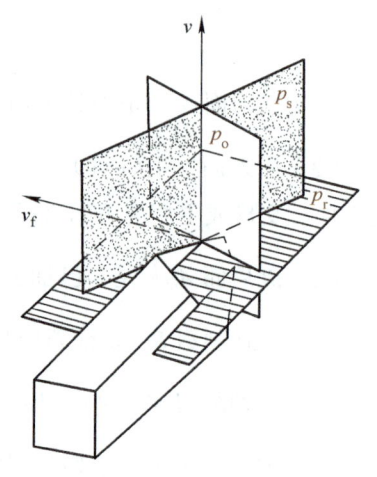

图1-8 正交平面参考系

相切并垂直于基面的平面。

3）正交平面 p_o。是过切削刃某选定点并同时垂直于基面和切削平面的平面。

过主、副切削刃某选定点都可以建立正交平面参考系。基面 p_r、主切削平面 p_s、正交平面 p_o 三个平面在空间相互垂直。

（2）法平面参考系　如图1-9所示，法平面参考系由基面 p_r、主切削平面 p_s 和法平面 p_n 组成。其中，法平面 p_n 是过切削刃某选定点垂直于切削刃的平面。

（3）假定工作平面参考系　如图1-10所示，假定工作平面参考系由基面 p_r、假定工作平面 p_f 和背平面 p_p 组成。

假定工作平面 p_f 是过切削刃某选定点平行于假定进给运动方向并垂直于基面的平面。

背平面 p_p 是过切削刃某选定点既垂直于假定工作平面又垂直于基面的平面。

刀具设计时标注、刃磨、测量角度时最常用的是正交平面参考系。

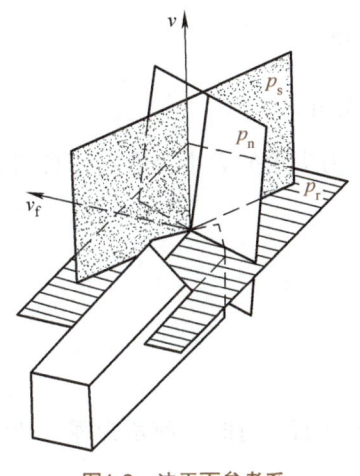

图1-9　法平面参考系

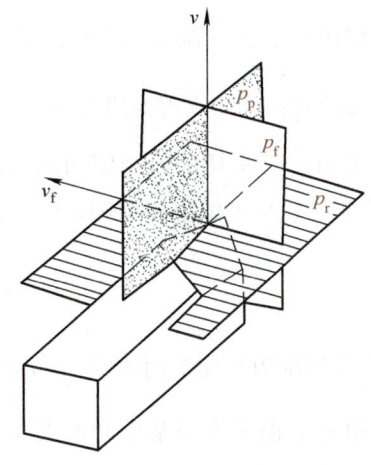

图1-10　假定工作平面参考系

（二）刀具工作参考系

刀具工作参考系是规定刀具切削加工时几何参数的基准（不考虑假设条件），在此基准下定义的刀具角度称为刀具工作角度。它同样有正交平面参考系、法平面参考系和假定工作平面参考系。

（三）刀具角度和工作角度

1. **刀具角度**

车刀的刀具角度如图1-11所示。

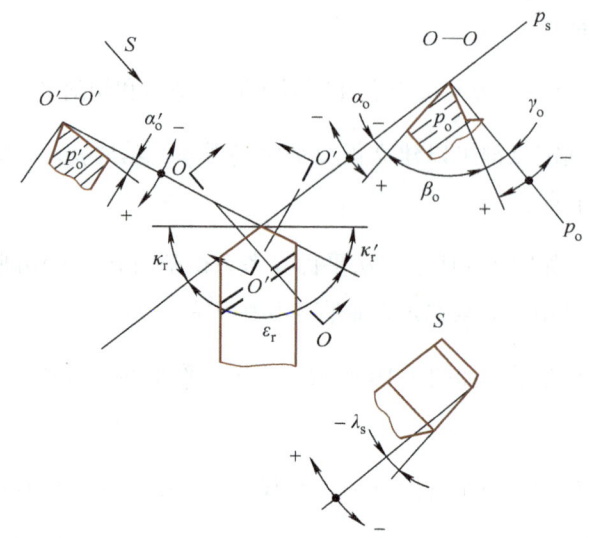

图1-11 车刀的刀具角度

（1）在基面内测量的角度

1）主偏角 κ_r：主切削刃与进给运动方向之间的夹角。

2）副偏角 κ_r'：副切削刃与进给运动反方向之间的夹角。

3）刀尖角 ε_r：主切削刃与副切削刃之间的夹角。刀尖角的大小会影响刀具切削部分的强度和导热性能。它与主偏角和副偏角的关系为

$$\varepsilon_r = 180° - (\kappa_r + \kappa_r') \tag{1-6}$$

（2）在主切削刃正交平面（O—O）内测量的角度

1）前角 γ_o：前刀面与基面间的夹角。当前刀面与基面平行时，前角为零。基面在前刀面以内，前角为负；基面在前刀面以外，前角为正。

2）后角 α_o：主后面与切削平面间的夹角。

3）正交楔角 β_o：前刀面与主后面间的夹角。

楔角的大小将影响切削部分截面的大小，决定着切削部分的强度，它与前角 γ_o 和后角 α_o 的关系为

$$\beta_o = 90° - (\gamma_o + \alpha_o) \tag{1-7}$$

（3）在切削平面内测量的角度 刃倾角 λ_s 为主切削刃与基面间的夹角。刃倾角正负的规定如图1-12所示。刀尖处于最高点时，刃倾角为正；刀尖处于最低点时，刃倾角为负；切削刃平

行于底面时,刃倾角为零。$\lambda_s = 0$ 的切削称为直角切削,此时主切削刃与切削速度方向垂直,切屑沿切削刃的法向流出。$\lambda_s \neq 0$ 的切削称为斜角切削,此时主切削刃与切削速度方向不垂直,切屑的流向与切削刃的法向成一定角度,如图1-13所示。

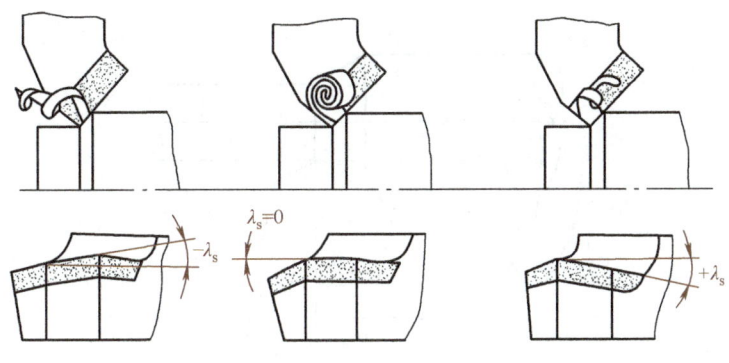

图1-12 刃倾角正负的规定

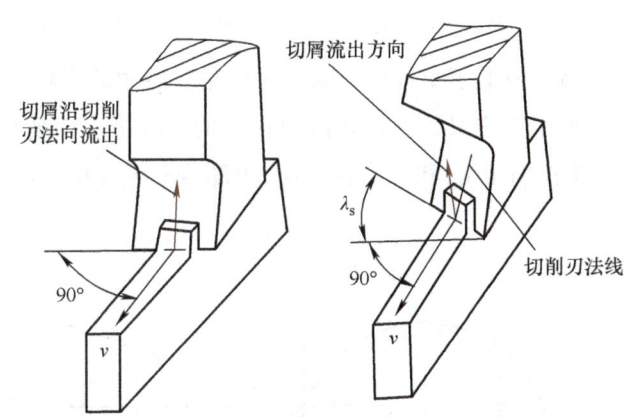

图1-13 直角切削与斜角切削

(4)在副切削刃正交平面($O'—O'$)内测量的角度 副后角α'_o为副后面与副切削刃切削平面间的夹角。

上述的几何角度中,最常用的是前角(γ_o)、后角(α_o)、主偏角(κ_r)、刃倾角(λ_s)、副偏角(κ'_r)和副后角(α'_o),通常称为基本角度。在刀具切削部分的几何角度中,上述基本角度能完整地表达出车刀切削部分的几何形状,反映出刀具的切削特点。ε_r、β_o为派生角度。

2. 刀具工作角度

切削过程中,由于刀具的安装位置、刀具与工件间相对运动情况的变化,实际起作用的角度与标注角度有所不同,我们称这些角度为工作角度。下面仅就刀具安装位置对角度的影响叙述如下。

（1）刀柄中心线与进给方向不垂直时对主、副偏角的影响　当车刀刀柄与进给方向不垂直时，实际工作的主偏角 κ_{re} 和副偏角 κ'_{re} 将发生变化，如图1-14所示。

$$\kappa_{re} = \kappa_r + G \qquad \kappa'_{re} = \kappa'_r - G$$

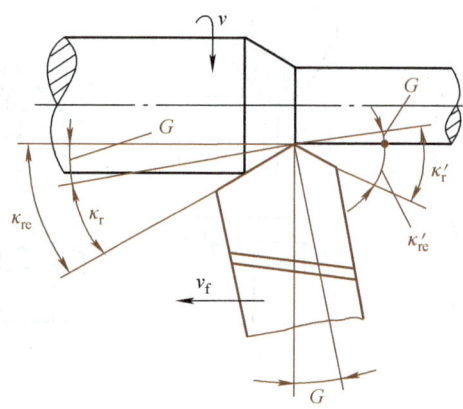

图1-14　刀柄中心线不垂直进给方向时对主、副偏角的影响

（2）切削刃安装位置高于或低于工件中心时，对前角、后角的影响　切削刃安装位置高于或低于工件中心时，按参考平面定义，通过切削刃作出的实际工作切削平面 p_{se}、基面 p_{re} 将发生变化，所以使刀具实际工作前角 γ_{oe} 和工作后角 α_{oe} 也随着发生变化，如图1-15所示。

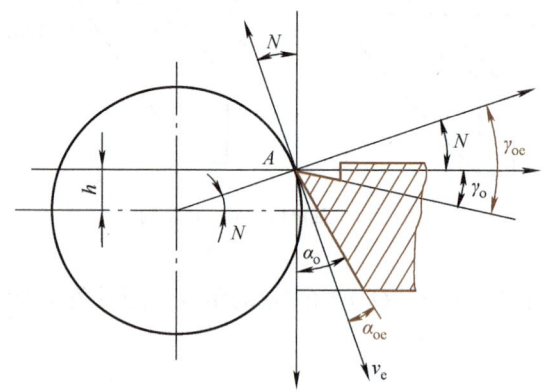

图1-15　车刀安装位置对前角、后角的影响

切削刃安装位置高于工件中心时：

$$\gamma_{oe} = \gamma_o + N \qquad \alpha_{oe} = \alpha_o - N \qquad (1-8)$$

切削刃安装位置低于工件中心时：

$$\gamma_{oe} = \gamma_o - N \qquad \alpha_{oe} = \alpha_o + N \qquad (1-9)$$

(四)切削层参数

切削层是刀具切削部分切过工件的一个单程,或指只产生一圈过渡表面所切除的工件材料层。切削层参数就是指这个切削层的截面尺寸。为了简化计算,切削层形状和尺寸规定在刀具的基面中度量,切削层的形状和尺寸将直接影响刀具切削部分所承受的负荷和切屑的尺寸大小。如图1-16所示,车外圆时,若主、副切削刃为直线,且刃倾角为零,切削层就是车刀由位置Ⅰ移动到位置Ⅱ的过程中,刀具正在切削的金属层,可见,切削层的形状是平行四边形。

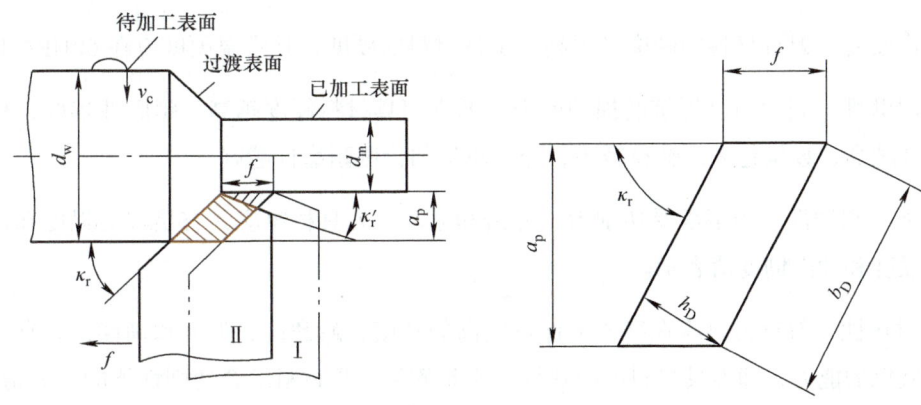

图1-16 切削层参数

(1)切削层公称厚度 h_D 是指垂直于切削表面度量的切削层尺寸,简称切削厚度。

$$h_D = f\sin\kappa_r \tag{1-10}$$

式中 h_D——切削厚度(mm);

f——进给量(mm);

κ_r——主偏角(°)。

(2)切削层公称宽度 b_D 是指沿切削表面度量的切削层尺寸,简称切削宽度。

$$b_D = a_p/\sin\kappa_r \tag{1-11}$$

式中 b_D——切削宽度(mm);

a_p——背吃刀量(mm);

κ_r——主偏角(°)。

(3)切削层公称横截面面积 A_D 其计算公式为

$$A_D = f a_p = h_D b_D \tag{1-12}$$

式中　A_D——切削层公称横截面面积（mm^2）；

　　　a_p——背吃刀量（mm）。

三、刀具材料应具备的性能

在切削加工时，刀具切削部分与切屑、工件相互接触的表面上承受了很大的压力和强烈的摩擦，刀具在高温下进行切削的同时，还承受着切削力、冲击和振动，因此要求刀具切削部分的材料应具备以下性能。

（1）高硬度　刀具材料的硬度必须高于工件材料的硬度，其常温硬度应在60HRC以上。

（2）耐磨性　表示刀具抵抗磨损的能力，通常刀具材料硬度越高，耐磨性越好；材料中硬质点的硬度越高，数量越多，颗粒越小，分布越均匀，则耐磨性越好。

（3）强度和韧性　为了承受切削力、冲击和振动，刀具材料应具有足够的强度和韧性。一般用抗弯强度和冲击韧度值表示。

（4）耐热性　刀具材料应在高温下保持较高的硬度、耐磨性、强度和韧性，并有良好的抗扩散、抗氧化的能力，即刀具材料的耐热性。它是衡量刀具材料综合切削性能的主要指标。

（5）工艺性　为了便于加工刀具，要求刀具材料有较好的工艺性，包括锻、轧、焊接、切削加工、磨削加工和热处理等工艺性能。此外，在选用刀具材料时，还要考虑经济性。经济性差的刀具材料难以推广使用。

刀具材料的种类很多，常用的有非合金（碳素）工具钢、合金工具钢、高速工具钢（高速钢）、硬质合金、陶瓷、金刚石（天然和人造）和立方氮化硼等。碳素工具钢（如T10A、T12A）和合金工具钢（9SiCr、CrWMn），因其耐热性较差，仅用于低速、手工工具；陶瓷、金刚石和立方氮化硼由于太脆、工艺性差及价格高等原因，使用范围较小；目前用得最多的还是高速钢和硬质合金。

四、高速钢

高速钢是一种加入了钨（W）、钼（Mo）、铬（Cr）、钒（V）等合金元素的高合金工具钢。它的耐热性较碳素工具钢和合金工具钢显著提高，允许的切削速度比碳素工具钢和合金工具钢高两倍以上。高速钢具有较高的强度、韧性和耐磨性，耐热温度达540~600℃。虽然高速钢的硬度和耐热性不如硬质合金，但其刀具的刃口强度和韧性比硬质合金高，能承受较大的冲击载荷，可用于刚性较差的机床，而且这种刀具材料的工艺性能较好，容易磨出锋利的刃口，因此，高速钢仍是应用较广泛的刀具材料，尤其适用于制造结构复杂的刀具，如成形车刀、铣刀、钻头、铰刀、拉刀、齿轮刀具、螺纹刀具等。

高速钢按其用途和性能可分为通用高速钢和高性能高速钢两类。

1. 通用高速钢

通用高速钢是指加工一般金属材料用的高速钢。按其化学成分不同分为钨系高速钢和钼系高速钢。

W18Cr4V 属于钨系高速钢，其淬火后的硬度为 63～66HRC，耐热温度可达 620℃，抗弯强度可达 3430MPa，磨削性能好，热处理工艺控制方便，是我国高速钢中用得比较多的一种。

W6Mo5Cr4V2 属于钼系高速钢，与 W18Cr4V 相比，它的抗弯强度、冲击韧度和高温塑性较高，故可用于制造热轧刀具，如麻花钻等。

2. 高性能高速钢

高性能高速钢是在通用高速钢中再加入一些合金元素，以进一步提高其耐热性和耐磨性。这种高速钢的切削速度可达 50～100m/min，具有比通用高速钢更高的生产率与更长的刀具寿命，同时还能切削不锈钢、耐热钢、高强度钢等难加工的材料。

高钒高速钢（W12Cr4V4Mo）由于含钒（V）、碳（C）量的增加，提高了耐磨性，刀具寿命比通用高速钢可延长 2～4 倍，但是，随着钒含量的提高，使磨削性能变差，刃磨困难。

高钴高速钢和高铝高速钢是近年来为了加工高温合金、钛合金、难熔合金、超高强度钢、奥氏体型不锈钢等难加工材料而发展起来的。它们的常温硬度、高温硬度、耐热性和耐磨性都比通用高速钢 W18Cr4V 高，虽然它的抗弯强度和冲击韧度比较低，但仍是一种综合性能较好的材料，可以用于制作各种刀具，其牌号有 W2Mo9Cr4VCo8、W6Mo5Cr4V2Al 等。

五、硬质合金

硬质合金是用粉末冶金法制造的合金材料，它是由硬度和熔点很高的碳化物（称为硬质相）和金属（称黏结相）组成。

硬质合金的硬度较高，常温下可达 74～81HRC，它的耐磨性较好，耐热温度较高，能耐 800～1000℃ 的高温，因此能采用比高速钢高几倍甚至十几倍的切削速度；它的不足之处是抗弯强度和冲击韧度较高速钢低，刃口不能磨得像高速钢刀具那样锋利。

常用硬质合金按其化学成分和使用特性可分为四类：钨钴类（曾用牌号 YG），钨钛钴类（曾用牌号 YT）；钨钛钽钴类（曾用牌号 YW）和碳化钛基类（曾用牌号 YN）。

1. 钨钴类硬质合金（GB/T 2075—2007 标准中 K 类）

此类硬质合金是由硬质相碳化钨 WC 和黏结剂钴 Co 组成的，其韧性、磨削性能和导热性好，主要适用于加工脆性材料，如铸铁、有色金属及非金属材料。这类硬质合金常用牌号和应用范围见表 1-1，代号 YG 后的数值表示钴 Co 的含量。合金中含钴量越高，其韧性越好，适用于粗加工；含钴量少的，用于精加工。

2. 钨钛钴类硬质合金（GB/T 2075—2007标准中P类）

此类硬质合金是由硬质相碳化钨WC、碳化钛TiC和黏结剂Co组成的。由于在合金中加入了碳化钛（TiC），提高了合金的硬度和耐磨性，但其抗弯强度、耐磨削性能和热导率有所下降，且低温脆性较大，不耐冲击，因此，这类合金主要适用于加工塑性材料，如高速切削一般钢材。钨钛钴类硬质合金常用牌号和应用范围见表1-1。代号YT后的数值表示碳化钛TiC的含量。当刀具在切削过程中承受冲击、振动而容易引起崩刃时，应选用TiC含量少的牌号；当切削条件比较平稳，要求强度和耐磨性高时，应选用TiC含量多的牌号。

表1-1 硬质合金常用牌号和应用范围

组别（牌号）	性能		用途
K01（YG3X）	硬度、耐磨性、切削速度 ↑	抗弯强度、韧性、进给量 ↓	铸铁、有色金属及其合金的精加工、半精加工，不能承受冲击载荷
K05（YG6A）			冷硬铸铁、有色金属及其合金的半精加工，也可用于高锰钢、淬硬钢的半精加工和精加工
K10（YG6X）			普通铸铁、冷硬铸铁、高温合金的精加工、半精加工
K20（YG6）			铸铁、有色金属及其合金的半精加工和粗加工
K30（YG8）			铸铁、有色金属及其合金、非金属材料的粗加工，也可用于断续切削
P01（YT30）	硬度、耐磨性、切削速度 ↑	抗弯强度、韧性、进给量 ↓	碳钢、合金钢的精加工
P10（YT15）			碳钢、合金钢在连续切削时的粗加工、半精加工，也可用于断续切削时精加工
P20（YT14）			
P30（YT5）			碳钢、合金钢的粗加工，可用于断续切削
M10（YW1）	硬度、耐磨性、切削速度 ↑	抗弯强度、韧性、进给量 ↓	高温合金、高锰钢、不锈钢等难加工材料及普通钢料、铸铁、有色金属及其合金的半精加工和精加工
M20（YW2）			高温合金、不锈钢、高锰钢等难加工材料及普通钢料、铸钢、有色金属的粗加工和半精加工

3. 钨钛钽钴类硬质合金（GB/T 2075—2007标准中M类）

在钨钛钴类硬质合金中加入适量的碳化钽（TaC）或碳化铌（NbC）等稀有难熔金属碳化物，可提高合金的高温硬度、强度、耐磨性、黏结温度和抗氧化性，同时，韧性也有所增加，具有较好的综合切削性能，所以人们常称它为"万能合金"。但是，这类合金的价格比较贵，主要用于加工难切削材料。

4. 碳化钛基类硬质合金（GB/T 2075—2007标准中P01类）

此类硬质合金是由碳化钛作为硬质相，镍、钼作为黏结剂而组成的，硬度高达 90 ~ 95HRA，有高的耐磨性，在 1000℃以上的高温下仍能进行切削加工，适合对较高硬度的合金钢、工具钢、淬硬钢等进行切削加工。

随着科学技术的发展，新的工程材料不断出现，对刀具材料的要求也不断提高，在进行切削加工时，我们必须根据具体情况综合考虑，合理地选择刀具材料，既要充分发挥刀具材料的特性，又要合理地满足切削加工的要求。

单元3　金属切削过程

金属切削过程是工件上多余的金属材料不断被刀具切下成为切屑，形成已加工表面的过程。这一过程会发生一系列的物理现象（切削热、刀具磨损等），直接或间接影响工件的加工质量和生产率。

一、切屑的形成和切屑种类

1. 切屑的形成过程

实验研究表明，金属切削与非金属切削不同，金属切削的特点是被切金属层在刀具的挤压、摩擦作用下产生变形后转变为切屑，形成已加工表面。

图 1-17 所示为根据金属切削实验绘制的金属切削过程中的变形滑移线和流线。工件上的被切削层在刀具的挤压作用下，沿切削刃附近的金属首先产生弹性变形，当应力达到金属材料的屈服极限时，切削层金属沿倾斜的剪切面变形区滑移，产生塑性变形，在沿前刀面流出去的过程中，受摩擦力作用再次发生滑移变形，最后形成切屑。为了进一步分析切削层变形的规律，通常把被切削刃作用的金属层划分为三个变形区。第Ⅰ变形区位于切削刃和前刀面的前方，面积是三个变形区中最大的，为主变形区；第Ⅱ变形区是与前刀面相接触的附近区域，切屑沿前刀面流出时，受到前刀面的挤压和摩擦，靠近前刀面的切屑底层会进一步发生变形；第Ⅲ变形区是已加工表面靠近切削刃处的区域，这一区域金属受到切削刃钝圆部分和后刀面的挤压、摩

材料的切削加工性及切削条件的选择

擦与回弹，发生变形造成加工硬化。

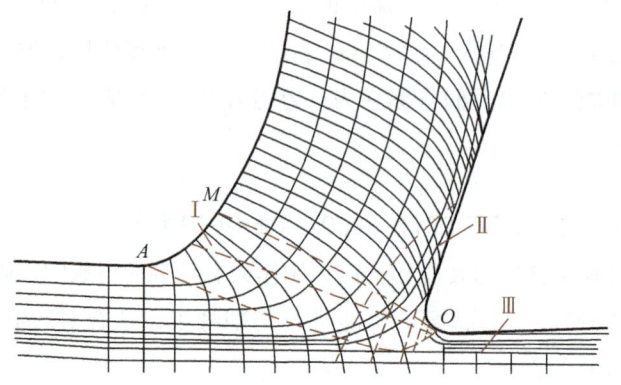

图1-17　金属切削过程中的变形滑移线和流线

这三个变形区各有特点，又相互联系、相互影响，在切削刃的直接作用下，是应力集中、变形比较复杂的区域。

2. 切屑的类型

当工件材料的性能不同或切削条件不同时，会产生不同类型的切屑，并对切削加工产生不同的影响，常见的切屑种类大致有四类，如图1-18所示。

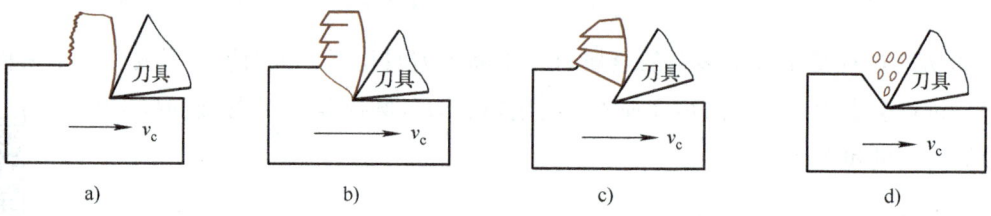

图1-18　切屑类型

（1）带状切屑　在切削过程中，切削层变形终了时，若金属的内应力还没有达到抗拉极限时，就会形成连绵不断的切屑，切屑靠近前刀面的一面很光滑，另一面呈毛茸状，是带状切屑，如图1-18a所示。当切削塑性较大的金属材料（碳钢、合金钢、铜和铝合金）或刀具前角较大、切削速度较高时，经常出现这类切屑。

（2）节状切屑（又称挤裂切屑）　在切屑形成过程中，若切屑变形较大，其剪切面上局部所受到的剪应力达到材料的抗剪极限时，则剪切面上的局部材料就会破裂成节状，但与前刀面接触的一面互相连接而未被折断，这就是挤裂切屑，如图1-18b所示。工件材料塑性越差或用较大进给量低速切削钢材时，较容易得到这类切屑。

（3）粒状切屑（又称单元切屑）　在切屑形成过程中，若整个剪切面上所受到的剪应力均超过材料的破裂强度时，则切屑就成为粒状切屑，形状似梯形，如图1-18c所示。

（4）崩碎切屑　切削铸铁、铸黄铜等脆性材料时，切削层几乎不经过塑性变形阶段就产生崩裂，得到的切屑呈现不规则的粒状，即崩碎切屑，工件加工后的表面也极为粗糙，如图 1-18d 所示。

前三种切屑是切削塑性金属时得到的。形成带状切屑时切削过程最平稳，切削力波动较小，已加工表面粗糙度值较小；但带状切屑不易折断，常缠在工件上，损坏已加工表面，影响生产，甚至伤人，因此要采取断屑措施，例如在前刀面上磨出断屑槽等。形成粒状切屑时，切削力波动最大。在生产中常见的是带状切屑，当进给量增大，切削速度降低，则可由带状切屑转化为挤裂切屑。在形成挤裂切屑的情况下，如果进一步减小前角，或加大进给量，降低切削速度，就可以得到粒状切屑，反之，如果加大前角，减小进给量，提高切削速度，变形较小，则可得到带状切屑，这说明切屑的形态是可以随切削条件而转化的。

二、切削力

金属切削时，刀具切入工件，使被切金属层发生变形成为切屑所需要的力，称为切削力。研究切削力对刀具、机床、夹具的设计和使用都具有重要的意义。

（一）切削力的来源、合力及其分力

金属切削时，切削力来源于两个方面，一是在切屑形成过程中，工件材料对弹性变形和塑性变形的变形抗力，二是切屑与前刀面和后刀面的摩擦阻力。变形抗力和摩擦力形成了作用在刀具上的合力 F，在切削时合力 F 作用在切削刃空间某个方向，由于大小与方向都不易确定，因此为了便于测量、计算和反映实际作用的需要，常将合力 F 分解为互相垂直的 F_c、F_f 和 F_p 三个分力，如图 1-19 所示。

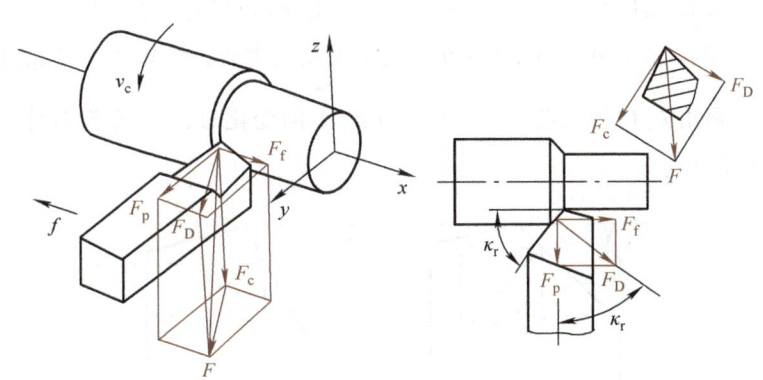

图 1-19　切削合力及其分力

切削力 F_c——在主运动方向上的分力，它与加工表面相切，并与基面垂直。F_c 是计算刀具强度、设计机床零件、确定机床功率等的主要依据。

进给力 F_f——在进给运动方向上的分力，它处于基面内，与进给方向相反。F_f 是设计机床

进给机构和确定进给功率的主要依据。

背向力 F_p——在切深方向上的分力,它处于基面内并垂直于进给运动方向。F_p 是计算工艺系统刚度等的主要依据。它也是使工件在切削过程中产生振动的力。

由图 1-19 可以看出进给力 F_f 和背向力 F_p 的合力 F_D 作用在基面上且垂直于主切削刃。

F_c、F_D、F_f、F_p 之间的关系为

$$F = \sqrt{F_c^2 + F_D^2} = \sqrt{F_c^2 + F_f^2 + F_p^2} \qquad (1\text{-}13)$$

$$F_f = F_D \sin \kappa_r \qquad F_p = F_D \cos \kappa_r \qquad (1\text{-}14)$$

(二)影响切削力的主要因素

1. 工件材料

工件材料的强度、硬度越高,抗剪强度 τ_b 也越高,切削时产生的切削力就越大。如加工 60 钢的切削力 F_c 比加工 45 钢时的增大 4%,加工 35 钢的切削力 F_c 比加工 45 钢时的减小 13%。

工件材料的塑性、冲击韧度越高,切削变形越大,切屑与刀具间的摩擦增加,则切削力越大。例如不锈钢 1Cr18Ni9Ti(06Cr18Ni10Ti)的断后伸长率是 45 钢的 4 倍,所以切削时变形大,切屑不易折断,加工硬化严重,产生的切削力比加工 45 钢时的增大 25%。加工脆性材料时,因塑性变形小,切屑与刀具间的摩擦小,切削力较小。

2. 刀具几何参数

前角 γ_o 增大,切削变形减小,故切削力减小。主偏角对切削力 F_c 的影响较小,而对进给力 F_f 和背向力 F_p 影响较大,由图 1-20 可知,当主偏角增大时,F_f 增大,F_p 减小。

实践证明,刃倾角 λ_s 在很大范围(−40°~+40°)内变化时,对 F_c 没有什么影响,但 λ_s 增大时,F_f 增大,F_p 减小。

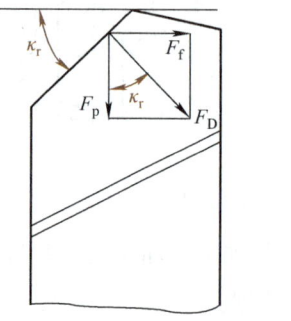 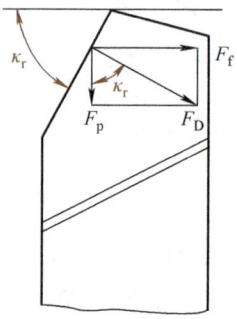

图1-20 主偏角对 F_f 和 F_p 的影响

3. 切削用量

切削用量对切削力的影响较大。背吃刀量和进给量增加时，使切削面积 A_D 成正比增加，变形抗力和摩擦力加大，切削力随之增大。当背吃刀量增大一倍时，切削力近似成正比增加；进给量 f 增大一倍时，切削面积 A_D 也成正比增加，但变形程度减小，使切削层单位面积切削力减小，切削力只增大 70%～80%。

切削塑性材料时，切削速度对切削力的影响，分为有积屑瘤阶段和无积屑瘤阶段。如图 1-21 所示，在低速范围内，随着切削速度的增加，积屑瘤逐渐长大，刀具实际前角增大，使切削力逐渐减小。在中速范围内，积屑瘤逐渐减小并消失，使切削力逐渐增至最大。在高速阶段，由于切削温度升高，摩擦力逐渐减小，使切削力平稳下降。

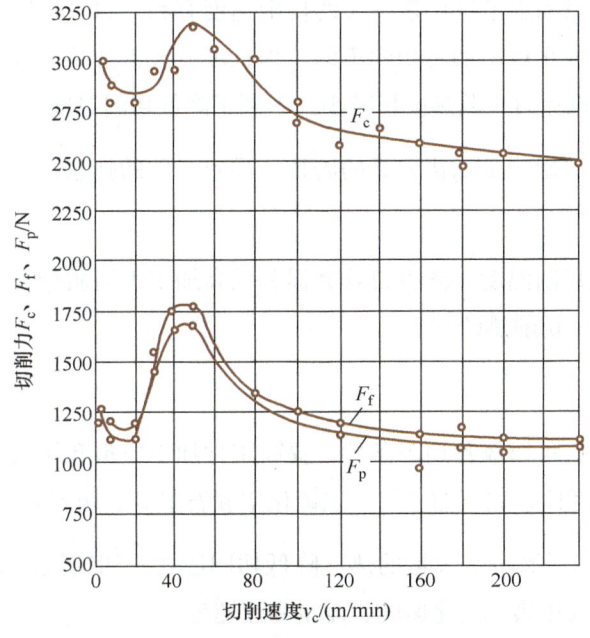

图1-21 切削速度对切削力的影响

4. 其他因素

刀具材料与工件材料之间的摩擦系数会直接影响切削力的大小。一般按立方碳化硼刀具、陶瓷刀具、涂层刀具、硬质合金刀具、高速钢刀具的顺序，切削力依次增大。

切削液有润滑作用，可以通过减小摩擦系数使切削力降低。切削液的润滑作用越好，切削力的降低越明显。在较低的切削速度下，切削液的润滑作用更为突出。

三、切削热和切削温度

切削热是切削过程中的重要物理现象之一。切削温度影响工件材料的性能、前刀面上的摩擦系数和切削力的大小，影响刀具的磨损和刀具寿命，影响积屑瘤的产生和加工表面质量，也影响工艺系统的热变形和加工精度。因此，研究切削热和切削温度具有重要的实际意义。

切削过程中，由于切削层变形及刀具与工件、切屑之间的摩擦产生的热，称为切削热。切削热产生后是通过切屑、工件、刀具及周围介质（如空气、切削液）传导和辐射出去的。

切削热的产生与传导影响切削区的温度，切削区的平均温度称为切削温度。切削温度过高是刀具磨损的主要因素；工件的热变形则影响工件的尺寸精度和表面质量。实际上，切削热对加工的影响是通过切削温度体现的。

切削时消耗的功越多，产生的切削热就越多，所以工件的强度、硬度越高或增加切削用量，都会使切削温度上升。如切削速度 v_c 增加一倍，切削温度升高 20%~30%；进给量 f 增加一倍，切削温度升高 10%；背吃刀量 a_p 增加一倍，切削温度只升高 3%。为了有效地控制切削温度，选用大的背吃刀量和进给量比选用大的切削速度有利。刀具角度中，增大前角，可使变形和摩擦减小；减小主偏角可增加主切削刃的工作长度，改善散热条件，两者均可降低切削温度。但前角不可过大，以免刀头散热面积减小，不利于降低切削温度。

切削热对切削加工的影响是加快刀具的磨损，导致工件的膨胀，引起工件变形，影响加工精度。

浇注切削液对降低切削温度、减少刀具磨损和提高加工表面质量有明显的作用。切削液的润滑可以减小摩擦，减少切削热的产生。

1. 切削液的作用

切削液进入切削区，可以改善切削条件，提高工件加工质量和切削效率。与切削液有相似功效的还有某些气体和固体，如压缩空气、二硫化铝和石墨等。切削液的主要作用如下：

1）切削液能从切削区域带走大量的热，降低切削温度。切削液冷却性能的好坏，取决于它的导热系数、比热、汽化热、汽化速度、流量和流速等。

2）切削液能渗入到刀具与切屑和加工表面之间，形成一层润滑膜或化学吸附膜，能减小它们之间的摩擦。切削液润滑的效果主要取决于切削液的渗透能力、吸附成膜的能力和润滑膜的强度等。

3）切削液大量的流动，可以冲走切削区域和机床上的切屑及脱落的磨粒。清洗性能的好坏，主要取决于切削液的流动性、使用压力和切削液的油性。

4）在切削液中加入防锈剂，可在金属表面形成一层保护膜，对工件、机床、刀具和夹具等都能起到防锈作用。防锈作用的强弱，取决于切削液本身的成分和添加剂的作用。

2. 切削液添加剂

为改善切削液的性能，常在其中加入添加剂。常用的添加剂有以下几种。

（1）油性添加剂　含有极性分子，能在金属表面形成牢固的吸附膜，在较低的切削速度下起到较好的润滑作用。常用的油性添加剂有动物油、植物油、脂肪酸、胶类、醇类和脂类等。

（2）极压添加剂　含有硫、磷、氯、碘等元素的有机化合物，在高温下与金属表面起化学反应，形成耐较高温度和压力的化学吸附膜，能防止与金属界面直接接触，从而减小摩擦。

（3）表面活性剂　是使矿物油和水乳化，形成稳定乳化液的添加剂。表面活性剂是一种有机化合物，由可溶于水的极性基团和可溶于油的非极性基团组成，可定向地排列并吸附在油水两相界面上，极性端向水，非极性端向油，将水和油连接起来，使油以微小的颗粒稳定地分散在水中，形成乳化液。表面活性剂还能吸附在金属表面上，形成润滑膜，起油性添加剂的润滑作用。常用的表面活性剂有石油磺酸钠、油酸钠皂等。

（4）防锈添加剂　是一种极性很强的化合物，与金属表面有很强的附着力，吸附在金属表面上形成保护膜，或与金属表面化合形成钝化膜，起到防锈作用。常用的防锈添加剂有碳酸钠、三乙醇胺、石油磺酸钡等。

3. 常用切削液的种类与选用

（1）水溶液　主要成分是水，其中加入了少量具有防锈和润滑作用的添加剂。水溶液的冷却效果良好，多用于普通磨削加工。

（2）乳化液　是将乳化油（由矿物油、表面活性剂和其他添加剂配成）用水稀释而成，用途广泛。低浓度的乳化液冷却效果较好，主要用于磨削、粗车、钻孔加工等。高浓度的乳化液润滑效果较好，主要用于精车、攻螺纹、铰孔、插齿加工等。

（3）切削油　主要是矿物油（如机械油、轻柴油、煤油等），少数采用动、植物油或复合油。普通车削、攻螺纹时，可选用机油；精加工有色金属或铸铁时，可选用煤油；加工螺纹时，可选用植物油。在矿物油中加入一定量的油性添加剂和极压添加剂，能提高其高温、高压下的润滑性能，可用于精铣、铰孔、攻螺纹及齿轮加工。

四、刀具磨损和刀具寿命

进行金属切削加工时，刀具一方面将切屑切离工件，另一方面自身也要发生磨损或破损。磨损是连续的、逐渐的发展过程，而破损一般是随机的、突发的破坏（包括脆性破损和塑性破损）。这里仅分析刀具的磨损。

1. 刀具的磨损形式

刀具的磨损形式有以下三种，如图1-22所示。

（1）前刀面磨损　切削塑性材料时，如果切削速度和切削厚度较大，刀具前刀面上会形成月牙洼磨损，如图1-22a所示。它以切削温度最高点的位置为中心开始发生，然后逐渐向前向后扩展，深度不断增加。当月牙洼发展到前缘与切削刃之间的棱边变得很窄时，切削刃强度降低，容易导致切削刃破损。前刀面月牙洼磨损值以其最大深度 KT 表示。

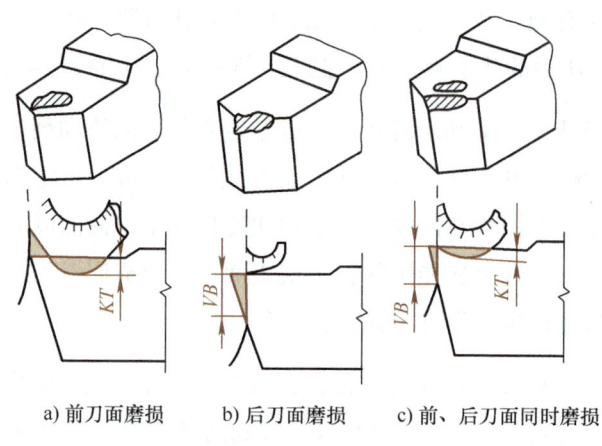

a) 前刀面磨损　　b) 后刀面磨损　　c) 前、后刀面同时磨损

图1-22　刀具的磨损形式

（2）后刀面磨损　后刀面与工件表面实际接触面积很小，所以接触压力很大，存在着弹性和塑性变形，因此，磨损就发生在这个接触面上，如图1-22b所示。在切削铸铁和以较小的切削厚度切削塑性材料时，主要发生这种磨损。后刀面磨损带宽度往往是不均匀的，可划分为三个区域，如图1-23所示。

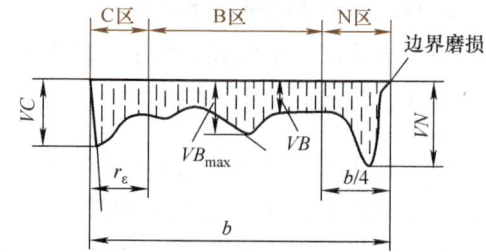

图1-23　后刀面磨损情况

C区刀尖磨损：强度较低，散热条件又差，磨损比较严重，其最大值为 VC。

N区边界磨损：切削钢材时，主切削刃靠近工件待加工表面处的后刀面（N区）上磨成较深的沟，以 VN 表示。这主要是工件在边界处的加工硬化层和刀具在边界处较大的应力梯度和温度梯度所造成的。

B区中间磨损：在后刀面磨损带的中间部位磨损比较均匀，其平均宽度以 VB 表示，而其最大宽度以 VB_{max} 表示。

（3）前、后刀面同时磨损　在常规条件下，加工塑性金属常常出现图1-22c所示的前、后刀面同时磨损的情况。

2. 刀具磨损的原因

刀具磨损不同于一般的机械零件的磨损，因为与刀具表面接触的切屑底面是活性很高的新鲜表面，刀面上的接触压力很大（可达2~3GPa）、接触温度很高（如硬质合金加工钢材时，可达800~1000℃以上），所以刀具磨损存在着机械、热和化学的作用，既有工件材料硬质点的刻划作用而引起的磨损,也有黏结、扩散、腐蚀等引起的磨损。

(1)磨料磨损 是由于工件材料中的杂质、材料基体组织中的碳化物、氮化物、氧化物等硬质点对刀具表面的刻划作用而引起的机械磨损。在各种切削速度下,刀具都存在磨料磨损。在低速切削时,其他各种形式的磨损还不显著,磨料磨损便成为刀具磨损的主要原因。一般可以认为磨料磨损量与切削路程成正比。

(2)黏结磨损 是在切削过程中,当刀具与工件材料的摩擦面上具备高温、高压和新鲜表面的条件,接触面达到原子间距离时,产生的吸附黏结现象,又称为冷焊。在刀具和工件相对运动时,黏结点受到较大的剪切或拉伸应力会产生破裂,一般破坏点总是发生在硬度较低的工件材料或切屑一方。但是刀具材料往往也存在组织不均匀、残余应力、微裂纹、空隙、局部软点等缺陷,所以刀具表面也可能发生破裂而被工件材料带走,形成黏结磨损。各种刀具材料都会发生黏结磨损,磨损的程度主要取决于工件材料与刀具材料的亲和力和硬度比、切削温度、压力及润滑条件等。黏结磨损是硬质合金刀具在中等偏低切削速度时磨损的主要原因。

(3)扩散磨损 当切削温度很高时,刀具与工件材料中的某些化学元素在固态下互相扩散,使两者的化学成分发生变化,削弱了刀具材料的性能,加速了磨损进程。扩散磨损是硬质合金刀具在高温(800~1000℃)下切削产生磨损的主要原因之一。一般从800℃开始,硬质合金中的 Co、C 和 W 等元素会扩散到切屑中而被带走,同时切屑中的 Fe 也会扩散到硬质合金中,使刀面的硬度和强度下降,脆性增加,磨损加剧。不同元素的扩散速度不同,例如 Ti 的扩散速度比 C、Co、W 等元素低得多,故钨钛钴类硬质合金的抗扩散能力比钨钴类强。

(4)氧化磨损 当切削温度达700~800℃时,空气中的氧与硬质合金中的钴、碳化钨、碳化钛等发生氧化作用,生成松脆多孔的氧化物,这些氧化物容易被运动着的切屑和工件带走,加速了刀具磨损。

(5)相变磨损 用高速钢刀具切削时,当切削温度超过其相变温度(500~600℃)时,刀具材料的金相组织会发生变化,使刀具材料硬度降低,磨损加快。

3. 刀具的磨损过程及磨钝标准

如图1-24所示,刀具的磨损过程可分为以下三个阶段。

(1)初期磨损阶段 这一阶段的磨损速度较快,因为新刃磨的刀具表面较粗糙,并存在显微裂纹、氧化或脱碳等缺陷,而且切削刃较锋利,后刀面与加工表面接触面积较小,压应力较大,所以容易磨损。

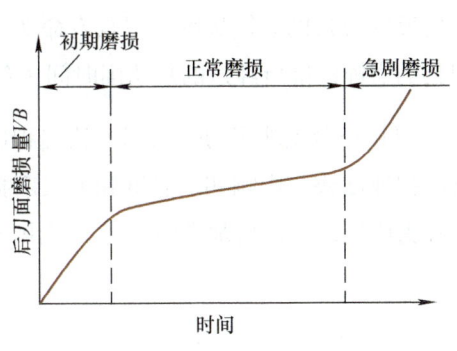

图1-24 刀具的磨损过程

（2）正常磨损阶段 经过初期磨损后，刀具的粗糙表面已经磨平，缺陷减少，刀具后刀面与加工表面接触面积变大，压强减小，进入比较缓慢的正常磨损阶段。后刀面的磨损量与切削时间近似地成比例增加。正常切削时，这个阶段时间较长，是刀具的有效工作时间。

（3）急剧磨损阶段 当刀具的磨损带达到一定程度，后刀面与工件摩擦过大，导致切削力与切削温度迅速升高，磨损速度急剧增加。生产中为了合理使用刀具，保证加工质量，应该在发生急剧磨损之前就及时换刀。

刀具磨损到一定限度后就不能继续使用，这个磨损限度称为磨钝标准。由于多数切削情况下都可能出现后刀面的均匀磨损量，而 VB 值比较容易测量和控制，因此常用 VB 值来研究磨损过程，并作为刀具的磨钝标准。ISO 标准统一规定以 1/2 背吃刀量处的后刀面上测定的磨损带宽度 VB 作为刀具的磨钝标准。自动化生产中的精加工刀具，常以沿工件径向的刀具磨损尺寸作为刀具的磨钝标准，称为径向磨损量 NB。

依据国家标准 GB/T 16461—2016《单刃车削刀具寿命试验》，高速钢刀具、硬质合金刀具的磨钝标准参见表 1-2。

表 1-2 高速钢刀具、硬质合金刀具的磨钝标准

工件材料	加工性质	磨钝标准 VB/mm	
		高速钢	硬质合金
碳钢、合金钢	粗车	1.5～2.0	1.0～1.4
	精车	1.0	0.4～0.6
灰铸铁、可锻铸铁	粗车	2.0～3.0	0.8～1.0
	半精车	1.5～2.0	0.6～0.8
耐热钢、不锈钢	粗车、精车	1.0	1.0

4. 刀具寿命

在实际生产中，为了更加方便、快速、准确地判断刀具的磨损情况，一般以刀具寿命来间接地反映刀具的磨钝标准。刀具寿命 T 的定义为：刀具由刃磨后开始切削，一直到磨损量达到刀具的磨钝标准所经过的总切削时间（单位为 min）。

刀具寿命反映了刀具磨损的快慢程度。刀具寿命长，表明刀具磨损速度慢；反之，表明刀具磨损速度快。影响切削温度和刀具磨损的因素同样影响刀具寿命。切削用量对刀具寿命的影响较为明显，通过切削实验，可以得出 v_c、f、a_p 对刀具寿命 T 的影响关系式为

$$T = \frac{C_T}{v_c^X f^Y a_p^Z} \tag{1-15}$$

式中 C_T——寿命系数,与刀具、工件材料和切削条件有关;

v_c——切削速度(m/min);

f——进给量(mm/r);

a_p——背吃刀量(mm);

X、Y、Z——指数,分别表示各切削用量对刀具寿命影响的程度。

用 P30(YT5)硬质合金车刀切削抗拉强度 R_m = 0.637GPa(f > 0.7mm/r)的碳钢时,切削用量与刀具寿命的关系为

$$T = \frac{C_T}{v_c^5 f^{2.25} a_p^{0.75}} \quad (1\text{-}16)$$

由上式可以看出,切削速度对刀具寿命影响最大,进给量次之,背吃刀量最小。这与三者对切削温度的影响顺序完全一致,反映出切削温度对刀具寿命有重要的影响。

刀具寿命是一个具有多种用途的重要参数,如用来确定换刀时间,衡量工件材料切削加工性和刀具材料切削性能优劣,判定刀具几何参数及切削用量的选择是否合理等。

五、提高切削加工质量的途径

零件的加工质量包括加工精度和表面质量两部分。加工精度是指经过加工的零件,其尺寸、形状及相互位置等参数的实际值与其理想值的符合程度;表面质量是指零件经过加工后的表面粗糙度、表面层的加工硬化及表面残余应力的性质和大小。

切削加工时,影响零件加工质量的因素很多。以下主要讨论刀具及切削用量对加工质量的影响。

(一)合理选用刀具角度

1. 前角对刀具的切削性能影响最大

增大前角使刃口锋利,但会使刃口强度削弱。选择前角的原则是既要保证刃口锋利,也要保证其强度。用硬质合金刀具车削钢材时,前角可取 10°~25°;车削灰铸铁时,可取 5°~15°;车削铝合金时,可取 30°~35°。强力切削时,为增强刀具的强度,则采用负的前角。

2. 后角用来减小主后面与工件过渡表面之间的摩擦,并与前角共同影响刃口的锋利程度与强度

后角的选择原则是在保证加工质量和刀具寿命的前提下,尽可能取小值。一般粗加工时切削力较大,为保证刃口的强度,后角应小些(可取 6°~8°);精加工时切削力较小,为减小摩擦、提高表面加工质量,应取较大的后角(10°~12°)。

3. 主偏角的大小间接影响刀具寿命，也直接决定径向分力的大小

减小主偏角能增大刀尖的强度，改善散热条件，增加切削刃的工作长度，从而有利于提高刀具寿命；而增大主偏角，则有利于减小径向分力，可避免引起加工中的振动和工件变形。较小的主偏角适用于刚度较好的工艺系统，以提高刀具寿命；而工艺系统刚性差时，必须选用较大的主偏角。一般主偏角在 30°～75° 之间选取，加工细长轴类的工件时，要选用 90° 的主偏角。

4. 副偏角的主要作用是减小副切削刃与已加工表面的摩擦

减小副偏角有利于降低已加工表面的残留高度，降低已加工表面的表面粗糙度值。外圆车刀的副偏角常取 6°～10°。粗加工时，可取得大一些；精加工时，可取得小一些。为了降低已加工表面的表面粗糙度值，有时还可磨出一段副偏角为零的修光刃。

5. 刃倾角的主要作用是影响刀尖的强度和控制切屑的流向

当刃倾角为正时，刀尖的强度较差，切屑流向待加工表面；刃倾角为负时，刀尖强度较高，切屑流向已加工表面。刃倾角为零时，切屑从垂直切削刃的方向流出。粗车一般钢材和灰铸铁时，常取 $\lambda_s = -5° \sim 0°$，以提高刀尖强度；精车时，常取 $\lambda_s = 0° \sim 5°$，以防止切屑划伤已加工表面。刃倾角对切屑流向的影响如图 1-25 所示。

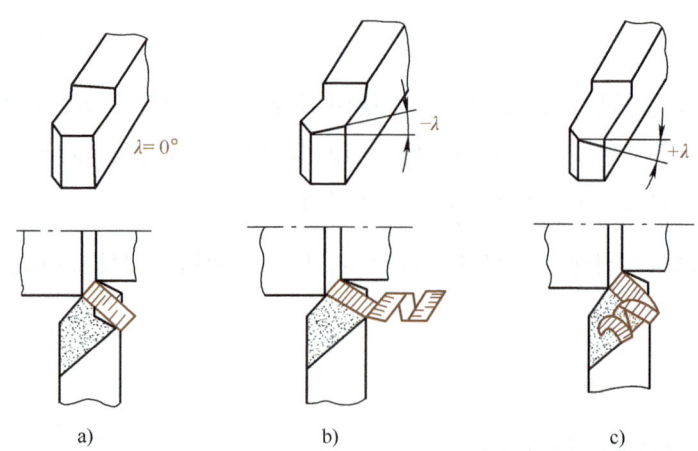

图1-25　刃倾角对切屑流向的影响

（二）合理选择切削用量

生产中应合理选择切削用量，在保证加工质量和刀具寿命的前提下，提高切削生产率，降低加工成本。以车削为例的选择原则如下。

（1）粗加工　主要目的在于尽快切除加工余量，以提高生产率，降低成本。因此，在生产中应首先根据工件的加工余量合理选择背吃刀量。若工艺系统刚度好，应尽可能选大值；若工艺系统刚度差，应按刚度选取。然后，根据加工条件选择尽可能大的进给量，再按刀具寿命的要求选择一个合适的切削速度。

（2）精加工　目的在于保证加工精度和表面质量。为保证表面质量，首先应确定合理的切削速度。硬质合金刀具耐热性好，可选用较高切削速度；高速钢刀具耐热性差，多选用较低的切削速度。其次，再根据加工精度和表面粗糙度要求，选择合适的进给量和背吃刀量。

单元4　金属切削机床

金属切削机床是用切削的方法将金属毛坯加工成机器零件的一种机器，人们习惯上称之为机床。切削加工是机械制造过程中，获取具有一定尺寸、形状和精度的零件的主要加工方法，所以机床是机械制造系统中最重要的组成部分，它为加工过程提供刀具与工件之间的相对位置和相对运动，为改变工件形状、质量提供能量。

金属切削机床和外圆表面加工（1）

一、机床的分类

目前金属切削机床的品种和规格繁多，为便于区别、使用和管理，需对机床进行分类。

根据国家标准 GB/T 15375—2008，按加工性质和所用刀具的不同，机床可分为 11 大类：车床、钻床、镗床、磨床、齿轮加工机床、螺纹加工机床、铣床、刨插床、拉床、锯床和其他机床。

除了上述基本分类方法之外，根据机床的其他特征，还有其他分类方法。

按机床通用性程度，可分为：通用机床（或称万能机床）、专门化机床和专用机床三类。通用机床适用于单件小批量生产，加工范围较广，可以用于加工多种零件的不同工序，例如普通车床、卧式镗床、万能升降台铣床等。专门化机床用于大批量生产中，加工范围较窄，可加工不同尺寸的一类或几类零件的某一种（或几种）特定工序，例如精密丝杠车床、曲轴轴颈车床等。专用机床通常应用于成批及大量生产中，这类机床是根据工艺要求专门设计制造的，专门用于加工某一种（或几种）零件的某一特定工序，例如加工车床导轨的专用磨床、加工车床主轴箱的专用镗床等。

在同一种机床中，按加工精度的不同，可分为：普通精度级、精密级和高精度级机床。

按机床的质量和尺寸不同可分为：仪表机床、中型（一般）机床、大型机床（质量达 10t）、重型机床（质量在 30t 以上）、超重型机床（质量在 100t 以上）。

按机床自动化程度可分为：手动、机动、半自动和自动机床。

此外，机床还可以按主要工作部件的数目进行分类，如单刀机床、多刀机床、单轴机床、多轴机床等。

目前,机床正在向数控化方向发展,而且其功能也在不断增加,除了数控加工功能,还增加了自动换刀、自动装卸工件等功能,因此也可按机床具有的数控功能分为一般数控机床、加工中心、柔性制造单元等。

随着新品种机床不断出现,机床的分类也会愈加丰富。

二、机床型号的编制方法

机床的型号用来表示机床的类别、主要参数和主要特性的代号。目前,机床型号的编制采用汉语拼音字母和阿拉伯数字按一定规律组合表示。例如,CM6132 型精密卧式车床,型号中的代号及数字的含义如下:

C——机床类别代号(车床类);

M——机床通用特性代号(精密机床);

6——机床组别代号(落地及卧式车床组);

1——机床系别代号(卧式车床系);

32——主参数代号(床身上最大回转直径为320mm)。

(一)通用机床型号的编制方法

1. 机床的类代号

用大写的汉语拼音字母表示,并按相应的汉字字意读音。当需要时,每类又可分为若干分类,分类代号用阿拉伯数字表示,放在类代号之前,但第一分类不予表示。机床的分类和代号见表1-3。

表1-3 机床的分类和代号

类别	车床	钻床	镗床	磨床			齿轮加工机床	螺纹加工机床	铣床	刨插床	拉床	锯床	其他机床
代号	C	Z	T	M	2M	3M	Y	S	X	B	L	G	Q
读音	车	钻	镗	磨	二磨	三磨	牙	丝	铣	刨	拉	割	其

2. 机床的通用特性和结构特性代号

通用特性代号位于类代号之后,用大写汉语拼音字母表示。当某种类型机床除有普通型外,还有表1-4所示的某种通用特性时,则在类代号之后加上相应特性代号。如"CK"表示数控车床；如果同时具有两种通用特性时，则可按重要程度排列，用两个代号表示，如"MBG"表示半自动高精度磨床。

表 1-4 机床的通用特性代号

通用特性	高精度	精密	自动	半自动	数控	加工中心（自动换刀）	仿形	轻型	加重型	柔性加工单元	数显	高速
代号	G	M	Z	B	K	H	F	Q	C	R	X	S
读音	高	密	自	半	控	换	仿	轻	重	柔	显	速

对于主参数相同，而结构、性能不同的机床，在型号中用结构特性代号区分。结构特性代号在型号中无统一含义，它只是在同类型机床中起区分机床结构、性能不同的作用。当机床具有通用特性代号时，结构特性代号位于通用特性代号之后，用大写汉语拼音字母表示。如 CA6140 中的"A"和 CY6140 中的"Y"，均为结构特性代号，它们分别表示为沈阳第一机床厂和云南机床厂生产的基本型号的卧式车床。为了避免混淆，通用特性代号已用的字母和"I""O"都不能作为结构特性代号使用。

3. 机床的组别、系别代号

组、系代号用两位阿拉伯数字表示，前一位表示组别，后一位表示系别。每类机床按其结构性能及使用范围划分为用数字 0～9 表示的 10 个组。在同一组机床中，又按主参数、主要结构及布局形式划分为用数字 0～9 表示的 10 个系。车床类的组、系划分见表 1-5，详细划分情况需查阅 GB/T 15375—2008）。

表 1-5 车床类（C）的组、系划分表

组		系		组		系	
代号	名称	代号	名称	代号	名称	代号	名称
0	仪表小型车床	0 1 2 3 4 5 6 7 8 9	仪表台式精整车床 小型排刀车床 仪表转塔车床 仪表卡盘车床 仪表精整车床 仪表卧式车床 仪表棒料车床 仪表轴车床 仪表卡盘精整车床	1	单轴自动车床	0 1 2 3 4 5 6 7 8 9	主轴箱固定型自动车床 单轴纵切自动车床 单轴横切自动车床 单轴转塔自动车床 单轴卡盘自动车床 正面操作自动车床

(续)

组代号	组名称	系代号	系名称	组代号	组名称	系代号	系名称
2	多轴自动、半自动车床	0 1 2 3 4 5 6 7 8 9	多轴平行作业棒料自动车床 多轴棒料自动车床 多轴卡盘自动车床 多轴可调棒料自动车床 多轴可调卡盘自动车床 立式多轴半自动车床 立式多轴平行作业半自动车床	6	落地及卧式车床	0 1 2 3 4 5 6 7 8 9	落地车床 卧式车床 马鞍车床 轴车床 卡盘车床 球面车床 主轴箱移动型卡盘车床
3	回转、转塔车床	0 1 2 3 4 5 6 7 8 9	回轮车床 滑鞍转塔车床 棒料滑枕转塔车床 滑枕转塔车床 组合式转塔车床 横移转塔车床 立式双轴转塔车床 立式转塔车床 立式卡盘车床	7	仿形及多刀车床	0 1 2 3 4 5 6 7 8 9	转塔仿形车床 仿形车床 卡盘仿形车床 立式仿形车床 转塔卡盘多刀车床 多刀车床 卡盘多刀车床 立式多刀车床 异形多刀车床
4	曲轴及轮轴车床	0 1 2 3 4 5 6 7 8 9	旋风切削曲轴车床 曲轴车床 曲轴主轴颈车床 曲轴连杆轴颈车床 多刀凸轮轴车床 凸轮轴车床 凸轮轴中轴颈车床 凸轮轴端轴颈车床 凸轮轴凸轮车床	8	轮、轴、辊、锭及铲齿车床	0 1 2 3 4 5 6 7 8 9	车轮车床 车轴车床 动轮曲拐销车床 轴颈车床 轧辊车床 钢锭车床 立式车轮车床 铲齿车床
5	立式车床	0 1 2 3 4 5 6 7 8 9	单柱立式车床 双柱立式车床 单柱移动立式车床 双柱移动立式车床 工作台移动单柱立式车床 定梁单柱立式车床 定梁双柱立式车床	9	其他车床	0 1 2 3 4 5 6 7 8 9	落地镗车床 单能半自动车床 气缸套镗车床 活塞车床 轴承车床 活塞环车床 钢锭模车床

4. 机床主参数、设计顺序号及第二主参数

机床主参数是表示机床规格大小的一种尺寸参数。在机床型号中，用阿拉伯数字给出主参数的折算值，位于机床组、系代号之后。折算系数一般是 1/10 或 1/100，也有少数是 1。例如，CA6140 型卧式机床中主参数的折算值为 40（折算系数是 1/10），其主参数表示在床身导轨面上能车削工件的最大回转直径为 400mm。各类主要机床的主参数及折算系数见表 1-6。

表 1-6　各类主要机床的主参数和折算系数

机床	主参数名称	折算系数
卧式车床	床身上最大回转直径	1/10
立式车床	最大车削直径	1/100
摇臂钻床	最大钻孔直径	1
卧式铣镗床	镗轴直径	1/10
坐标镗床	工作台面宽度	1/10
外圆磨床	最大磨削直径	1/10
内圆磨床	最大磨削直径	1/10
矩台平面磨床	工作台面宽度	1/10
齿轮加工机床	最大工件直径	1/10
龙门铣床	工作台面宽度	1/100
升降台铣床	工作台面宽度	1/10
龙门刨床	最大刨削宽度	1/100
插床及牛头刨床	最大插削长度及最大刨削长度	1/10
拉床	额定拉力（吨）	1/10

某些通用机床，当无法用一个主参数表示时，则用设计顺序号来表示。

第二主参数是对主参数的补充，如最大工件长度、最大跨距、工作台工作面长度等，第二主参数一般不予给出。

5. 机床的最大改进顺序号

当机床的性能及结构有重大改进，并按新产品重新设计、试制和鉴定时，在原机床型号尾部加重大改进顺序号，即汉语拼音字母 A、B、C……。

6. 其他特性代号与企业代号

其他特性代号用以反映各类机床的特性，如对数控机床，可用来反映不同的数控系统；对于一般机床，可用以反映同一型号机床的变型等。其他特性代号可用汉语拼音字母或阿拉伯数字或二者的组合来表示。企业代号与其他特性代号表示方法相同，位于机床型号尾部，用"-"与其他特性代号分开，读作"至"。若机床型号中无其他特性代号，仅有企业代号时，则不加

"-",企业代号直接写在"/"后面。

根据通用机床型号编制方法,举例如下:

例1.1:MG1432A

表示高精度万能外圆磨床,最大磨削直径为320mm,经过第一次重大改进,无企业代号。

例1.2:Z3040×16/S2

表示摇臂钻床,最大钻孔直径为40mm,最大跨距为1600mm,沈阳第二机床厂生产。

例1.3:CKM1116/NJ

表示数控精密单轴纵切自动车床,最大棒料直径为16mm,宁江机床厂生产。

(二)专用机床型号的编制方法

设计单位代号同通用机床型号中的企业代号。设计顺序号按各单位设计制造专用机床的先后顺序排列。例如B1-015,表示北京第一机床厂设计制造的第15种专用机床。

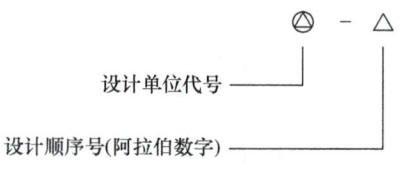

三、零件表面的切削加工成形方法和机床的运动

(一)零件表面的切削加工成形方法

在切削加工过程中,机床上的刀具和工件按一定的规律做相对运动,通过刀具对工件毛坯的切削作用,切除毛坯上的多余金属,从而得到所要求的零件表面形状。机械零件的任何表面都可以看作是一条线(称为母线)沿另一条线(称为导线)运动的轨迹。如图1-26所示,平面是由一条直线(母线)沿另一条直线(导线)运动形成的;圆柱面和圆锥面是由一条直线(母线)沿着一个圆(导线)运动而形成的;普通螺纹的螺旋面是由"∧"形线(母线)沿螺旋线(导线)运动而形成的;直齿圆柱齿轮的渐开线齿廓表面是渐开线(母线)沿直线(导线)运动而形成的。

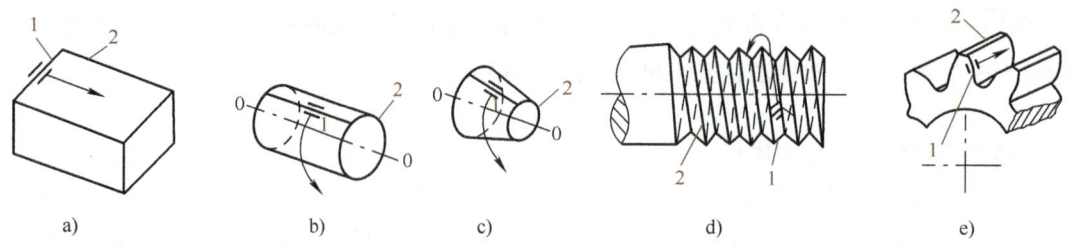

图1-26 零件表面的形成

1—母线 2—导线

母线和导线统称为发生线。在切削加工中,发生线是由刀具的切削刃与工件间的相对运动得到的。一般情况下,由切削刃本身或与工件相对运动配合形成一条发生线(一般是母线),而另一条发生线则完全是由刀具和工件之间的相对运动得到的。这里,刀具和工件之间的相对运动都是由机床来提供的。

(二)机床的运动

机床在加工过程中,必须形成一定形状的发生线(母线或导线),才能获取所需工件表面形状。因此,机床必须完成一定的运动,这种运动称为表面成形运动。此外,还有多种辅助运动。

1. 表面成形运动

表面成形运动按其组成情况不同,可分为简单成形运动和复合成形运动两种。

如果一个独立的成形运动是单独的旋转运动或直线运动,则此成形运动称为简单成形运动。例如,用车刀车削外圆柱面时(图1-27a),工件的旋转运动 B_1 产生圆导线,刀具纵向直线运动 A_2 产生直线母线,即加工出圆柱面。运动 B_1 和 A_2 是两个相互独立的表面成形运动,因此,用车刀车削外圆柱面时属于简单成形运动。

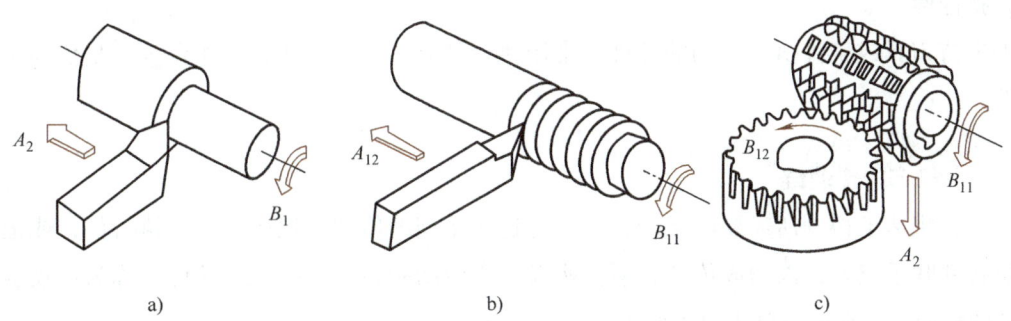

图1-27　成形运动的组成

如果一个独立的成形运动,是由两个以上的旋转运动或(和)直线运动,按某种确定的运动关系组合而成,则此成形运动称为复合成形运动。例如,用螺纹车刀车削螺纹表面时(图1-27b),工件的旋转运动 B_{11} 和车刀的直线运动 A_{12} 按规定做相对运动,形成螺旋线导线,三角形母线(由切削刃形成,不需成形运动)沿螺旋线运动,形成了螺旋面。形成螺旋线导线的两个简单运动 B_{11} 和 A_{12},由于螺纹导程限定而不能彼此独立,它们必须保持严格的运动关系,所以 B_{11} 和 A_{12} 这两个简单运动组成了一个复合成形运动。又如,用齿轮滚刀加工直齿圆柱齿轮时(图1-27c),它需要一个复合成形运动 B_{11}、B_{12}(范成运动),形成渐开线母线,又需要一个简单直线运动 A_2,才能得到整个渐开线齿面。

成形运动中各单元运动根据其在切削中所起的作用不同,又可分为主运动和进给运动。

2. 辅助运动

机床在加工过程中还需一系列辅助运动，其功能是实现机床的各种辅助动作，为表面成形运动创造条件。辅助运动的种类很多，如进给运动中的前后的快进和快退；调整刀具和工件之间正确相对位置的调位运动；切入运动；分度运动；工件夹紧、松开等操纵控制运动。

四、机床传动的基本组成和传动原理图

（一）机床传动的基本组成部分

机床传动必须具备以下三个基本部分。

1. 运动源

即为执行件提供动力和运动的装置。通常为电动机，如交流异步电动机、直流电动机、直流和交流伺服电动机、步进电动机、交流变频调速电动机等。

2. 传动件

即传递动力和运动的零件，如齿轮、链轮、带轮、丝杠、螺母等。除机械传动件外，还有液压传动和电气传动元件等。

3. 执行件

即夹持刀具或工件执行运动的部件。常用执行件有主轴、刀架、工作台等，是传递运动的末端件。

（二）机床的传动链

为了在机床上得到所需要的运动，必须通过一系列的传动件把运动源和执行件，或把执行件与执行件联系起来，以构成传动联系。构成一个传动联系的一系列传动件，称为传动链。根据传动的性质，传动链可分为以下两类。

1. 外联系传动链

联系运动源与执行件的传动链，称为外联系传动链。它的作用是使执行件得到预定速度的运动，并传递一定的动力，此外，还起执行件变速、换向等作用。外联系传动链传动比的变化，只影响生产率或表面粗糙度，不影响加工表面的形状。因此，外联系传动链不要求两末端件之间有严格的传动关系。如卧式车床中，从主电动机到主轴之间的传动链，就是典型的外联系传动链。

2. 内联系传动链

联系两个执行件，以形成复合成形运动的传动链，称为内联系传动链。它的作用是保证两个末端件之间的相对速度或相对位移具有严格的比例关系，以保证被加工表面的性质。如在卧

式车床上车螺纹时，连接主轴和刀具之间的传动链，就属于内联系传动链。此时，必须保证主轴（工件）每转一转，车刀移动工件螺纹的一个导程，才能得到要求的螺纹。又如滚齿机的范成运动传动链也属于内联系传动链。

3. 机床传动原理图

在机床的运动分析中，为了便于分析机床运动和传动联系，常用一些简明的符号来表示运动源与执行件、执行件与执行件之间的传动联系，这就是传动原理图。图1-28所示为传动原理图常用的部分符号。

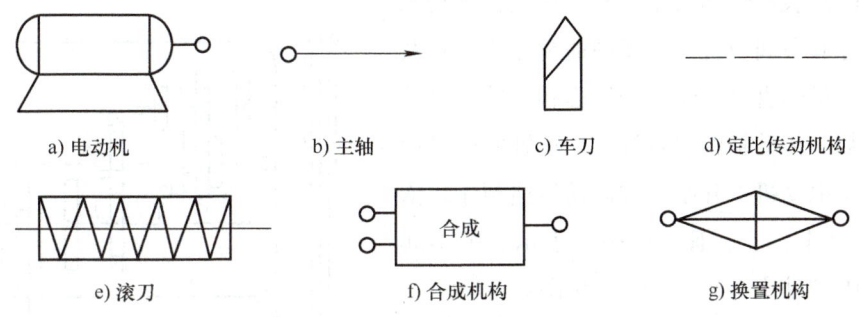

图1-28 传动原理图常用的部分符号

下面以卧式车床的传动原理图为例，说明传动原理图的画法和所表示的内容。如图1-29所示，从电动机至主轴之间的传动链属于外联系传动链，它是为主轴提供运动和动力的，即从电动机—1—2—u_v—3—4—主轴。这条传动链也称为主运动传动链，其中1—2和3—4段为传动比固定不变的定比传动结构，2—3段是传动比可变的换置机构u_v，调整u_v值用以改变主轴的转速。从主轴—4—5—u_f—6—

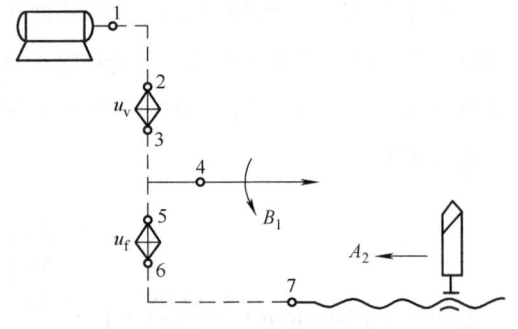

图1-29 卧式车床的传动原理图

7—丝杠—刀具，得到刀具和工件间的复合成形运动（螺旋运动），这是一条内联系传动链，其中4—5和6—7段为定比传动机构，5—6段是换置机构u_f，调整u_f值可得到不同的螺纹导程。在车削外圆或端面时，主轴和刀具之间的传动联系无严格的传动比要求，二者的运动是两个独立的简单成形运动，因此，除了从电动机到主轴的主运动传动链外，另一条传动链可视为由电动机—1—2—u_v—3—5—u_f—6—7—刀具（通过光杠），此时这条传动链是一条外联系传动链。

传动原理图表示了机床传动的最基本特征。因此，用它来分析、研究机床运动时，最容易找出两种不同类型机床的最根本区别，对于同一类型机床来说，不管它们的具体结构有何差异，其传动原理图都是完全相同的。

五、机床传动系统图和运动计算

1. 机床传动系统图

机床的传动系统图是表示机床全部运动传动关系的示意图。它比传动原理图更准确、更清楚、更全面地反映了机床的传动关系。在图中用简单的规定符号代表各种传动元件,我国的机床传动系统图规定符号详见国家标准 GB/T 4460—2013《机械制图 机构运动简图用图形符号》。

机床的传动系统画在一个能反映机床外形和各主要部件相互位置的投影面上,并尽可能绘制在机床外形的轮廓线内。图中的各传动元件是按照运动传递的先后顺序,以展开图的形式画出来的。该图只表示传动关系,并不代表各传动元件的实际尺寸和空间位置。在图中通常注明齿轮及蜗轮的齿数、带轮直径、丝杠的导程和头数、电动机功率和转数、传动轴的编号等。传动轴的编号通常从运动源(电动机)开始,按运动传递顺序,依次用罗马数字Ⅰ、Ⅱ、Ⅲ、Ⅳ……表示。图 1-30 所示是一台中型卧式车床主传动系统图。

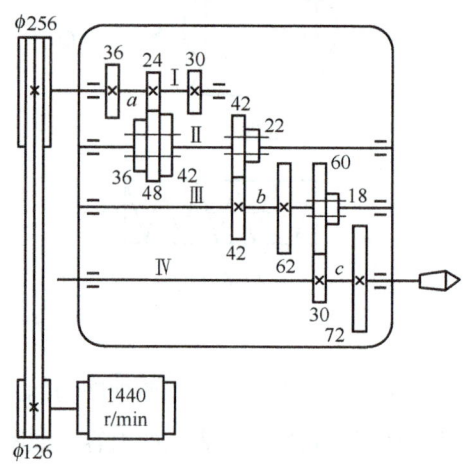

图1-30 中型卧式车床主传动系统图

2. 传动路线表达式

为便于说明机床的传动路线,通常把传动系统图数字化,用传动路线表达式(传动结构式)来表达机床的传动路线。图 1-30 所示车床主传动路线的表达式为

$$\text{电动机}(1440\text{r/min}) - \frac{\phi 126}{\phi 256} - \text{Ⅰ} - \begin{bmatrix} \frac{36}{36} \\ \frac{24}{48} \\ \frac{30}{42} \end{bmatrix} - \text{Ⅱ} - \begin{bmatrix} \frac{42}{42} \\ \frac{22}{62} \end{bmatrix} - \text{Ⅲ} - \begin{bmatrix} \frac{60}{30} \\ \frac{18}{72} \end{bmatrix} - \text{Ⅳ}(\text{主轴})$$

3. 主轴转数级数计算

根据前述主传动路线表达式可知,电动机正转时,利用各滑移齿轮组齿轮轴向位置的各种不同组合,主轴可得到 $3 \times 2 \times 2 = 12$ 级正转转速。同理,当电动机反转时,主轴可得到 12 级反转转速。

4. 运动计算

机床运动计算通常有以下两种情况:

1)根据传动路线表达式提供的有关数据,确定某些执行件的运动速度或位移量。

2）根据执行件所需的运动速度、位移量，或有关执行件之间需要保持的运动关系，确定相应传动链中换置机构的传动比，以便进行调整。

例 1.4　根据图 1-30 所示主传动系统，计算主轴转速。

主轴各级转速数值可应用下列运动平衡式进行计算

$$n_{主} = n_{电} \frac{D}{D'}(1-\varepsilon) \frac{z_{\text{I-II}}}{z'_{\text{I-II}}} \times \frac{z_{\text{II-III}}}{z'_{\text{II-III}}} \frac{z_{\text{III-IV}}}{z'_{\text{III-IV}}} \qquad (1\text{-}17)$$

式中　$n_{主}$——主轴的转速（r/min）；

　　　$n_{电}$——电动机的转速（r/min）；

　　　D、D'——分别为主动、被动带轮的直径（mm）；

　　　ε——三角带传动的滑动系数，可近似地取 $\varepsilon = 0.02$；

　　　$z_{\text{I-II}}$、$z_{\text{II-III}}$、$z_{\text{III-IV}}$ 及 $z'_{\text{I-II}}$、$z'_{\text{II-III}}$、$z'_{\text{III-IV}}$——分别为 I-II、II-III、III-IV 轴之间主动和被动齿轮齿数。

主轴各级转速均可由上述运动平衡式计算出来，计算所得主轴最高转速和最低转速分别为

$$n_{主\max} = 1440 \times \frac{126}{256} \times (1-0.02) \times \frac{36}{36} \times \frac{42}{42} \times \frac{60}{30} \text{r/min} = 1389 \text{r/min}$$

$$n_{主\min} = 1440 \times \frac{126}{256} \times (1-0.02) \times \frac{24}{48} \times \frac{22}{62} \times \frac{18}{72} \text{r/min} = 30.8 \text{r/min}$$

例 1.5　根据图 1-31 所示车削螺纹进给传动链，确定交换齿轮变速机构的换置公式。

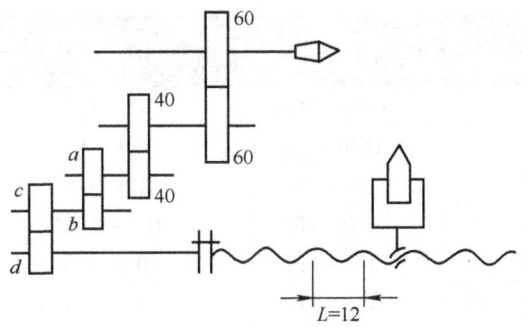

图 1-31　车削螺纹进给传动链

由图 1-31 得到的运动平衡式为

$$1 \times \frac{60}{60} \times \frac{40}{40} \times \frac{a}{b} \times \frac{c}{d} \times 12 = L_{工} \qquad (1\text{-}18)$$

式中　$L_{工}$——被加工螺纹的导程（mm）。

将上式化简后,得到交换齿轮的换置公式为

$$u_{交换} = \frac{a}{b} \times \frac{c}{d} = \frac{L_{工}}{12} \quad (1\text{-}19)$$

应用此换置公式,适当地选择交换齿轮 a、b、c、d 的齿数,就可车削出导程为 $L_{工}$ 的螺纹。

单元5　外圆表面加工

一、外圆表面的加工方法

金属切削机床和外圆表面加工(3)

轴类、套类和盘类零件是具有外圆表面的典型零件。外圆表面常用的机械加工方法有车削、磨削和各种光整加工等。车削加工是外圆表面最经济有效的加工方法,但就其经济精度来说,一般作为外圆表面粗加工和半精加工;磨削加工是外圆表面的主要精加工方法,特别适合各种高硬度和淬火后零件的精加工;光整加工是精加工之后进行的超精加工方法(如滚压、抛光、研磨等),适合某些精度和表面质量要求很高的零件。

由于各种加工方法所能达到的经济加工精度、表面粗糙度、生产率和生产成本各不相同,因此必须根据具体情况,选用合理的加工方法,从而加工出满足零件图样要求的合格零件。表 1-7 为外圆表面各种加工方法和经济加工精度。

表 1-7　外圆表面加工方案

序号	加工方法	经济精度（公差等级）	经济表面粗糙度 Ra 值 / μm	使用范围
1	粗车	IT13 ~ IT11	50 ~ 12.5	适用于淬火钢以外的各种金属
2	粗车 – 半精车	IT10 ~ IT8	6.3 ~ 3.2	
3	粗车 – 半精车 – 精车	IT8 ~ IT7	1.6 ~ 0.8	
4	粗车 – 半精车 – 精车 – 滚压	IT8 ~ IT7	0.2 ~ 0.025	
5	粗车 – 半精车 – 磨削	IT8 ~ IT7	0.8 ~ 0.4	主要用于淬火钢,也可用于未淬火钢,但不适用于有色金属
6	粗车 – 半精车 – 粗磨 – 精磨	IT7 ~ IT6	0.4 ~ 0.1	
7	粗车 – 半精车 – 粗磨 – 精磨 – 超精加工(或轮式超精磨)	IT5	0.1 ~ 0.012(或 Rz0.1)	
8	粗车 – 半精车 – 精车 – 精细车(金刚车)	IT7 ~ IT6	0.4 ~ 0.025	主要用于要求较高的有色金属
9	粗车 – 半精车 – 粗磨 – 精磨 – 超精磨(或镜面磨)	IT5 以上	0.025 ~ 0.006(或 Rz0.1)	极高精度的外圆加工
10	粗车 – 半精车 – 粗磨 – 精磨 – 研磨	IT5 以上	0.1 ~ 0.012(或 Rz0.1)	

二、外圆表面的车削加工

1. 外圆车削的形式和加工精度

车外圆是一种最常见、最基本的车削方法,其主要形式如图1-32所示。

车外圆一般可划分为荒车、粗车、半精车、精车和精细车。各种车削方案所能达到的加工精度和表面粗糙度各不相同,必须合理地选用。

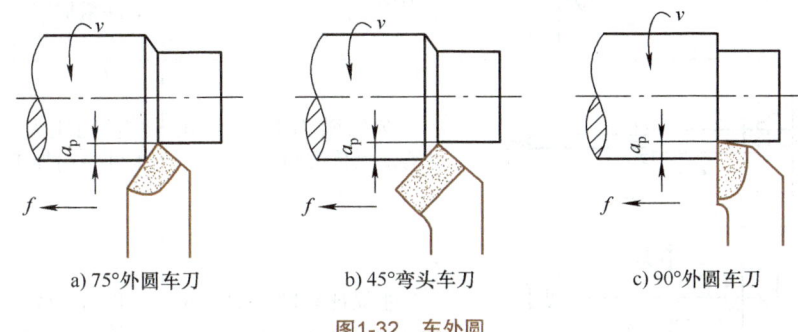

a) 75°外圆车刀　　b) 45°弯头车刀　　c) 90°外圆车刀

图1-32　车外圆

2. 外圆车削工件的装夹方法

外圆车削加工时,最常见的工件装夹方法见表1-8。

表1-8　外圆车削时最常见的工件装夹方法

名称	装夹简图	装夹特点	应用
(三爪)自定心卡盘		三个卡爪可同时移动,自动定心,装夹迅速方便	长径比小于4,截面为圆形、六方体的中、小型工件
(四爪)单动卡盘		四个卡爪都可单独移动,装夹工件需要找正	长径比小于4,截面为方形、椭圆形的较大、较重的工件
花盘		盘面上多通槽和T形槽,使用螺钉、压板装夹,装夹前需找正	形状不规则的工件、孔或外圆与定位基面垂直的工件

（续）

名称	装夹简图	装夹特点	应用
双顶尖		定心正确，装夹稳定	长径比为 4~15 的实心轴类工件
双顶尖及中心架		支爪可调，增加工件刚性	长径比大于 15 的细长轴工件粗加工
一夹一顶及跟刀架		支爪随刀具一起运动，无接刀痕	长径比大于 15 的细长轴工件半精加工、精加工
心轴		能保证外圆、端面对内孔的位置精度	以孔为定位基准的套类工件

3. 车刀的结构形式

按结构不同，车刀可分为整体式、焊接式、可转位式和机夹重磨式等。

整体式车刀是将车刀的切削部分与夹持部分用同一种材料制成，如尺寸不大的高速钢车刀。

焊接式车刀是在碳钢刀杆（常用 45 钢）上根据刀片的形状和尺寸铣出刀槽后，将硬质合金刀片钎焊在刀槽中，然后刃磨出所需的几何参数。焊接式车刀结构简单、紧凑、刚性好、灵活性大，可根据切削要求较方便地刃磨出所需角度，故应用广泛。但经高温钎焊的硬质合金刀片，易产生应力和裂纹，切削性能有所下降，并且刀杆不能重复使用，浪费较大。

可转位式车刀是将压制成具有合理的几何参数、断屑槽、有多个切削刃的多边形刀片，用机械夹固的方法装夹在标准刀杆上的一种刀具结构。当刀片的一个切削刃磨钝后，松开夹紧元件，把刀片转位换成另一新切削刃，便可继续使用。与焊接式车刀相比，可转位车刀具有切削效率高，刀片使用寿命长，刀具消耗费用低等优点。可转位车刀的刀杆可重复使用，节省了刀杆材料。刀杆和刀片可实现标准化、系列化，有利于刀具的管理工作。

机夹重磨式车刀的刀片与刀杆是两个可拆的独立元件，切削时靠夹紧元件将它们紧固在一起，由于避免了因焊接产生的缺陷，可提高刀具的切削性能，刀杆可多次使用。

图 1-33 所示为常用车刀的结构示意图。

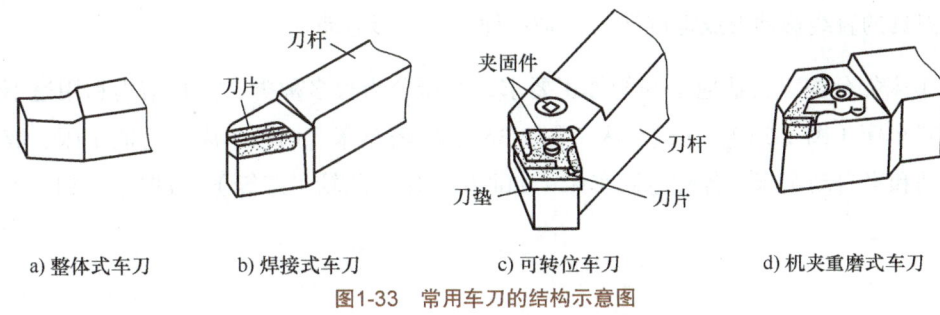

a) 整体式车刀　　b) 焊接式车刀　　c) 可转位车刀　　d) 机夹重磨式车刀

图1-33　常用车刀的结构示意图

4. 外圆车刀的选择和装夹

外圆车刀应根据外圆表面加工方案选择。粗车外圆时，要求外圆车刀强度高，能在切削深度大或进给速度快的情况下保持刀头坚固。精车外圆时，要求外圆车刀切削刃锋利、光洁。如图1-32所示，主偏角 $\kappa_r = 75°$ 的外圆车刀刀头强度高，生产中常选用为外圆粗车刀；主偏角 $\kappa_r = 45°$ 弯头车刀使用方便，还可以车端面和倒角，但因其副偏角 κ_r' 大，工件表面粗糙，不适于精加工；主偏角 $\kappa_r = 90°$ 的外圆车刀可用于粗车或精车，还可车削有垂直台阶的外圆和细长轴。

车刀安装在刀架上，应使刀尖与工件的旋转轴线等高。安装时可用尾座顶尖作为基准，或在工件端面车一印痕，就可知道轴线位置，再将车刀调整安装好。

车刀在刀架上的位置，应垂直于工件的旋转轴线，否则会引起主偏角 κ_r 变化，还可能使刀尖切入工件已加工表面或影响表面粗糙度值。

5. 车床

（1）车床的用途　车床主要用于加工零件的各种回转面，如内、外圆柱面，内、外圆锥面，成形回转表面和回转体的端面等，有些车床还能车削螺纹。由于大多数机器零件都具有回转表面，需要车床来加工，因此，车床是机器制造厂中应用最广泛的一类机床，约占机床总数的35%~50%。

在车床上，除使用车刀进行加工之外，还可以使用孔的各种加工刀具（如钻头、铰刀、镗刀等）进行加工，或者使用螺纹刀具（丝锥、板牙）进行内、外螺纹加工。

（2）车床的运动　为形成工件加工表面形状，车床必须具备以下运动。

1）工件的旋转运动是车床的主运动，其功用是使工件得到所需的切削速度，特点是速度较高，消耗功率较大。

2）刀具的直线移动是车床的进给运动，其功用是使工件上新的金属层连续进入切削，以便切削出整个加工表面。

上述运动是车床形成加工表面形状所需的表面成形运动。在车床上车削螺纹时，工件的旋转运动和刀具的直线移动形成螺旋运动,是一种复合成形运动。

（3）车床的分类　为适应不同的加工要求,车床分为很多种类。按其结构和用途不同,可分为：卧式车床（图 1-34）、立式车床（图 1-35）、转塔车床、回轮车床、落地车床、液压仿形及多刀自动和半自动车床、各种专用车床（如曲轴车床、凸轮车床等）、数控车床和车削加工中心等。

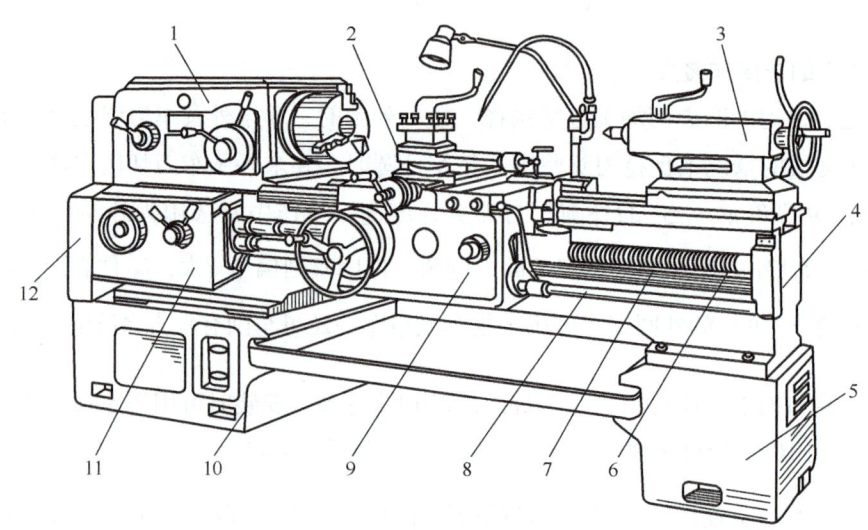

图 1-34　CA6140 型卧式车床

1—主轴箱　2—刀架　3—尾座　4—床身　5、10—床脚　6—丝杠　7—光杠　8—操纵杆　9—溜板箱　11—进给箱　12—交换齿轮箱

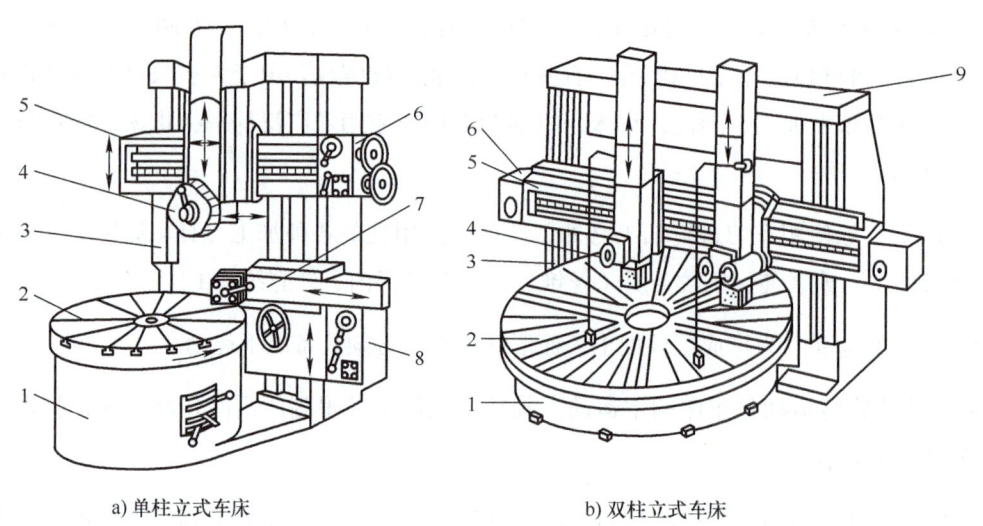

a) 单柱立式车床　　　　　　　b) 双柱立式车床

图 1-35　立式车床

1—底座　2—工作台　3—立柱　4—垂直刀架　5—横梁　6—垂直刀架进给箱　7—侧刀架　8—侧刀架进给箱　9—顶梁

6. CA6140型卧式车床

（1）机床的工艺范围及其组成　CA6140型卧式车床的工艺范围很广，能适用于各种回转表面的加工，如车削内外圆柱面、圆锥面、环槽及成形回转面，车削端面及各种常用螺纹，还可以进行钻孔、扩孔、铰孔、滚花、攻螺纹和套螺纹等，加工的典型表面如图1-36所示。

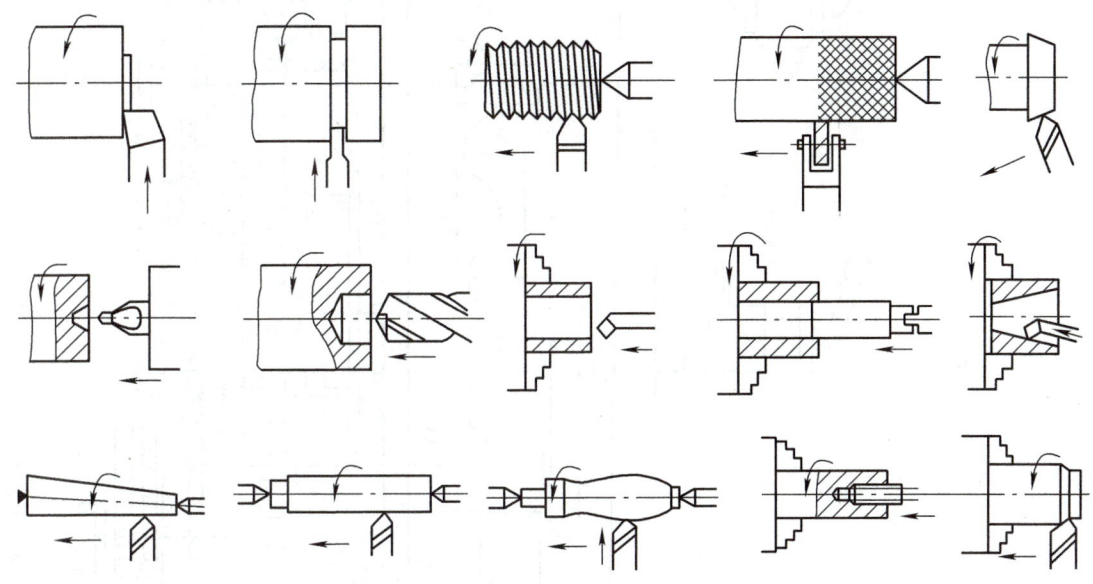

图1-36　CA6140型卧式车床加工的典型表面

CA6140型卧式车床的通用性较强，但机床的结构复杂且自动化程度低，加工过程中辅助时间较长，适用于单件、小批量生产及修理车间。CA6140型卧式车床的布局及组成如图1-34所示。

（2）机床的传动系统　图1-37所示为CA6140型卧式车床的传动系统图。图中左上方的方框内表示机床的主轴箱，框中是从主电动机到车床主轴的主运动传动链。传动链中的滑移齿轮变速机构，可使主轴得到不同的转速；片式摩擦离合器换向机构，可使主轴得到正、反向转速。左下方框表示进给箱，右下方框表示溜板箱。从主轴箱中下半部分传动件，到左外侧的交换齿轮机构、进给箱中的传动件、丝杠或光杠及溜板箱中的传动件，构成了从主轴到刀架的进给传动链。进给换向机构位于主轴箱下部，用于切削左旋或右旋螺纹，交换齿轮或进给箱中的变换机构，用来确定将运动传给丝杠还是光杠。若传给丝杠，则经过丝杠和溜板箱中的开合螺母，把运动传给刀架，实现切削螺纹传动链；若传给光杠，则通过光杠和溜板箱中的转换机构将运动传给刀架，形成机动进给传动链。溜板箱中的转换机构用来确定是纵向进给还是横向进给。

1）主运动由主电动机经V带轮传动副 $\phi 130mm/\phi 230mm$ 传至主轴箱中的轴Ⅰ，轴Ⅰ上装有双向多片摩擦离合器 M_1，使主轴正转、反转或停止。主运动传动链的传动路线表达式为

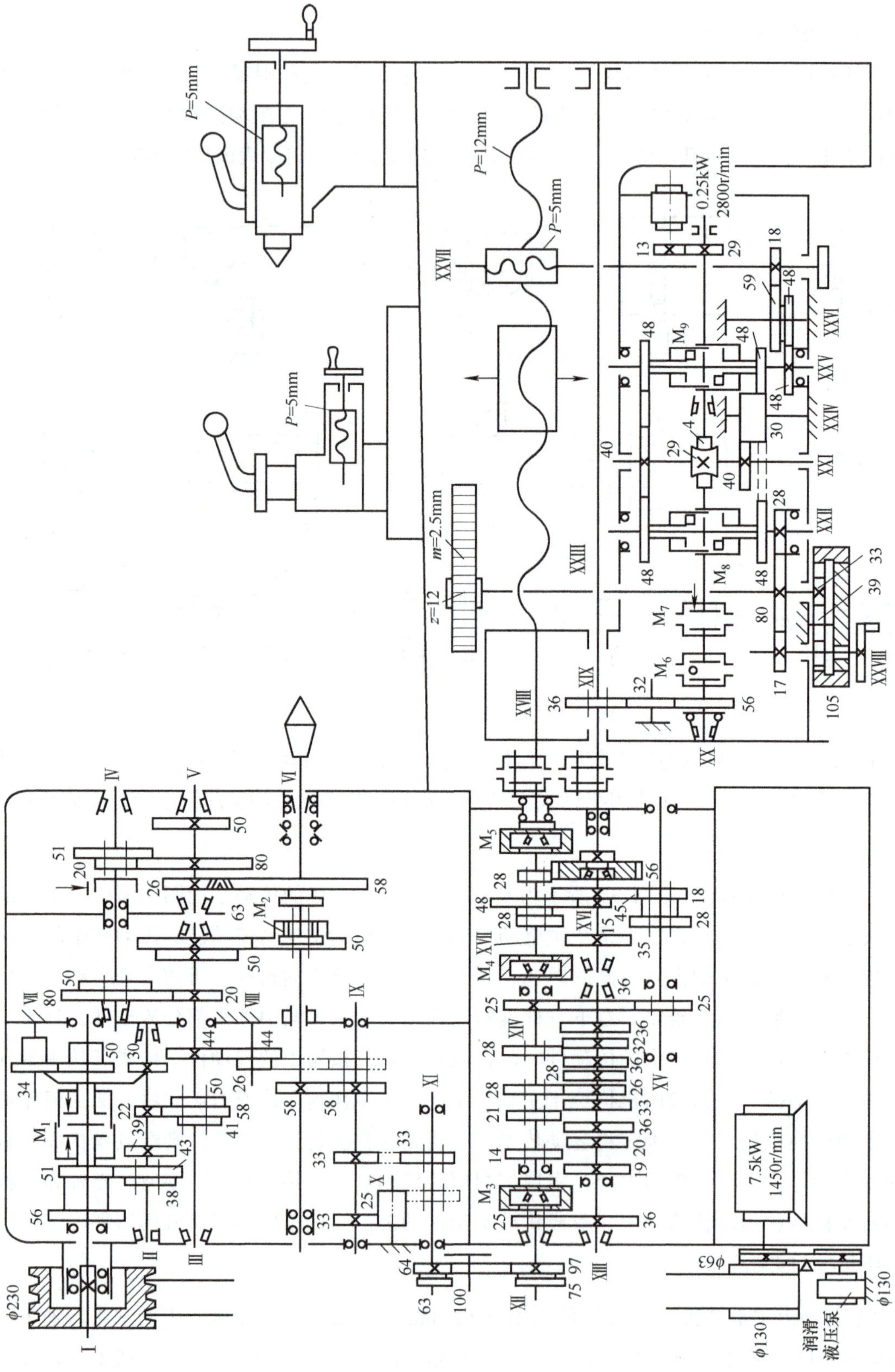

图1-37 CA6140型卧式车床的传动系统图

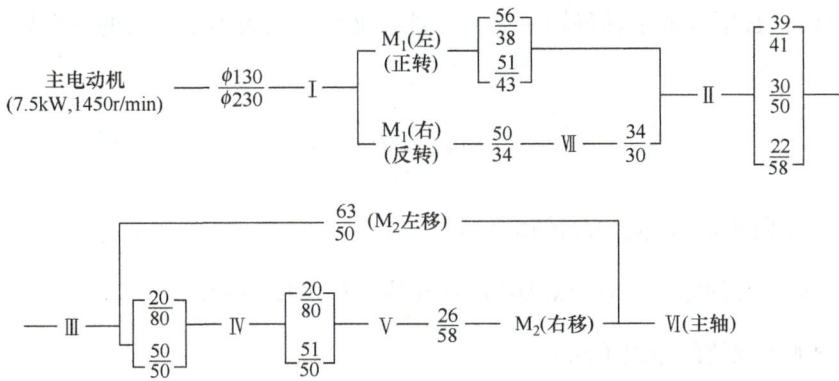

由传动路线表达式可以看出，主轴可获得 $2\times3\times[(2\times2)+1]=30$ 级正转转速，由于轴Ⅲ至轴Ⅴ间的两组双联滑移齿轮变速组的 4 种传动比为

$$u_1=\frac{20}{80}\times\frac{20}{80}=\frac{1}{16} \quad u_2=\frac{20}{80}\times\frac{51}{50}\approx\frac{1}{4}$$

$$u_3=\frac{50}{50}\times\frac{20}{80}=\frac{1}{4} \quad u_4=\frac{50}{50}\times\frac{51}{50}\approx1$$

其中 $u_2=u_3$，所以实际只有 3 种不同的传动比，因此主轴只能获得 $2\times3\times[(2\times2-1)+1]=24$ 级正转转速。同理，主轴可获得 $3\times[(2\times2-1)+1]=12$ 级反转转速。

主轴反转时，轴Ⅰ－Ⅱ间传动比的值大于正转时传动比的值，所以反转转速大于正转转速。主轴反转一般不用于切削，而是用于车削螺纹时，切削完一刀后，使车刀沿螺旋线退回，以免下一次切削时"乱扣"。反转转速高，可节省辅助时间。

2）CA6140 型车床能够车削米制、寸制、模数制和径节制四种标准螺纹，还能够车削大导程、非标准和较精密的螺纹，这些螺纹可以是左旋的，也可以是右旋的。车削螺纹传动链的作用，就是要得到上述各种螺纹的导程。

不同标准的螺纹用不同的参数表示其螺距，表 1-9 列出了米制、模数制、寸制和径节制四种螺纹的螺距参数及其与螺距 P、导程 L 之间的换算关系。

表 1-9　各种标准螺纹的螺距参数及其与螺距、导程的换算关系

螺纹种类	螺距参数	螺距 /mm	导程 /mm
米制	螺距 P/mm	$P=P$	$L=KP$
模数制	模数 m/mm	$P_m=\pi m$	$L_m=KP_m=K\pi m$
寸制	每英寸牙数 a/（牙/in）	$P_a=25.4/a$	$L_a=KP_a=25.4K/a$
径节制	径节 DP/（牙/in）	$P_{DP}=25.4\pi/DP$	$L_{DP}=KP_{DP}=25.4K\pi/DP$

注：表中 K 为螺纹线数。

车削螺纹时，必须保证主轴每转一周，刀具准确地移动被加工螺纹的一个导程 $L_\text{工}$，其运动平衡式为

$$1_{(\text{主轴})} u L_\text{丝} = L_\text{工} \tag{1-20}$$

式中　u——从主轴到丝杠之间的总传动比；

　　　$L_\text{丝}$——机床丝杠的导程（对于 CA6140 型车床，$L_\text{丝}$=12mm）；

　　　$L_\text{工}$——被加工螺纹的导程（mm）。

在这个平衡式中，通过改变传动链中的传动比 u，就可以得到要加工的螺纹导程 $L_\text{工}$。CA6140 型车床在车削上述各种螺纹时的传动路线表达式为

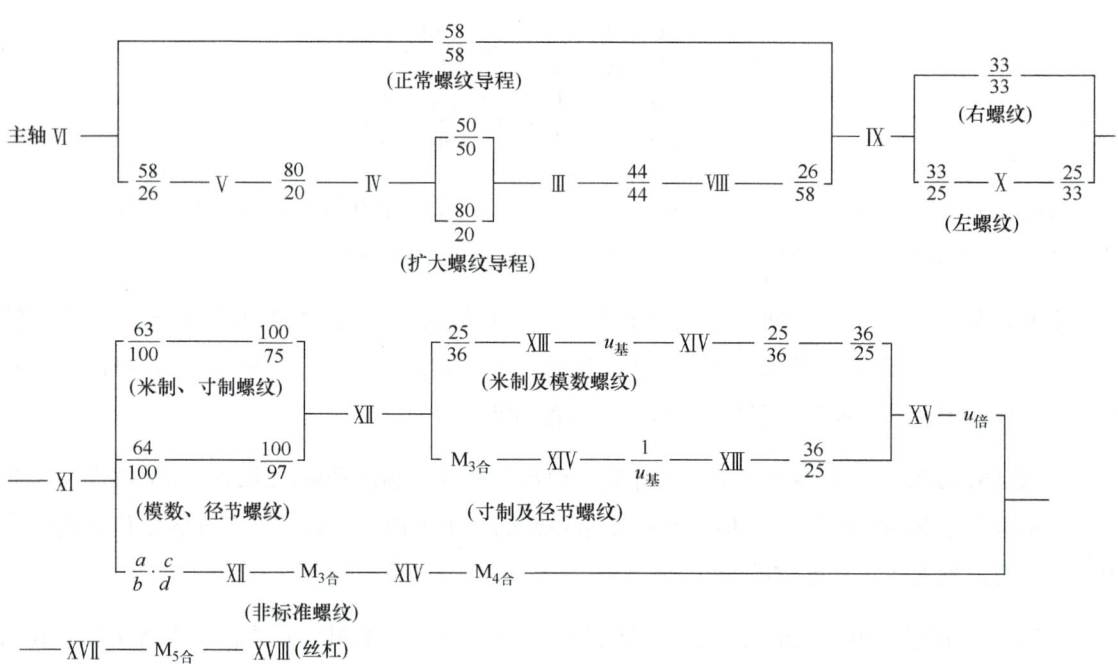

其中 $u_\text{基}$ 是轴 XIII 和轴 XIV 之间变速机构的 8 种传动比，即

$$u_{\text{基}1} = \frac{26}{28} = \frac{6.5}{7} \quad u_{\text{基}2} = \frac{28}{28} = \frac{7}{7} \quad u_{\text{基}3} = \frac{32}{28} = \frac{8}{7} \quad u_{\text{基}4} = \frac{36}{28} = \frac{9}{7}$$

$$u_{\text{基}5} = \frac{19}{14} = \frac{9.5}{7} \quad u_{\text{基}6} = \frac{20}{14} = \frac{10}{7} \quad u_{\text{基}7} = \frac{33}{21} = \frac{11}{7} \quad u_{\text{基}8} = \frac{36}{21} = \frac{12}{7}$$

上述变速机构是获得各种螺纹导程的基本机构，称为基本螺距机构或称基本组。$u_\text{倍}$ 是轴 XV 和轴 XVII 之间变速机构的 4 种传动比，即

$$u_{倍1} = \frac{18}{45} \times \frac{15}{48} = \frac{1}{8} \qquad u_{倍2} = \frac{28}{35} \times \frac{15}{48} = \frac{1}{4}$$

$$u_{倍3} = \frac{18}{45} \times \frac{35}{28} = \frac{1}{2} \qquad u_{倍4} = \frac{28}{35} \times \frac{35}{28} = 1$$

上述四种传动比按倍数关系排列，用于扩大机床车削螺纹导程的种数，这个变速机构称为增倍机构或增倍组。

在加工正常导程螺纹时，主轴Ⅵ至传动轴Ⅸ间的传动比$u_{正常} = \frac{58}{58} = 1$，此时能加工的最大螺纹导程$L_工$=12mm。如果需要车削导程更大的螺纹时，可将轴Ⅸ的滑移齿轮58向右移动，使之与轴Ⅷ上的齿轮26啮合，从主轴Ⅵ至轴Ⅸ间的传动比为

$$u_{扩1} = \frac{58}{26} \times \frac{80}{20} \times \frac{50}{50} \times \frac{44}{44} \times \frac{26}{58} = 4$$

$$u_{扩2} = \frac{58}{26} \times \frac{80}{20} \times \frac{80}{20} \times \frac{44}{44} \times \frac{26}{58} = 16$$

这表明，当车削螺纹传动链其他部分不变时，只做上述调整，便可使螺纹导程比正常导程相应地扩大4倍或16倍。通常把上述传动机构称为扩大螺距机构。在CA6140型车床上，通过扩大螺距机构所能车削的最大米制螺纹导程为192mm。

必须指出，扩大螺距机构的传动比$u_扩$，是由主运动传动链中背轮机构齿轮的啮合位置所确定的，而背轮机构一定的齿轮啮合位置，又对应一定的主轴转速，因此，主轴转速一定时，螺纹导程可能扩大的倍数是确定的。具体地说，主轴转速是10～32r/min时，导程可扩大16倍；主轴转速是40～125r/min时，导程可扩大4倍；主轴转速更高时，导程不能扩大。这也正好符合大导程螺纹只能在低速时车削的实际需要。

当需要车削非标准螺纹或精密螺纹时，需将进给箱中的齿式离合器M_3、M_4和M_5全部接合，此时，轴Ⅻ、ⅩⅣ、ⅩⅦ和丝杠ⅩⅧ联成一体，运动由交换齿轮直接传给丝杠，被加工螺纹的导程$L_工$可通过选配交换齿轮来实现，因此可以车削任意导程的非标准螺纹。同时，由于传动链大大地缩短，减少了传动件制造和装配误差对螺纹螺距精度的影响，若选用高精度的齿轮作为交换齿轮，则可加工精密螺纹。交换齿轮换置公式为

$$u_{交换} = \frac{a}{b} \times \frac{c}{d} \times \frac{L_工}{12}$$

3）纵向进给一般用于外圆车削，而横向进给用于端面车削。为了减少丝杠的磨损和便于操纵，机动进给是由光杠经溜板箱传动的，其传动路线表达式为

$$主轴 - \begin{bmatrix} 米制螺纹传动路线 \\ 寸制螺纹传动路线 \end{bmatrix} - XVII - \frac{28}{56} - XIX - (光杠) - \frac{36}{32} \times \frac{32}{56} -$$

$$- M_6(超越离合器) - M_7(安全离合器) - XX - \frac{4}{29} - XXI -$$

$$\begin{bmatrix} \frac{40}{48} M_8 \uparrow \\ \frac{40}{30} \times \frac{30}{48} M_8 \downarrow \end{bmatrix} - XXII - \frac{28}{80} - XXIII - 齿轮(z=12) - 齿条 - 刀架(纵向进给)$$

$$\begin{bmatrix} \frac{40}{48} M_9 \uparrow \\ \frac{40}{30} \times \frac{30}{48} M_9 \downarrow \end{bmatrix} - XXV - \frac{48}{48} \times \frac{59}{18} - XXVII - 刀架(横向进给)$$

CA6140型车床纵向机动进给量有64级。当进给运动由主轴经正常螺距米制螺纹传动路线传动时,可获得范围为0.08~1.22mm/r的32级正常进给量;当进给运动由主轴经正常螺距寸制螺纹传动路线传动时,可获得0.86~1.59mm/r的8级较大进给量;若接通扩大螺距机构,选用米制螺纹传动路线,并使$u_倍 = 1/8$,可获得0.028~0.054mm/r的8级用于高速精车的小进给量;而接通扩大螺距机构,采用寸制螺纹传动路线,并适当调整增倍机构,可获得范围为1.71~6.33mm/r的16级供强力切削或宽刃精车之用的加大进给量。

由分析可知,当主轴箱及进给箱中的传动路线相同时,所得到的横向机动进给量级数与纵向相同,且横向进给量$f_横 = 1/2 f_纵$。这是因为横向进给经常用于切槽或切断,容易产生振动,切削条件差,故使用较小的进给量。

4)刀架的快速移动是由装在溜板箱内的快速电动机(0.25kW,2800r/min)驱动的。按下快速移动按钮,起动快速电动机后,由溜板箱中的双向离合器M_8和M_9控制其纵、横双向快速移动。

刀架快速移动时,可不必脱开机动进给传动链,在齿轮56与轴XX之间装有超越离合器M_6,可保证光杠和快速电动机同时传动给轴XX而不相互干涉。

三、外圆表面的磨削加工

用磨具以较高的线速度对工件表面进行加工的方法,称为磨削。磨削加工是一种多刀多刃的高速切削方法,它适用于零件精加工和硬表面的加工。

磨削的工艺范围很广,可以划分为粗磨、精磨、细磨及镜面磨。各种磨削方案所能达到的经济加工精度和表面粗糙度值见表1-7。

磨削加工采用的磨具(或磨料)具有颗粒小、硬度高、耐热性好等特点,因此可以加工较硬的金属材料和非金属材料,如淬硬钢、硬质合金、陶瓷等;磨削过程中同时参与切削运动的颗粒多,能切除极薄极细的切屑,因而加工精度高,表面粗糙度值小。磨削加工作为一种精加工方法,在生产中得到广泛应用。目前,由于强力磨削的发展,也可以直接将毛坯磨削到所需要的尺寸和精度,从而获得了较高的生产率。

(一)砂轮的特性与选择

砂轮是磨削加工中最主要的一类磨具。砂轮是在磨料中加入结合剂,经压坯、干燥和焙烧而制成的多孔体。由于磨料、结合剂及制造工艺等不同,砂轮的特性差别很大,因此对磨削的加工质量、生产率和经济性有着重要影响。砂轮的特性主要是由磨料、粒度、结合剂、硬度、组织、形状与尺寸等因素决定的。

1. 磨料

磨料是砂轮的主要组成成分,它应具有很高的硬度、耐磨性、耐热性和一定的韧性,以承受磨削时的切削热和切削力,同时还应具备锋利的尖角,以利于磨削金属。常用磨料代号、特性及适用范围见表 1-10。

表 1-10 常用磨料代号、特性及适用范围

系别	名称	代号	主要成分 (质量分数)	显微硬度 HV	颜色	特性	适用范围
氧化物系	棕刚玉	A	Al_2O_3:91%~96%	2200~2280	棕褐色	硬度高,韧性好,价格便宜	磨削碳钢、合金钢、可锻铸铁、硬青铜
	白刚玉	WA	Al_2O_3:97%~99%	2200~2300	白色	硬度高于棕刚玉,磨粒锋利,韧性差	磨削淬硬的碳钢、高速钢
碳化物系	黑碳化硅	C	SiC:>95%	2840~3320	黑色带光泽	硬度高于刚玉,性脆而锋利,有良好的导热性和导电性	磨削铸铁、黄铜、铝及非金属
	绿碳化硅	GC	SiC:>99%	3280~3400	绿色带光泽	硬度和脆性高于黑碳化硅,有良好的导热性和导电性	磨削硬质合金、宝石、陶瓷、光学玻璃、不锈钢
超硬磨料	立方氮化硼	CBN	立方氮化硼	8000~9000	黑色	硬度仅次于金刚石,耐磨性和导电性好,发热量小	磨削硬质合金、不锈钢、高合金钢等难加工材料
	人造金刚石	MBD	碳结晶体	10000	乳白色	硬度极高,韧性很差,价格昂贵	磨削硬质合金、宝石、陶瓷等高硬度材料

2. 粒度

粒度是指磨料颗粒尺寸大小的量度。粒度分为粗磨粒和微粉两类。对于颗粒尺寸大于 40μm 的磨料,称为磨粒。用筛选法分级,粒度号以磨粒通过的筛网上每英寸长度内的孔眼数表

示。如 60# 的磨粒表示其大小刚好能通过每英寸长度上有 60 孔眼的筛网。粗磨粒以"F+粒度号"表示，范围为 F4~F220。对于颗粒尺寸小于 40μm 的磨料，称为微粉。用显微测量法分级，曾用 W 和后面的数字表示粒度号，W 后的数值代表微粉的实际尺寸。如 W20 表示微粉实际尺寸为 20μm。一般工业用途的 F 系列微粉，范围为 F230~F2000；精密研磨用的 J 系列，范围为 J240~J8000。

砂轮的粒度对磨削表面的表面粗糙度和磨削效率影响很大。磨粒粗，磨削深度大，生产率高，但表面粗糙度值大。反之，则磨削深度均匀，表面粗糙度值小。所以粗磨时，一般选粗粒度，精磨时选细粒度。磨削软金属时，多选用粗磨粒，磨削硬而脆的材料时，则选用较细的磨粒。粒度的选用见表 1-11。

表 1-11 磨料粒度的选用

粒度	颗粒尺寸范围 /μm	适用范围	粒度	颗粒尺寸范围 /μm	适用范围
F10~F36	2000~1600 500~400	粗磨、荒磨、切断钢坯、打磨毛刺	F280~F400 （W40~W20）	40~28 20~14	精磨、超精磨、螺纹磨、珩磨
F40~F80	400~315 200~160	粗磨、半精磨、精磨	F500~F600 （W14~W10）	14~10 10~7	精磨、精细磨、超精磨、镜面磨
F90~F220	165~125 50~40	精磨、成形磨、刀具刃磨、珩磨	F800~F1200 （W7~W3.5）	7~5 3.5~2.5	超精磨、镜面磨、制作研磨剂等

3. 结合剂

结合剂是把磨粒粘结在一起组成磨具的材料。砂轮的强度、抗冲击性、耐热性及耐蚀性，主要取决于结合剂的种类和性质。常用结合剂的种类、性能及适用范围见表 1-12。

表 1-12 常用结合剂的种类、性能及适用范围

种类	代号	性能	适用范围
陶瓷	V	耐热性、耐蚀性好，气孔率大，易保持轮廓，弹性差	应用最广，适用于 $v<35$m/s 的各种成形磨削、磨齿轮、磨螺纹等
树脂	B	强度高、弹性大、耐冲击、坚固性和耐热性差、气孔率小	适用于 $v>50$m/s 的高速磨削，可制成薄片砂轮，用于磨槽、切割等
橡胶	R	强度和弹性更高、气孔率小、耐热性差、磨粒易脱落	适用于无心磨的砂轮和导轮、开槽和切割的薄片砂轮、抛光砂轮等
金属	M	韧性和成形性好、强度大、但自锐性差	可制造各种金刚石磨具

4. 硬度

砂轮硬度是指砂轮工作时，磨粒在外力作用下脱落的难易程度。砂轮硬，表示磨粒难以脱落；砂轮软，表示磨粒容易脱落。砂轮的硬度等级及代号见表1-13。

表1-13 砂轮的硬度等级及代号

硬度等级				软硬级别
A	B	C	D	超软
E	F	G	—	很软
H	—	J	K	软
L	M	N	—	中
P	Q	R	S	硬
T	—	—	—	很硬
—	Y	—	—	超硬

砂轮的硬度与磨料的硬度是两个完全不同的概念，硬度相同的磨料可以制成硬度不同的砂轮。砂轮的硬度主要取决于结合剂性质、数量和砂轮的制造工艺。例如，结合剂与磨粒粘固程度越高，砂轮硬度越高。

砂轮硬度的选用原则是：工件材料硬时，砂轮硬度应选用软一些，以便砂轮磨钝磨粒及时脱落，露出锋利的新磨粒继续正常磨削；工件材料软时，因易于磨削，磨粒不易磨钝，砂轮应选硬一些。但对于有色金属、橡胶、树脂等软材料，磨削时由于切屑容易堵塞砂轮，应选用较软砂轮。一般粗磨时，应选用较软砂轮；而精磨、成形磨削时，应选用硬一些的砂轮，以保持砂轮必要的形状精度。机械加工中常用砂轮硬度等级为H至N（软-中）。

5. 组织

砂轮的组织是指组成砂轮的磨粒、结合剂、气孔三部分体积的比例关系。通常以磨粒所占砂轮体积的百分比来分级。砂轮有三种组织状态：紧密、中等、疏松；细分成0~14号，共15级。组织号越小，磨粒所占比例（磨粒率）越大，砂轮越紧密；反之，组织号越大，磨粒率越小，砂轮越疏松，见表1-14。

表1-14 砂轮组织号及应用

组织号	0	1	2	3	4	5	6	7	8	9	10	11	12	13	14
磨粒率（%）	62	60	58	56	54	52	50	48	46	44	42	40	38	36	34
类别	紧密				中等				疏松						
应用	精磨、成形磨				磨削淬火工件、刀具				磨削韧性好和硬度低的金属						

6. 形状与尺寸

砂轮的形状和尺寸是根据磨床类型、加工方法及工件的加工要求来确定的。常用砂轮名称、简图、代号和主要用途见表 1-15。

表 1-15 常用砂轮名称、简图、代号和主要用途

砂轮名称	代号	简图	主要用途
平行砂轮	1		磨外圆、内孔、平面，无心磨，刃磨刀具
平行切割砂轮	41		切断及切槽
筒形砂轮	2		端磨平面
碗形砂轮	11		刃磨刀具、磨导轨
碟形一号砂轮	12a		磨铣刀、铰刀、拉刀，磨齿轮
双斜边砂轮	4		磨齿轮及螺纹
杯形砂轮	6		磨平面、内圆，刃磨刀具

砂轮的特性均标记在砂轮的侧面上，其顺序是：磨具名称、产品标准号、基本形状代号、圆周型面代号、尺寸、磨料牌号（可选性的）、磨料种类、磨料粒度、硬度等级、组织号（可选性的）、结合剂种类、最高工作速度。

示例：

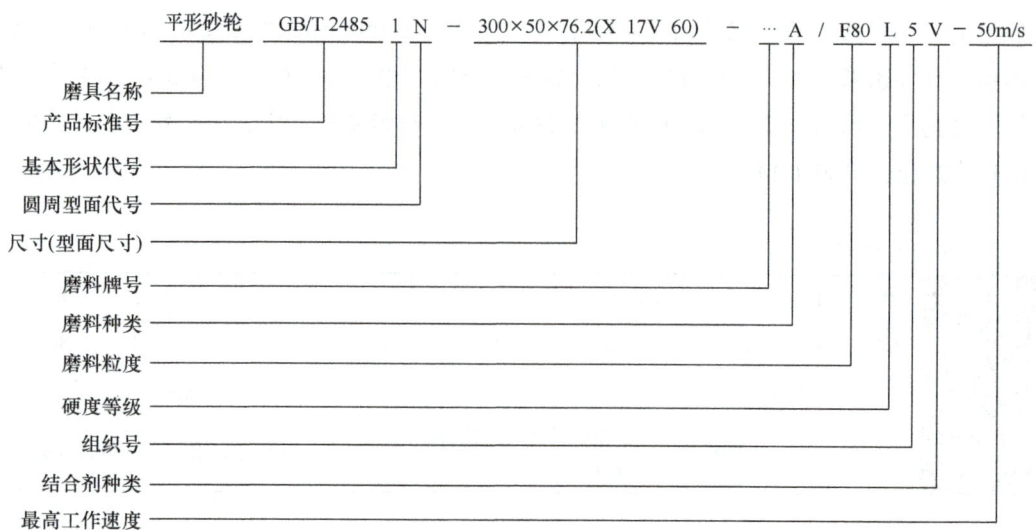

（二）外圆磨床的磨削方法

外圆表面磨削一般在外圆磨床或无心外圆磨床上进行，也可采用砂带磨床磨削。在外圆磨床上磨削工件时，轴类零件常用顶尖装夹，其方法与车削时基本相同，但磨床所用顶尖不随工件一起转动。这样，主轴与轴承的制造误差、轴承间隙、顶尖的同轴度误差等就不会反映到工件上，可提高加工精度。盘套类工件则用心轴和顶尖装夹，所用心轴和车削心轴基本相同，只是形状和位置精度以及表面粗糙度要求较严格。磨削短又无中心孔的轴类工件时，可用自定心卡盘或单动卡盘装夹。

在外圆磨床上常用的磨削方法如下。

1. 纵磨法

如图 1-38a 所示，砂轮高速旋转起切削作用，工件旋转做圆周进给运动，并和工作台一起做纵向往复直线进给运动。工作台每往复一次，砂轮沿磨削深度方向完成一次横向进给，每次进给（吃刀深度）都很小，全部磨削余量是在多次往复行程中完成的。当工件磨削接近最终尺寸时（尚有余量 0.005~0.01mm），应无横向进给光磨几次，直到火花消失为止。纵磨法的加工精度和表面质量较高，适应性强，用同一砂轮可磨削直径和长度不同的工件，但生产率低。在单件、小批量生产及精磨中应用广泛，特别适用于磨削细长轴等刚性差的工件。

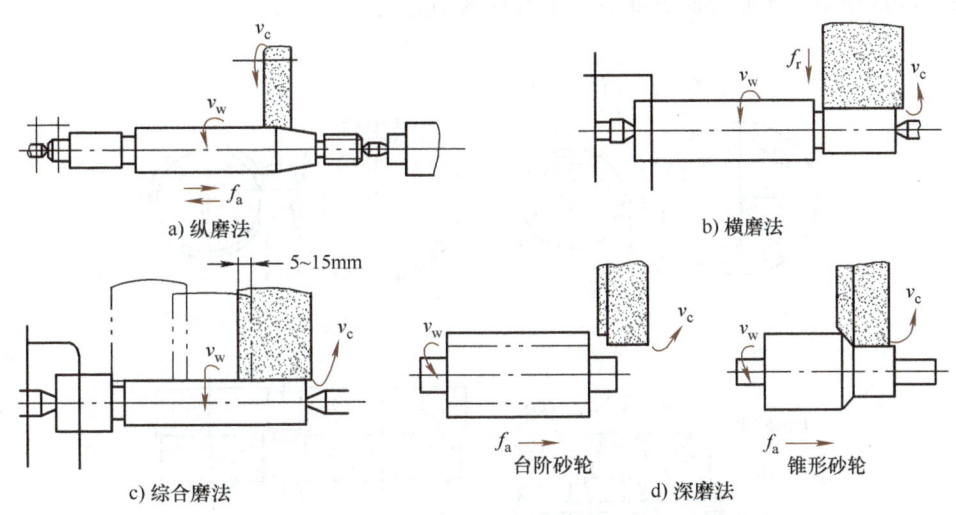

图1-38 外圆磨削的磨削方法

2. 横磨法（切入法）

如图 1-38b 所示，磨削时，工件不做纵向往复运动，砂轮以缓慢的速度连续或间断地向工件做横向进给运动，直到磨去全部余量。横磨时，工件与砂轮的接触面积大，磨削力大，发热量大而集中，所以易发生工件变形、烧刀和退火。横磨法生产率高，适用于成批或大量生产中磨削长度短、刚性好、精度低的外圆表面及两侧都有台肩的轴颈。若将砂轮修整成形，也可直接磨削成形面。

3. 综合磨法

如图 1-38c 所示，先用横磨法将工件分段进行粗磨，相邻之间有 5~15mm 的搭接，每段上留有 0.01~0.03mm 的精磨余量，精磨时采用纵磨法。这种磨削方法综合了纵磨法和横磨法的优点，适用于磨削余量较大（余量为 0.7~0.8mm）的工件。

4. 深磨法

如图 1-38d 所示，磨削时采用较小的纵向进给量（1~2mm/r）和较大的吃刀深度（0.2~0.6mm）在一次进给中磨去全部余量。为避免切削负荷集中和砂轮外圆棱角迅速磨钝，应将砂轮修整成锥形或台阶形，外径小的台阶起粗磨作用，可修粗些，外径大的起精磨作用，修细些。深磨法可获得较高的精度和生产率，表面粗糙度值较小，适用于大批量生产中加工刚性好的短轴。

（三）无心外圆磨床的磨削方法

在无心磨床磨削工件外圆时，工件不用顶尖来定心和支承，而是直接将工件放在砂轮和导轮（用橡胶结合剂制成的粒度较粗的砂轮）之间，由托板支承，工件被磨削的外圆面作为定位面，如图 1-39a 所示。无心外圆磨床有以下两种磨削方式。

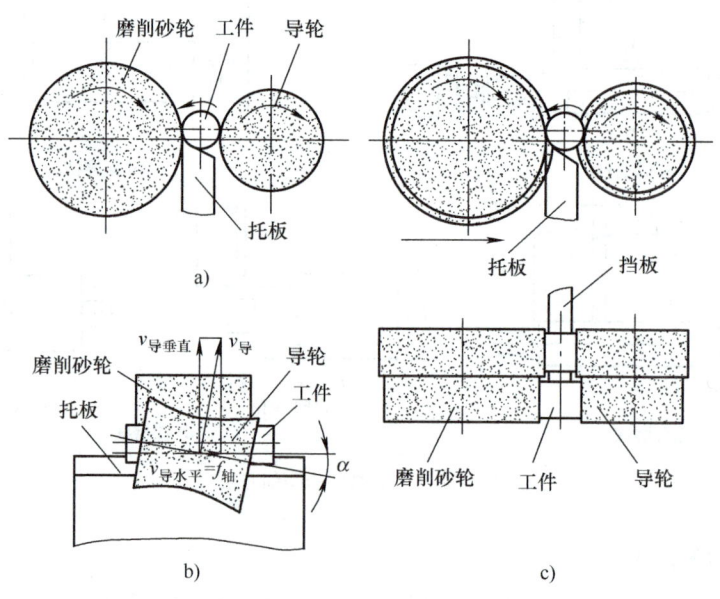

图 1-39 无心外圆磨削的加工示意图

1. 贯穿磨削法（纵磨法）

如图 1-39b 所示，磨削时将工件从机床前面放到托板上，推入磨削区，由于导轮轴线在垂

直平面内倾斜 α 角（$\alpha = 1° \sim 6°$），导轮与工件接触处的线速度 $v_导$ 可以分解成水平和垂直两个方向的分速度 $v_{导水平}$ 和 $v_{导垂直}$，$v_{导垂直}$ 控制工件的圆周进给运动；$v_{导水平}$ 使工件做纵向进给。所以工件进入磨削区后，便既做旋转运动，又做轴向移动，穿过磨削区，工件就磨削完毕。α 角增大、生产率高，但表面粗糙度值增大；反之，情况相反。为保证导轮与工件呈线接触状态，需将导轮形状修整成回转双曲面形。这种磨削方法不适用于带台阶的圆柱形工件。

2. 切入磨削法（横磨法）

先将工件放在托板和导轮之间，然后由工件（连同导轮）或磨削砂轮横向切入进给，磨削工件表面。这时导轮的中心线仅倾斜很小角度（约 30′），以便对工件产生一微小的轴向推力，使它靠住挡板，得到可靠轴向定位，如图 1-39c 所示。切入磨削法适用于磨削有阶梯或成形回转表面的工件，但磨削表面的长度不能大于磨削砂轮的宽度。

在磨床上磨削外圆表面时，应采用充足的切削液。一般磨削钢件时，多用苏打水或乳化液；磨削铝件时，采用加少量矿物油的煤油；磨削铸铁、青铜件时，一般不用切削液，而用吸尘器清除尘屑。

（四）M1432A 型万能外圆磨床

M1432A 型万能外圆磨床主要用于磨削内外圆柱面、内外圆锥面、阶梯轴轴肩及端面、简单的成形回转表面等。它属于普通精度级机床，磨削的尺寸公差等级可达 IT7～IT6，表面粗糙度 Ra 值为 $1.25 \sim 0.08\mu m$。这种机床万能性强，但自动化程度较低，磨削效率不高，适用于工具车间，维修车间和单件小批生产类型，其主参数即最大磨削直径为 320mm。

图 1-40 所示为 M1432B 型万能外圆磨床外形图。由图可见，在床身 1 的纵向导轨上装有工作台 9，台面上装有头架 2 和尾座 8，用以夹持不同长度的工件，头架带动工件旋转。工作台由液压传动沿床身导轨往复移动，使工件实现纵向进给运动。工作台由上、下两层组成，其上部可相对下部在水平面内偏转一定的角度（一般不大于 ±10°），以便磨削锥度不大的圆锥面。砂轮架 7 安装在滑鞍上，转动横向进给手轮 3，通过横向进给机构带动滑鞍及砂轮架做快速进退或周期性自动切入进给，内圆磨具 5 放下时，用以磨削内圆。

图 1-41 所示为万能外圆磨床的典型加工方法。图 1-41a 所示为纵磨法磨削外圆柱面，图 1-41b 所示为扳转工作台用纵磨法磨削长圆锥面，图 1-41c 所示为扳动砂轮架用切入法磨削短圆锥面，图 1-41d 所示为扳动头架用纵磨法磨削圆锥面，图 1-41e 所示为用内圆磨具磨削圆柱孔。

分析 M1432A 型万能外圆磨床的典型加工方法可知，机床必须具备以下运动：外圆磨和内圆磨砂轮的旋转主运动；工件圆周进给运动；工件（工作台）往复纵向进给运动；砂轮横向进给运动。此外，机床还应有两个辅助运动：砂轮横向快速进退和尾座套筒缩回，以便装卸工件。

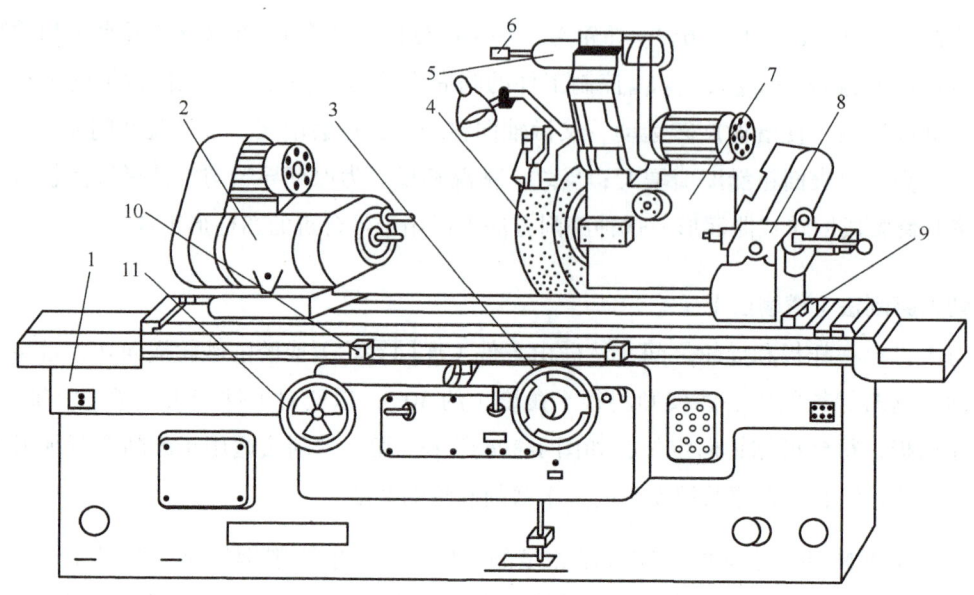

图1-40 M1432B型万能外圆磨床外形图

1—床身 2—头架 3—横向进给手轮 4—砂轮 5—内圆磨具 6—内圆磨头 7—砂轮架 8—尾座 9—工作台 10—挡块 11—纵向进给手轮

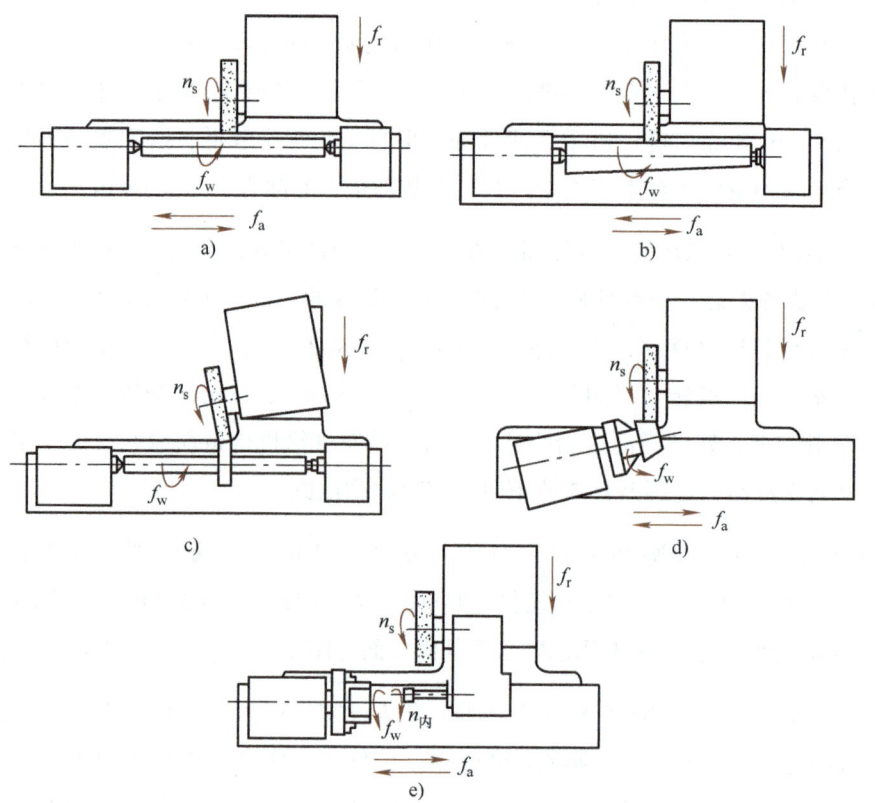

图1-41 万能外圆磨床典型加工方法示意图

单元6 内圆表面加工

一、内圆表面的加工方法概述

内圆表面(即内孔)也是组成零件的基本表面之一。零件上有多种多样的孔,如螺钉、螺栓的紧固孔,套筒、法兰盘及齿轮等回转体零件上的孔,箱体类零件上的主轴及传动轴的轴承孔,炮筒、空心轴内的深孔(一般 $L/d \geq 10$),以及常用于保证零件间配合准确性的圆锥孔等。

内圆表面加工(1)

与外圆表面的加工相比,内圆表面的加工条件差,因为孔加工刀具或磨具的尺寸(直径、长度)受被加工孔本身尺寸的限制,刀具的刚性差,容易产生弯曲变形及振动,切削过程中,孔内排屑、散热、冷却、润滑条件差。因此,孔的加工精度和表面粗糙度都不容易控制。此外,大部分孔加工刀具为定尺寸刀具,刀具直径的制造误差和磨损将直接影响孔的加工精度。故在一般情况下,加工孔比加工同样尺寸及精度的外圆表面要困难些。当一个零件要求内圆表面与外圆表面必须保持某种确定关系时,一般总是先加工内圆表面,然后再以内圆表面定位加工外圆表面。

内圆表面加工可以在车、钻、镗、拉、磨床上进行。常用的加工方法有:钻孔、扩孔、铰孔、镗孔、拉孔和磨孔等。选择加工方法时,应考虑孔径大小、深度、精度、工件形状、尺寸、重量、材料、生产批量及设备等具体条件。对于精度要求较高的孔,最后还须进行珩磨或研磨及滚压等精密加工。

内圆表面的各种加工方案及其所达到的经济精度和表面粗糙度值,详见表1-16。

表1-16 内圆表面加工方案

序号	加工方案	经济精度(公差等级)	表面粗糙度 Ra 值 /μm	适用范围
1	钻	IT12 ~ IT11	12.5	加工未淬火钢及铸铁实心毛坯,也可加工有色金属(但表面稍粗糙,孔径小于15 ~ 20mm)
2	钻 – 铰	IT9	3.2 ~ 1.6	
3	钻 – 铰 – 精铰	IT8 ~ IT7	1.6 ~ 0.8	
4	钻 – 扩	IT11 ~ IT10	12.5 ~ 6.3	加工未淬火钢及铸铁实心毛坯,也可加工有色金属,但孔径大于15 ~ 20mm
5	钻 – 扩 – 铰	IT9 ~ IT8	3.2 ~ 1.6	
6	钻 – 扩 – 粗铰 – 精铰	IT7	1.6 ~ 0.8	
7	钻 – 扩 – 机铰 – 手铰	IT7 ~ IT6	0.4 ~ 0.1	
8	钻 – 扩 – 拉	IT9 ~ IT7	1.6 ~ 0.1	大批大量生产(精度由拉刀精度决定)

(续)

序号	加工方案	经济精度（公差等级）	表面粗糙度 Ra 值 /μm	适用范围
9	粗镗（或扩孔）	IT12 ~ IT11	12.5 ~ 6.3	除淬火钢外各种材料，毛坯有铸出孔或锻出孔
10	粗镗（粗扩）– 半精镗（精扩）	IT9 ~ IT8	3.2 ~ 1.6	
11	粗镗（扩）– 半精镗（精扩）– 精镗（铰）	IT8 ~ IT7	1.6 ~ 0.8	
12	粗镗（扩）– 半精镗（精扩）– 精镗 – 浮动镗刀精镗	IT7 ~ IT6	0.8 ~ 0.4	
13	粗镗（扩）– 半精镗 – 磨孔	IT8 ~ IT7	0.8 ~ 0.2	主要用于淬火钢，也可用于未淬火钢，但不宜用于有色金属
14	粗镗（扩）– 半精镗 – 粗磨 – 精磨	IT7 ~ IT6	0.2 ~ 0.1	
15	粗镗 – 半精镗 – 精镗 – 金刚镗	IT7 ~ IT6	0.4 ~ 0.05	主要用于精度要求高的有色金属加工
16	钻 –（扩）– 粗铰 – 精铰 – 珩磨 钻 –（扩）– 拉 – 珩磨 粗镗 – 半精镗 – 精镗 – 珩磨	IT7 ~ IT6	0.2 ~ 0.025	精度要求很高的孔
17	以研磨代替方案 16 中的珩磨	IT6 级以上		

二、钻削加工

用钻头在实体材料上加工孔的方法，称为钻孔；用扩孔钻对已有孔进行扩大再加工的方法，称为扩孔。它们统称为钻削加工。钻削加工主要在钻床上进行。钻削加工操作简便，适应性强，应用很广。

（一）钻孔

钻孔最常用的刀具是麻花钻，用麻花钻钻孔的尺寸公差等级为 IT13 ~ IT11，表面粗糙度 Ra 值为 50 ~ 12.5μm，属于粗加工。钻孔主要用于质量要求不高的孔的终加工，例如螺栓孔、油孔等，也可作为质量要求较高孔的预加工。

麻花钻由工具厂专业生产，其常备规格为 ϕ0.1 ~ ϕ80mm。麻花钻主要由柄部、颈部及工作部分组成，如图 1-42 所示。

柄部是钻头的夹持部分，用以传递转矩和轴向力。柄部有直柄和锥柄两种形式，钻头直径小于 12mm 时制成直柄（图 1-42b），钻头直径大于 12mm 时制成莫氏锥度的圆锥柄（图 1-42a）。锥柄后端的扁尾可插入钻床主轴的长方孔中，以传递较大的转矩。

颈部是柄部和工作部分的连接部分，是磨削柄部时砂轮的退刀槽，也是打印商标和钻头规格的地方。直柄钻头一般没有颈部。

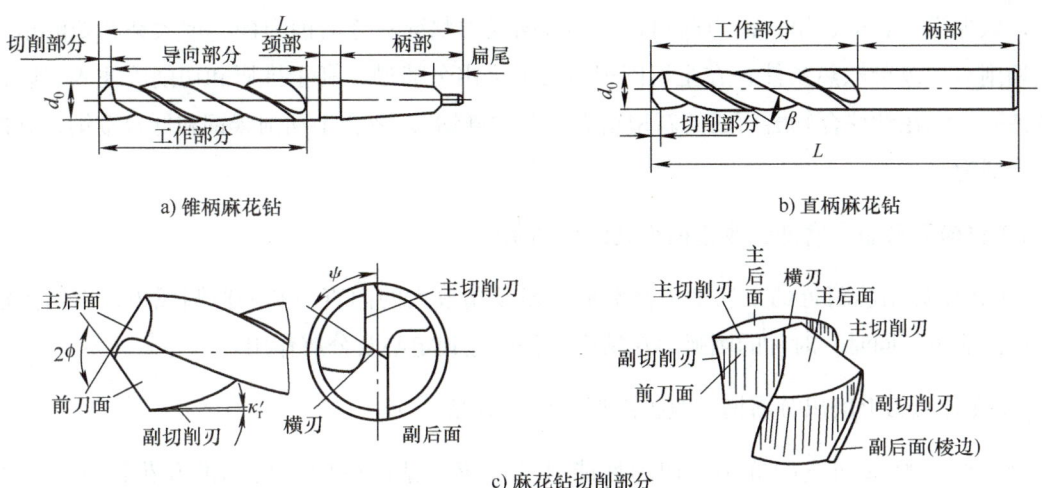

图1-42 麻花钻的结构

钻头的工作部分包括切削部分和导向部分。切削部分担负主要切削工作，如图1-42c所示。切削部分由两条主切削刃、两条副切削刃和一条横刃及两个前刀面和两个后刀面组成。螺旋槽的一部分为前刀面，钻头的顶锥面为主后面。导向部分的作用是当切削部分切入工件后起导向作用，也是切削部分的后备部分。导向部分有两条螺旋槽和两条棱边，螺旋槽起排屑和输送切削液作用，棱边起导向、修光孔壁作用。导向部分有微小的倒锥度，即从切削部分向柄部每100mm长度上钻头直径 d_0 减少 0.03~0.12mm，以减少与孔壁的摩擦。

麻花钻的主要几何角度有顶角 2ϕ，螺旋角 β，前角 γ_o，后角 α_o 和横刃斜角 ψ 等。这些几何角度对钻削加工的性能、切削力大小、排屑情况等都有直接的影响，使用时要根据不同加工材料和切削要求来选取。

麻花钻虽然是孔加工的主要刀具，长期以来一直被广泛使用，但是由于麻花钻在结构上存在着比较严重的缺陷，致使钻孔的质量和生产率受到很大影响，主要表现在以下几方面。

1）钻头主切削刃上各点的前角变化很大，钻孔时，外缘处的切削速度最大，而该处的前角最大，切削刃强度最薄弱，因此钻头在外缘处的磨损特别严重。

2）钻头的横刃较长，横刃及其附近的前角为负值，达 −55°~−60°。钻孔时，横刃处于挤刮状态，轴向抗力较大。同时横刃过长时，不利于钻头定心，易产生引偏，致使加工孔的孔径增大，孔不圆或孔的轴线歪斜等。

3）钻削加工过程是半封闭状态。钻孔时，主切削刃全长同时参加切削，切削刃长，切屑宽，而各点切屑的流出方向和速度各异，切屑呈螺卷状，而容屑槽又受钻头本身尺寸的限制，因而排屑困难，切削液也不易注入切削区域，冷却和散热不良，大大降低了钻头的使用寿命。

针对标准高速钢麻花钻存在的缺陷，在实践中采取了多种措施修磨麻花钻的结构。如修磨横刃,减少横刃长度,增大横刃前角,减小轴向受力状况;修磨前刀面,增大钻芯处前角;修磨主切削刃,改善散热条件;在主切削刃后刀面磨出分屑槽,利于排屑和切削液注入,改善切削条件等。麻花钻综合修磨而成的新型钻头,即"群钻",适合于钻削碳钢和低合金钢,其修磨主要特征为:

1)将横刃磨短、磨低,改善横刃处的切削条件。

2)将靠近钻芯附近的主切削刃修磨成一段顶角较大的内直刃和一段圆弧刃,以增大该段切削刃的前角。同时,对称的圆弧刃在钻削过程中起到定心及分屑作用。

3)在外直刃上磨出分屑槽,改善断屑、排屑情况。

经过综合修磨而成的群钻,切削性能显著改善。钻削轴向力比标准麻花钻降低35%~50%,转矩降低10%~30%,切削轻快省力;改善了散热、断屑及冷却润滑条件,钻头寿命比标准麻花钻提高了3~5倍;另外,生产率、加工精度、表面质量都有所提高。

(二)钻深孔

对于孔的深度与直径之比 $l/d = 5 \sim 10$ 的普通深孔,可以用加长麻花钻加工;对于孔的深度与直径之比 $l/d > 10$ 的深孔,必须采用特殊结构的深孔钻才能加工。

深孔加工难度大,技术要求高,这是由深孔的特点决定的。设计和使用深孔钻时应注意:钻头的导向要防止偏斜;保证可靠的断屑和排屑;采取有效的冷却和润滑措施。下面介绍几种常见深孔钻的工作原理与结构特点。

1. 单刃外排屑深孔钻

单刃外排屑深孔钻又称枪钻,主要用于加工直径 $d = 3 \sim 20$mm,孔深与直径之比 $l/d > 100$ 的小深孔,其工作原理如图1-43所示。切削时高压(3.5~10MPa)切削液从钻杆和切削部分的进液孔注入切削区域,以冷却、润滑钻头,切屑经钻杆与切削部分的V形槽冲出,因此称之为外排屑。

枪钻的特点是结构较简单,钻头背部圆弧支承面在切削过程中起导向定位作用,切削稳定,孔的加工直线性好。

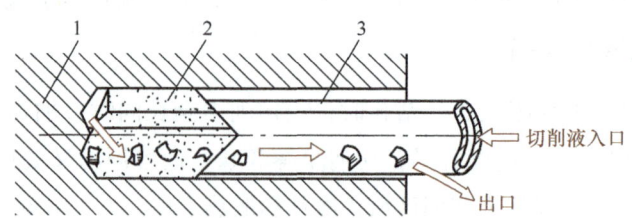

图1-43 单刃外排屑深孔钻的工作原理
1—工件 2—切削部分 3—钻杆

2. 错齿内排屑深孔钻

错齿内排屑深孔钻适于加工直径 $d > 20$mm，孔深与直径之比 $l/d < 100$ 的直径较大的深孔，其工作原理如图 1-44 所示。切削时高压（2～6MPa）切削液由工件孔壁与钻杆的表面之间的间隙进入切削区，以冷却、润滑钻头切削部分，并利用高压切削液把切屑从钻头和钻管的内孔中冲出。

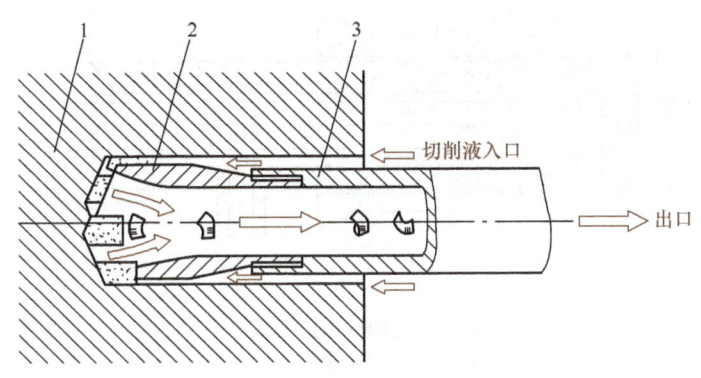

图1-44　错齿内排屑深孔钻的工作原理
1—工件　2—钻头　3—钻杆

错齿内排屑深孔钻的切削部分由数块硬质合金刀片交错排列焊接在钻体上，实现了分屑，便于切屑排出；切屑是从钻杆内部排出而不与工件已加工表面接触，所以可获得好的加工表面质量；分布在钻头前端的硬质合金导向条，使钻头支承在孔壁上，实现了切削过程中的导向，增大了切削过程的稳定性。

3. 喷吸钻

喷吸钻适用于加工直径 $d = 16～65$ mm，孔深与直径之比 $l/d < 100$ 的中等直径一般深孔。喷吸钻主要由钻头、内钻管、外钻管三部分组成，钻头部分的结构与错齿内排屑深孔钻基本相同，其工作原理如图 1-45 所示。工作时，切削液以一定的压力（一般为 0.98～1.96MPa）从内外钻管之间输入，其中 2/3 的切削液通过钻头上的小孔压向切削区，对钻头切削部分及导向部分进行冷却与润滑；另外 1/3 的切削液则通过内钻管上月牙形槽喷嘴喷入内钻管，由于月牙形槽缝隙很窄，喷入的切削液流速增大而形成一个低压区，切削区的高压与内钻管内的低压形成压力差，使切削液和切屑一起被迅速"吸"出，提高了冷却和排屑效果，所以喷吸钻是一种效率高、加工质量好的内排屑深孔钻。

（三）扩孔

扩孔是用扩孔钻对工件上已钻出、铸出或锻出的孔进行扩大加工。扩孔可在一定程度上校正原孔轴线的偏斜，扩孔的尺寸公差等级可达 IT10～IT9，表面粗糙度 Ra 值可达 6.3～3.2μm，属于半精加工。扩孔常用作铰孔前的预加工，对于质量要求不高的孔，扩孔也可作为孔加工的最终工序。

扩孔用的扩孔钻的结构型式分为带柄和套式两类,如图1-46所示。带柄的扩孔钻由工作部分及柄部组成;套式扩孔钻由工作部分及1:30锥孔组成。

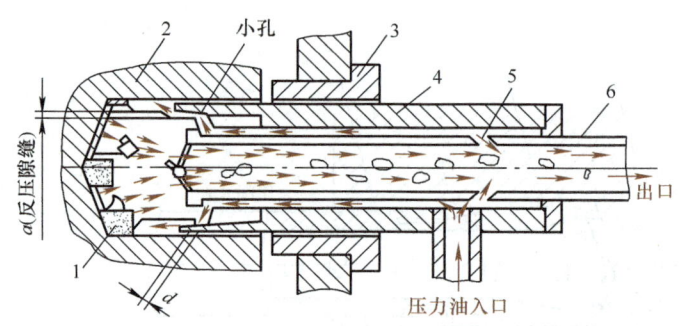

图1-45 喷吸钻的工作原理

1—钻头 2—工件 3—钻套 4—外钻管 5—月牙形槽喷嘴 6—内钻管

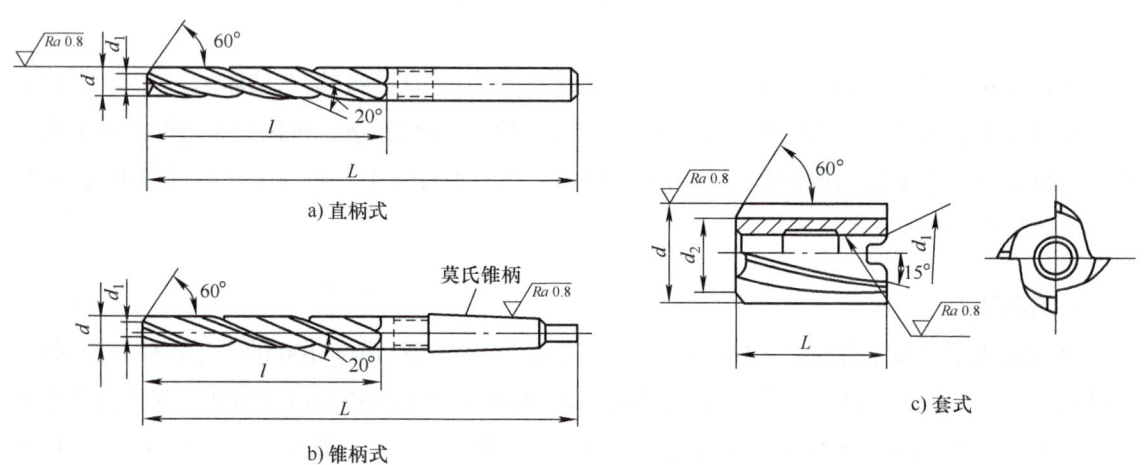

图1-46 扩孔钻的类型

扩孔钻与麻花钻相比,容屑槽浅窄,可在刀体上做出3～4个切削刃,可以提高生产率。同时,切削刃增多,棱带也增多,使扩孔钻的导向作用提高了,切削较稳定。此外,扩孔钻没有横刃,钻芯粗大,轴向力小,刚性较好,可采用较大的进给量。

选用扩孔钻时,应根据被加工孔及机床夹持部分的形式,选用相应直径及形式的扩孔钻。通常直柄扩孔钻的适用范围为$d=3\sim20\text{mm}$;锥柄扩孔钻的适用范围为$d=7.5\sim50\text{mm}$;套式扩孔钻主要用于大直径及较深孔的扩孔加工,其适用范围为$d=20\sim100\text{mm}$。扩孔余量一般为0.5～4mm(直径值)。

（四）铰孔

用铰刀从被加工孔的孔壁上切除微量金属，使孔的精度和表面质量得到提高的加工方法，称为铰孔。铰孔是应用较普遍的对中小直径孔进行精加工的方法之一，它是在扩孔或半精镗孔的基础上进行的。根据铰刀的结构不同，铰孔可以加工圆柱孔、圆锥孔；可以手工操作，也可以在机床上进行。铰孔后孔的尺寸公差等级可达 IT9～IT7，表面粗糙度 Ra 值达 1.6～0.4μm。

铰刀的结构如图 1-47 所示。铰刀由柄部、颈部和工作部分组成，工作部分包括切削部分和修光部分（标准部分）。切削部分为锥形，担负主要切削工作；修光部分起校正孔径、修光孔壁和导向作用。为减少修光部分刀齿与已加工孔壁的摩擦，并防止孔径扩大，修光部分的后端为倒锥形状。

铰刀可分为手用铰刀和机用铰刀两种。手用铰刀为直柄，如图 1-47a 所示，其工作部分较长，导向性好，可防止铰孔时铰刀歪斜。机用铰刀又分为直柄、锥柄和套式三种，如图 1-47b、c 所示。

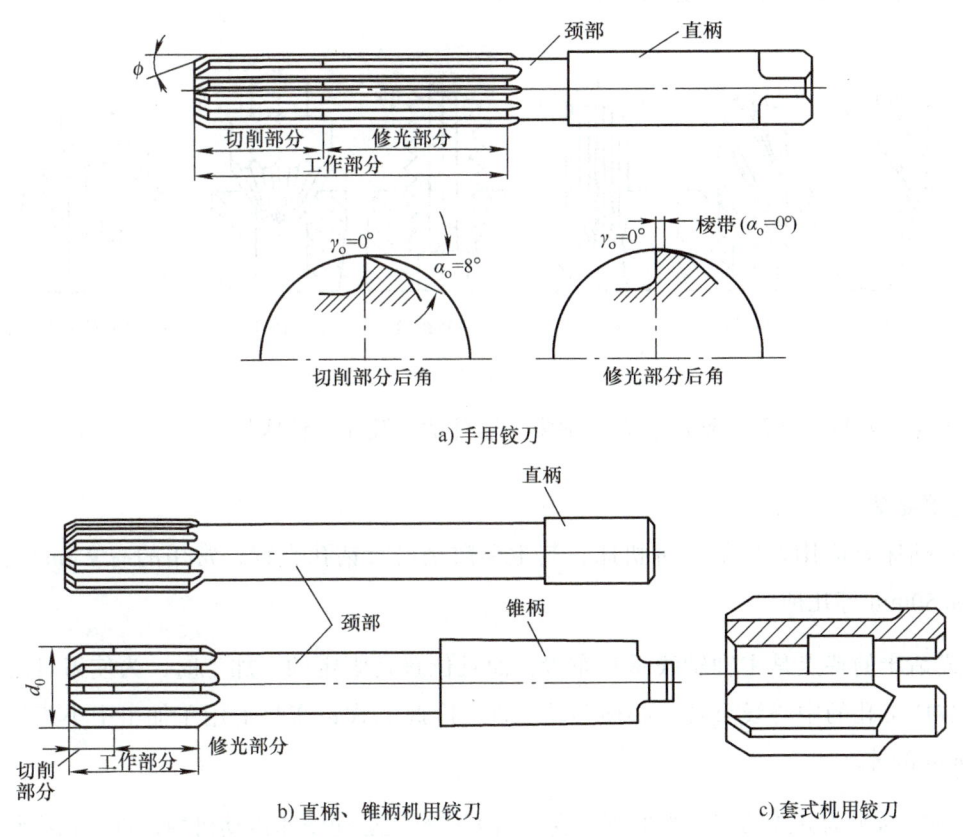

图1-47 铰刀的结构

选用铰刀时，应根据被加工孔的特点及铰刀的特点正确选用。一般手用铰刀用于小批量生产或修配工作，对未淬硬孔进行手工操作的精加工。手用铰刀的适用范围为 $d=1$～71mm。

机用铰刀适用于在车床、钻床、数控机床上使用，主要用于对碳钢、合金钢、铸铁、铜、铝等工件的孔进行半精加工和精加工。一般机用铰刀的适用范围为 $d = 50 \sim 150\text{mm}$，套式机用铰刀适合于较大孔径的加工，其范围为 $d = 23.6 \sim 100\text{mm}$。

另外，铰刀分为三个精度等级，分别用于不同精度要求的孔（H7、H8、H9）的加工。在选用时，应根据被加工孔的直径、精度和机床夹持部分的形式选用相应的铰刀。

铰孔生产率高，容易保证孔的精度和表面粗糙度，但铰刀是定值刀具，一种规格的铰刀只能加工一种尺寸和精度的孔，且不宜铰削非标准孔、台阶孔和盲孔。对于中等尺寸以下较精密的孔，钻—扩—铰是生产中经常采用的典型工艺方案。

（五）钻床

钻床主要用于采用钻头钻削直径不大、精度要求较低的孔，此外还可以进行扩孔、铰孔、攻螺纹等加工。加工时，工件固定不动，刀具旋转形成主运动，同时沿轴向移动完成进给运动。钻床的应用很广，其主要加工方法如图1-48所示。

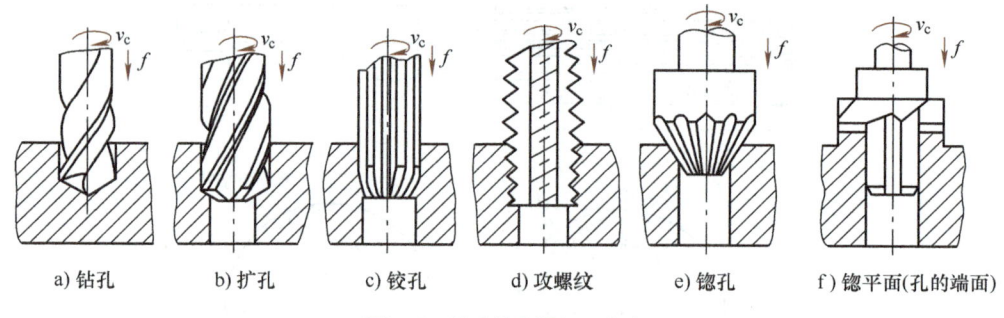

a) 钻孔　　b) 扩孔　　c) 铰孔　　d) 攻螺纹　　e) 锪孔　　f) 锪平面（孔的端面）

图1-48　钻床的主要加工方法

钻床的主要类型有台式钻床、立式钻床、摇臂钻床及深孔钻床等。

1. 立式钻床

立式钻床是应用较广的一种机床，其主参数是最大钻孔直径，常用的有25mm、35mm、40mm 和 50mm 等几种。

立式钻床的特点是主轴轴线垂直布置，而且位置是固定的。加工时，为使刀具的旋转中心线与被加工孔的中心线重合，必须移动工件，因此立式钻床只适用于加工中小工件上直径 $d \leqslant 50\text{mm}$ 的孔。

图1-49所示为立式钻床的外形图。变速箱中装有主运动变速传动机构，进给箱中装有进给运动变速机构及操纵机构。加工时，进给箱固定不动，转动操纵手柄，由主轴随主轴套筒在进给箱中做直线移动来完成进给运动。工作台和进给箱都装在立柱的垂直导轨上，并可上下调整位置，以适应加工不同高度的工件。

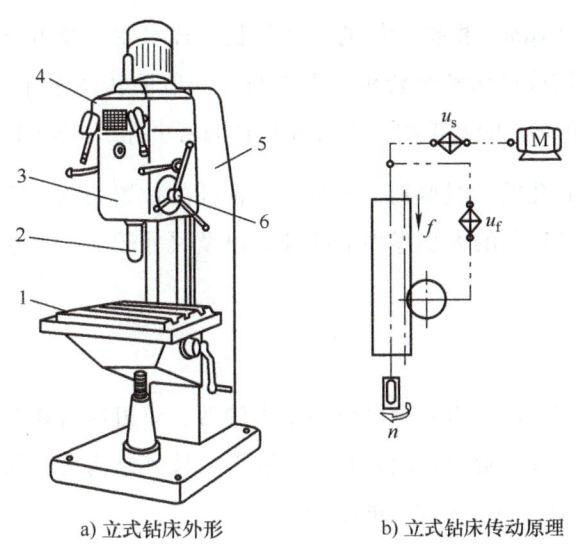

a) 立式钻床外形　　　b) 立式钻床传动原理

图1-49　立式钻床的外形图

1—工作台　2—主轴　3—进给箱　4—变速箱　5—立柱　6—操纵手柄

2. 摇臂钻床

摇臂钻床广泛地用于大、中型工件上直径 $d \leqslant 80\mathrm{mm}$ 孔的加工，其外形如图1-50所示。主轴箱可以在摇臂上水平移动，摇臂既可以绕立柱转动，又可沿立柱垂直升降。加工时，工件在工作台或机座上安装固定，通过调整摇臂和主轴箱的位置，使主轴中心线与被加工孔的中心线重合。

3. 其他钻床

台钻是一种加工小型工件上孔径 $d = 0.1 \sim 13\mathrm{mm}$ 的立式钻床；多轴钻床可同时加工工件上的很多孔，生产率高，广泛用于大批量生产；中心孔钻床用来加工轴类零件两端面上的中心孔；深孔钻床用于加工孔深与直径之比 $l/d > 5$ 的深孔。

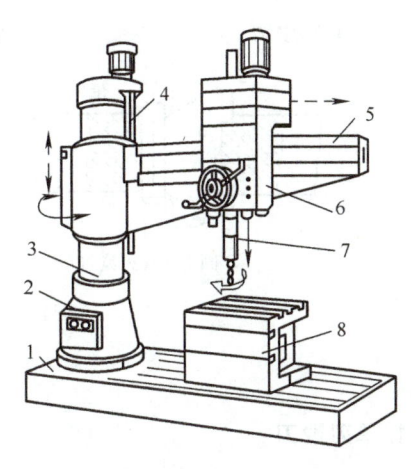

图1-50　摇臂钻床的外形图

1—底座　2—外立柱　3—内立柱　4—升降螺杆
5—摇臂　6—主轴箱　7—主轴　8—工作台

三、镗削加工

镗孔是用镗刀在已加工孔的工件上，使孔径扩大并达到精度和表面粗糙度要求的加工方法。

镗孔是常用的加工孔的方法，其加工范围广泛。一般镗孔的尺寸公差等级可达IT8～IT7，表面粗糙度 Ra 值可达 $1.6 \sim 0.8\mathrm{μm}$；精细镗时，尺寸公差等级可达IT7～IT6，表

内圆表面加工（2）

面粗糙度 Ra 值为 0.8～0.1μm。根据工件的尺寸形状、技术要求及生产批量的不同，镗孔可以在镗床、车床、铣床、数控机床和组合机床上进行。一般回转体零件上的孔，多用车床加工；而箱体类零件上的孔或孔系（即要求相互平行或垂直的若干孔），则可以在镗床上加工。

镗孔不但能校正原有孔的轴线偏斜，而且能保证孔的位置精度，所以镗削加工适用于加工机座、箱体、支架等外形复杂的大型零件上的孔，以及尺寸较大、尺寸精度要求较高、有位置要求的孔和孔系。

（一）镗刀

镗刀有多种类型，按其切削刃数量可分为单刃镗刀、双刃镗刀和多刃镗刀；按其加工表面可分为通孔镗刀、盲孔镗刀、阶梯孔镗刀和端面镗刀；按其结构可分为整体式、装配式和可调式。图 1-51 所示为单刃镗刀和多刃镗刀的结构。

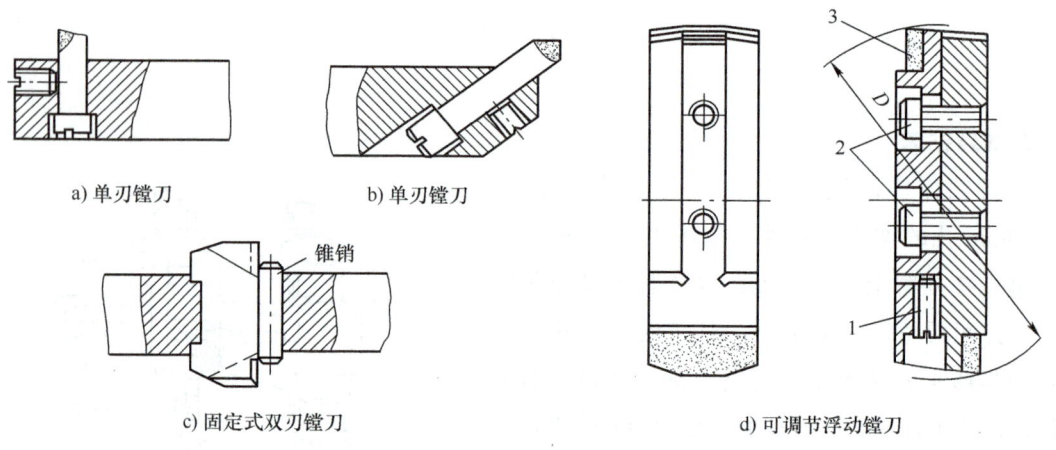

a) 单刃镗刀　　b) 单刃镗刀

c) 固定式双刃镗刀　　d) 可调节浮动镗刀

图1-51　单刃镗刀和多刃镗刀的结构
1、2—螺钉　3—活动刀片

1. 单刃镗刀

单刃镗刀的刀头结构与车刀类似，刀头装在刀杆中，根据被加工孔的大小，通过手工操纵，用螺钉固定刀头的位置。刀头与镗杆轴线垂直，如图 1-51a 所示，可镗通孔，倾斜安装如图 1-51b 所示，可镗盲孔。

单刃镗刀结构简单，可以校正原有孔的轴线偏斜和小的位置偏差，适应性较广，可用来进行粗加工、半精加工或精加工。但是，所镗孔径尺寸的大小要靠人工调整刀头的悬伸长度来保证，较为麻烦，加之仅有一个主切削刃参加切削，故生产率较低，多用于单件小批量生产。

2. 双刃镗刀

双刃镗刀有两个对称的切削刃，切削时径向力可以相互抵消，工件孔径尺寸和精度由镗刀的径向尺寸保证。

图 1-51c 所示为固定式双刃镗刀。工作时，镗刀块可通过斜楔、锥销或螺钉装夹在镗杆上，镗刀块相对于轴线的位置偏差会造成孔径误差。固定式双刃镗刀是定尺寸刀具，适用于粗镗或半精镗直径较大的孔。

图 1-51d 所示为可调节浮动镗刀。调节时，先松开螺钉 2，转动螺钉 1，改变刀片的径向位置至两切削刃之间尺寸等于所要加工孔径的尺寸，最后拧紧螺钉 2。工作时，镗刀块在镗杆的径向槽中不紧固，能在径向自由滑动，刀块在切削力的作用下保持平衡对中，可以减少镗刀块安装误差及镗杆径向跳动所引起的加工误差，而获得较高的加工精度。但它不能校正原有孔的轴线偏斜或位置误差，其使用应在单刃镗之后。浮动镗削适于精加工批量较大、孔径较大的孔。

（二）镗床

镗床主要用于加工尺寸较大且精度要求较高的孔，特别是分布在不同表面上、孔距和位置精度要求很严格的孔系，如箱体、汽车发动机缸体等零件上的孔系加工。镗床工作时，由刀具做旋转主运动，进给运动则根据机床类型和加工条件的不同或者由刀具完成，或者由工件完成。镗床的主要类型有卧式镗床、坐标镗床及精镗床等。

1. 卧式镗床

卧式镗床的外形如图 1-52 所示。它主要由床身 10、主轴箱 8、工作台 3、平旋盘 5 和前后立柱 7、2 等组成。主轴箱中装有镗轴 6、平旋盘 5 及主运动和进给运动的变速、操纵机构。加工时，镗轴 6 带动镗刀旋转形成主运动，并可沿其轴线移动实现轴向进给运动；平旋盘 5 只做旋转运动，装在平旋盘端面燕尾导轨中的径向刀架 4 除了随平旋盘一起旋转外，还可带动刀具沿燕尾导轨做径向进给运动；主轴箱 8 可沿前立柱 7 的垂直导轨做上下移动，以实现垂直进给运动。工件装夹在工作台 3 上，工作台下面装有下滑座 11 和上滑座 12，下滑座可沿床身 10 的水平导轨做纵向移动，实现纵向进给运动；工作台还可在上滑座的环形导轨上绕垂直轴回转，进行转位；上滑座沿下滑座的导轨做横向移动，实现横向进给。再利用主轴箱的上、下位置调节，可使工件在一次装夹中，对工件上相互平行或成一定角度的平面或孔进行加工。后立柱 2 可沿床身导轨做纵向移动，支架 1 可沿后立柱的垂直导轨进行上下移动，用以支承悬伸较长的镗杆，以增加其刚性。

综上所述，卧式镗床的主运动有：镗轴和平旋盘的旋转运动（二者是独立的，分别由不同的传动机构驱动）；进给运动有：镗轴的轴向进给运动，平旋盘上径向刀架的径向进给运动，主轴箱的垂直进给运动，工作台的纵向、横向进给运动；此外，辅助运动有：工作台转位，后立柱纵向调位，后立柱支架的垂直方向调位，主轴箱沿垂直方向以及工作台沿纵、横方向的快速调位运动。

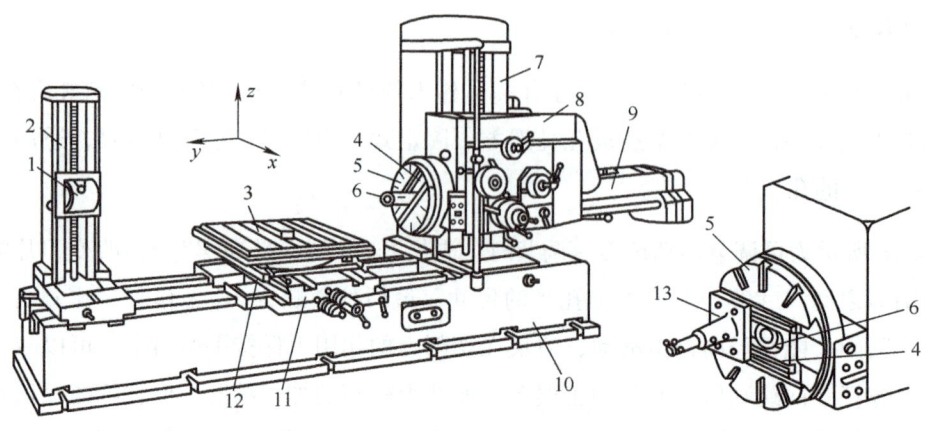

图1-52 卧式镗床的外形图

1—支架 2—后立柱 3—工作台 4—径向刀架 5—平旋盘 6—镗轴 7—前立柱 8—主轴箱 9—后尾筒
10—床身 11—下滑座 12—上滑座 13—刀座

卧式镗床的结构复杂，通用性较好，除可进行镗孔外，还可用于钻孔、加工各种形状沟槽、铣平面、车削端面和螺纹等。卧式镗床的主参数是镗轴直径。它广泛用于机修和工具车间，适用于单件小批量生产。图 1-53 所示为卧式镗床的典型加工方法。

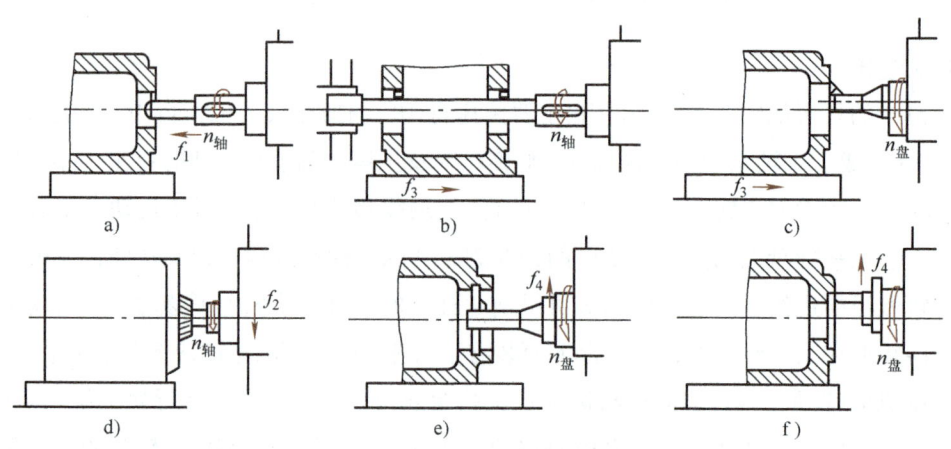

图1-53 卧式镗床的典型加工方法

图 1-53a 所示为利用装在镗轴上的镗刀镗孔，纵向进给运动 f_1 由镗轴移动完成；图 1-53b 所示为利用后立柱支架支承长镗杆镗削同轴孔，纵向进给运动 f_3 由工作台移动完成；图 1-53c 所示为利用平旋盘上的刀具镗削大直径孔，纵向进给运动 f_3 由工作台完成；图 1-53d 所示为利用装在镗轴上的面铣刀铣平面，垂直进给运动 f_2 由主轴箱完成；图 1-53e、f 所示为利用装在平旋盘径向刀架上的刀具车内沟槽和端面，径向进给运动 f_4 由径向刀架完成。

2. 坐标镗床

该类机床上具有坐标位置的精密测量装置，加工孔时，按直角坐标来精密定位，所以称为坐标镗床。坐标镗床是一种高精度机床，主要用于镗削高精度的孔，特别适用于相互位置精度要求很高的孔系，如钻模、镗模等的孔系。坐标镗床还可以进行钻、扩、铰孔及精铣加工。此外，还可以进行精密刻线、样板划线、孔距及直线尺寸的精密测量等工作。

四、拉削加工

在拉床上用拉刀加工工件的工艺过程，称为拉削加工。拉削工艺范围广，不但可以加工各种形状的通孔，还可以拉削平面及各种组合成形表面。图 1-54 所示为适用于拉削加工的典型工件截面形状。由于受拉刀制造工艺及拉床动力的限制，过小或过大尺寸的孔均不适宜拉削加工（拉削孔径一般为 10～100mm，孔的深径比一般不超过 5），盲孔、台阶孔和薄壁孔也不适宜拉削加工。

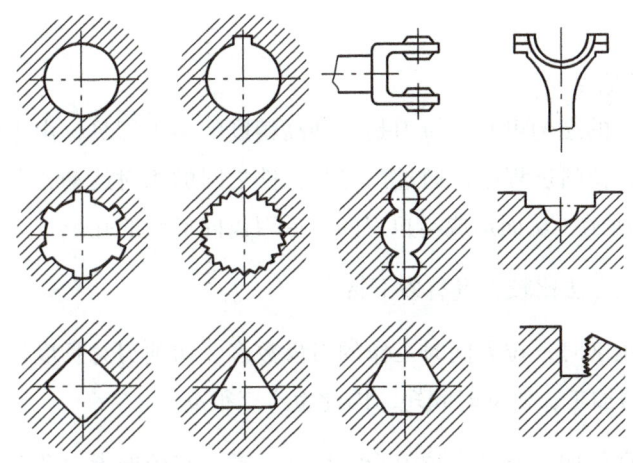

图1-54　拉削加工的典型工件截面形状

（一）拉刀

根据工件加工面及截面形状不同，拉刀有多种形式。常用的圆孔拉刀的结构如图 1-55 所示，其组成部分如下。

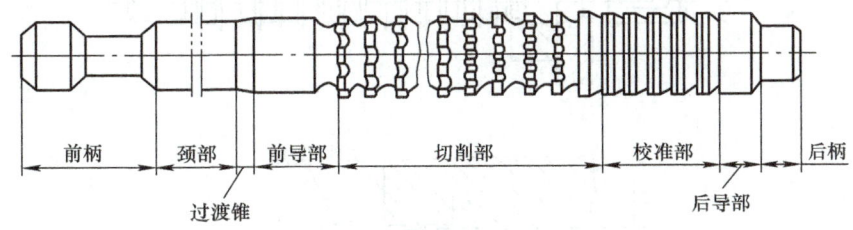

图1-55　常用的圆孔拉刀的结构

（1）前柄　用于拉床夹头夹持拉刀，进而带动拉刀进行拉削。

（2）颈部　是前柄与过渡锥的连接部分，可在此处打标记。

（3）过渡锥　起对准中心的作用，使拉刀顺利进入工件的预制孔中。

（4）前导部　起导向和定心作用，防止拉孔歪斜，并可检查拉削前的孔径尺寸是否过小，以免拉刀第一个切削齿因载荷太重而损坏。

（5）切削部　承担全部余量的切除工作，由粗切齿、过渡齿和精切齿组成。

（6）校准部　用于校正孔径，修光孔壁，并作为精切齿的后备齿。

（7）后导部　用于保持拉刀最后的正确位置，防止拉刀在即将离开工件时，因工件下垂而损坏已加工表面或刀齿。

（8）后柄　用作直径大于60mm、既长又重的拉刀的后支承，防止拉刀下垂。直径较小的拉刀可不设后柄。

（二）拉孔的工艺特点

分析前述圆孔拉刀的结构可知，拉刀是一种高精度的多齿刀具，由于拉刀从头部向尾部方向刀齿高度逐齿递增，拉削过程中，通过拉刀与工件之间的相对运动，分别逐层从工件孔壁上切除金属，如图1-56所示，从而形成与拉刀的最后刀齿同形状的孔。

拉孔与其他孔加工方法比较，具有以下特点：

（1）生产率高　拉削时，拉刀同时工作的刀齿数多、切削刃总长度长，在一次工作行程中就能完成粗、半精及精加工，机动时间短，因此生产率很高。

（2）可以获得较高的加工质量　拉刀为定尺寸刀具，有校准齿对孔壁进行校准、修光；拉孔切削速度低，拉削过程平稳，因此可获得较高的加工质量。一般拉孔的尺寸公差等级可达IT8～IT7，表面粗糙度Ra值为1.6～0.1μm。

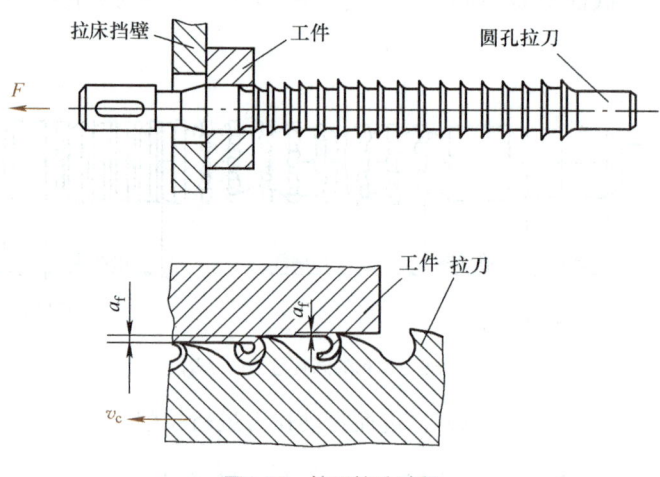

图1-56　拉刀拉孔过程

（3）拉刀使用寿命长 由于拉削速度低，切削厚度小，每次拉削过程中每个刀齿的工作时间短，拉刀磨损慢，因此拉刀使用寿命长。

（4）拉削运动简单 拉削的主运动是拉刀的轴向移动，而进给运动是由拉刀各刀齿的齿升量来完成的，因此拉床只有主运动，没有进给运动。拉床结构简单，操作方便；但拉刀结构较复杂，制造成本高。拉削多用于大批量生产中。

（三）拉床

拉床按用途可分为内拉床及外拉床，按机床布局可分为卧式和立式。其中，以卧式拉床应用最为普遍。

图1-57所示为卧式拉床的外形结构。液压缸固定于床身内，工作时，液压泵供给压力油驱动活塞，活塞带动拉刀7，连同拉刀尾部随动刀架10一起沿水平方向左移，装在固定支承上的工件9即被拉制出符合精度要求的内孔，其拉力通过压力表1显示。

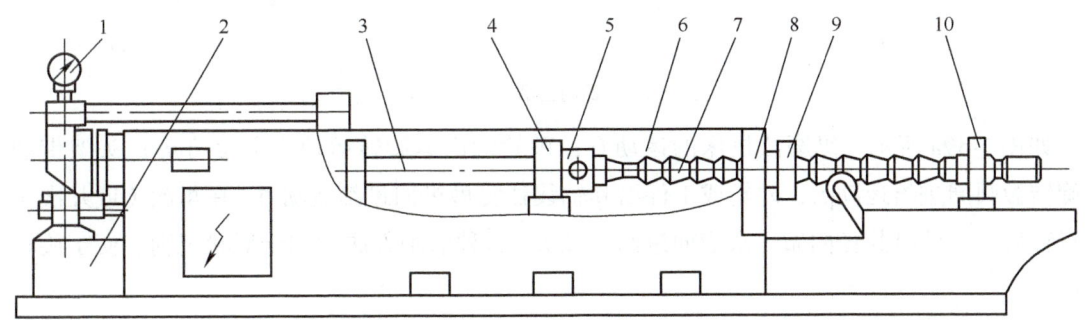

图1-57 卧式拉床的外形图

1—压力表 2—液压传动部分 3—活塞拉杆 4—随动支架 5—刀架 6—床身 7—拉刀 8—支承 9—工件 10—随动刀架

拉削圆孔时，工件一般不需夹紧，只以工件端面支承，因此，工件孔的轴线与端面之间应有一定的垂直度要求。当孔的轴线与端面不垂直时，则需将工件的端面紧贴在一个球面垫板上，如图1-58所示，在拉削力作用下，工件2连同球面垫板1在固定支承板上做微量转动，以使工件轴线自动调到与拉刀轴线一致的方向。

五、内圆表面的磨削加工

内圆表面的磨削可以在内圆磨床上进行，也可以在万能外圆磨床上进行。内圆磨床的主要类型有普通内圆磨床、无心内圆磨床和行星内圆磨床。不同类型的内圆磨床，其磨削方法是不相同的。

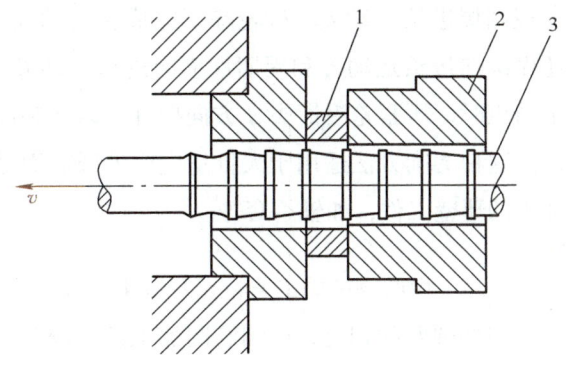

图1-58 拉削圆孔的方法

1—球面垫板 2—工件 3—拉刀

（一）内圆磨削方法

1. 普通内圆磨床的磨削方法

普通内圆磨床是生产中应用最广的一种，图 1-59 所示为普通内圆磨床的磨削方法。磨削时，根据工件的形状和尺寸不同，可采用纵磨法（图 1-59a）、横磨法（图 1-59b），有些普通内圆磨床上备有专门的端磨装置，可在一次装夹中磨削内孔和端面（图 1-59c），这样不仅容易保证内孔和端面的垂直度，而且生产率较高。

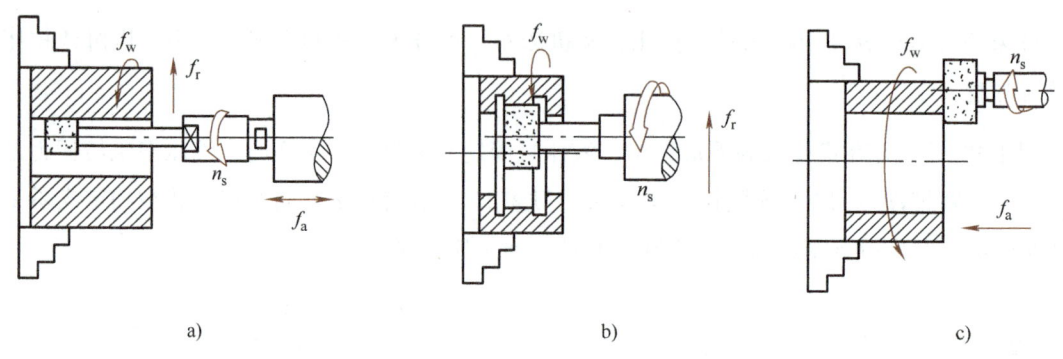

图1-59　普通内圆磨床的磨削方法

如图 1-59a 所示，纵磨法机床的运动有：砂轮的高速旋转运动为主运动 n_s；头架带动工件旋转做圆周进给运动 f_w，砂轮或工件沿其轴线往复做纵向进给运动 f_a，在每次（或几次）往复行程后，工件沿其径向做一次横向进给运动 f_r。这种磨削方法适用于形状规则、便于旋转的工件。

横磨法无需纵向进给运动 f_a，如图 1-59b 所示，横磨法适用于磨削带有沟槽表面的孔。

2. 无心内圆磨床磨削

图 1-60 所示为无心内圆磨床的磨削方法。磨削时，工件 4 支承在滚轮 1 和导轮 3 上，压紧轮 2 使工件紧靠导轮 3，工件由导轮 3 带动旋转，实现圆周进给运动 f_w。砂轮除了完成主运动 n_s 外，还做纵向进给运动 f_a 和周期性横向进给运动 f_r。加工结束时，压紧轮沿箭头 A 方向摆开，以便装卸工件。这种磨削方法适用于大批量生产外圆表面已精加工的薄壁工件，如轴承套等。

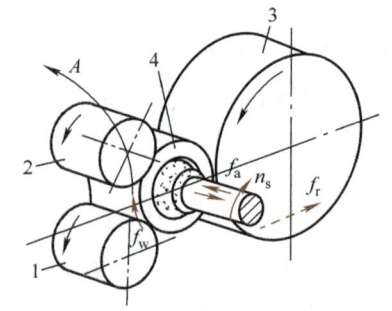

图1-60　无心内圆磨床的磨削方法
1—滚轮　2—压紧轮　3—导轮　4—工件

（二）内圆磨削的工艺特点及应用范围

与外圆磨削相比，内圆磨削加工条件较差。内圆磨削有以下一些特点：

1）砂轮直径受到被加工孔径的限制，直径较小。砂轮很容易磨钝，需要经常修整和更换，增加了辅助时间，降低了生产率。

2）砂轮直径小，使砂轮转速高达每分钟几万转，要达到砂轮圆周速度 25～30m/s 也是十分困难的，由于磨削速度低，因此内圆磨削比外圆磨削效率低。

3）砂轮轴的直径尺寸较小，而且悬伸较长，刚性差，磨削时容易发生弯曲和振动，从而影响加工精度和表面粗糙度。内圆磨削的尺寸公差等级可达 IT8～IT6，表面粗糙度 Ra 值可达 0.8～0.2μm。

4）切削液不易进入磨削区，磨屑排除较外圆磨削困难。

虽然内圆磨削的加工条件比外圆磨削的加工条件差，但仍然是一种常用的精加工孔的方法，特别适用于加工淬硬的孔、断续表面的孔（带键槽或花键槽的孔）和长度较短的精密孔。磨孔不仅能保证孔本身的尺寸精度和表面质量，还能提高孔的位置精度和轴线的直线度；用同一砂轮，可以磨削不同直径的孔，灵活性大。内圆磨削可以磨削圆柱孔（通孔、盲孔、阶梯孔）、圆锥孔及孔端面等。

（三）普通内圆磨床

图 1-61 所示为普通内圆磨床外形图。它主要由床身 1、工作台 2、头架 3、砂轮架 4 和滑鞍 5 等组成。磨削时，砂轮轴的旋转为主运动，头架带动工件的旋转运动为圆周进给运动，工作台带动头架完成纵向进给运动，横向进给运动由砂轮架沿滑鞍的横向移动来实现。磨锥孔时，需将头架转过相应角度。

普通内圆磨床的另一种形式为砂轮架安装在工作台上做纵向进给运动。

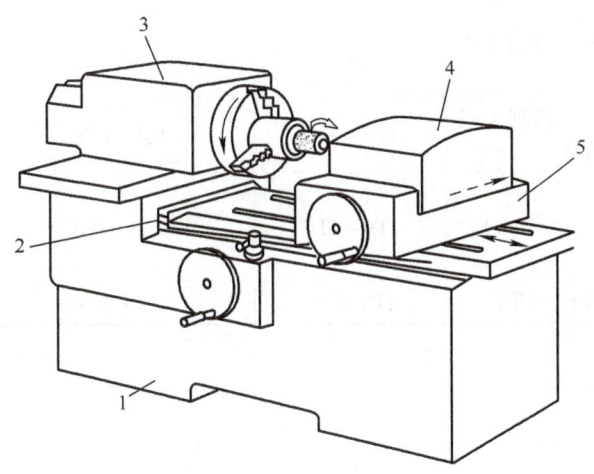

图1-61　普通内圆磨床的外形图

1—床身　2—工作台　3—头架　4—砂轮架　5—滑鞍

单元7　平面加工

一、平面加工方法

平面加工（1）

平面是基础类零件（如箱体、工作台、床身及支架等）的主要表面，也是回转体零件的重要表面之一（如端面、台肩面等）。根据平面所起的作用不同，可以将其分为非结合面、结合面、导向面、测量工具的工作平面等。平面的加工方法有车削、铣削、刨削、磨削、拉削、研磨、刮研等。其中，刨削、铣削、磨削是平面的主要加工方法。

由于平面作用不同，技术要求不同，在采用不同的加工方案时，应根据工件的技术要求、毛坯种类、原材料状况及生产规模等因素进行合理选用，以保证平面加工质量。常用的平面加工方案见表1-17。

表1-17　常用平面加工方案

序号	加工方案	经济精度	表面粗糙度 Ra 值/μm	适用范围
1	粗车—半精车	IT9	6.3~3.2	回转体零件的端面
2	粗车—半精车—精车	IT8~IT7	1.6~0.8	
3	粗车—半精车—磨削	IT7~IT6	0.8~0.2	
4	粗刨（或粗铣）—精刨（或精铣）	IT10~IT8	6.3~1.6	精度要求不太高的不淬硬平面
5	粗刨（或粗铣）—精刨（或精铣）—刮研	IT7~IT6	0.8~0.1	精度要求较高的不淬硬平面
6	粗刨（或粗铣）—精刨（或精铣）—磨削	IT7	0.8~0.2	精度要求较高的淬硬或不淬硬平面
7	粗刨（或粗铣）—精刨（或精铣）—粗磨—精磨	IT7~IT6	0.4~0.02	
8	粗铣—拉削	IT9~IT7	0.8~0.2	大量生产，较小平面（精度与拉刀精度有关）
9	粗铣—精铣—精磨—研磨	IT5以上	0.1~0.06	高精度平面

二、刨削与插削加工

（一）刨削加工

在刨床上使用刨刀对工件进行切削加工，称为刨削加工。刨削加工主要用于加工各种平面（如水平面、垂直面和斜面等）和沟槽（如T形槽、燕尾槽、V形槽等）。刨削加工的典型表面如图 1-62 所示（图中的切削运动是按牛头刨床加工时标注的）。

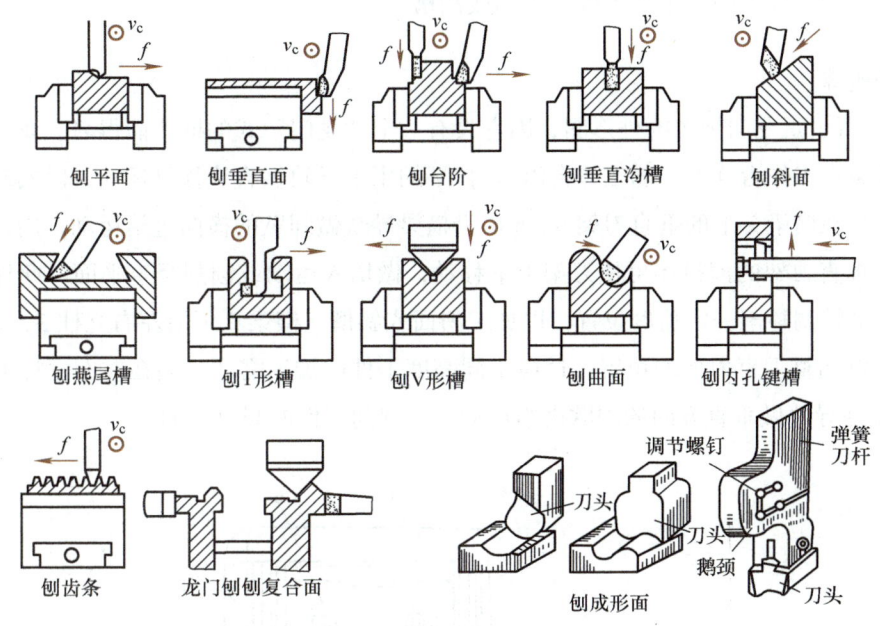

图 1-62 刨削加工的典型表面

刨削加工常用的机床有牛头刨床和龙门刨床。

1. 牛头刨床

如图 1-63 所示，牛头刨床主要由床身、横梁、工作台、滑枕、刀架等组成，因其滑枕和刀架形似"牛头"而得名。牛头刨床工作时，装有刀架 1 的滑枕 3 由床身 4 内部的摆杆带动，沿床身顶部的导轨做直线往复运动，由刀具实现切削过程的主运动。夹具或工件则安装在工作台 6 上，加工时，工作台 6 带动工件沿横梁 5 上的导轨做间歇横向进给运动。横梁 5 可沿床身的垂直导轨上下移动，以调整工件与刨刀的相对位置。刀架 1 还可以沿刀架座上的导轨上下移动（一般为手动），以调整刨削深度。调整转盘 2，可以使刀架左右旋转，以便加工斜面和斜槽。

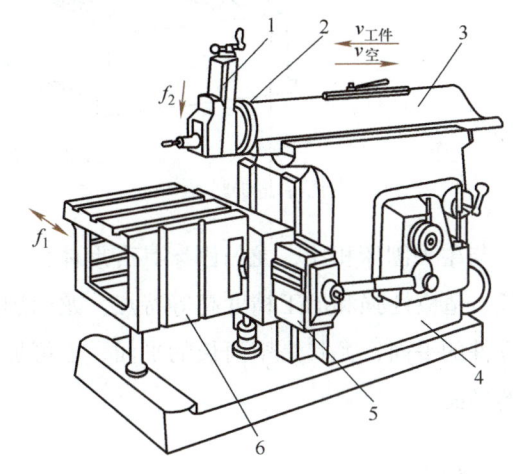

图 1-63 牛头刨床的外形图
1—刀架　2—转盘　3—滑枕　4—床身　5—横梁　6—工作台

牛头刨床的刀具只在一个运动方向上进行切削，刀具在返回时不进行切削，空行程损失大，滑枕在换向的瞬间，有较大的冲击惯性，因此主运动速度不能太高；加工时通常只能单刀加工，所以它的生产率比较低。牛头刨床的主参数是最大刨削长度。它适用于单件小批量生产或机修车间，用来加工中、小型工件的平面或沟槽。

2. 龙门刨床

图 1-64 所示是龙门刨床的外形图，因它具有一个"龙门"式的框架而得名。龙门刨床工作时，工件装夹在工作台 9 上，随工作台沿床身 10 的水平导轨做直线往复运动，以实现切削过程的主运动。装在横梁 2 上的垂直刀架 5、6 可沿横梁导轨做间歇的横向进给运动，用以刨削工件的水平面，垂直刀架的溜板还可使刀架上下移动，做切入运动或刨削竖直平面。此外，刀架溜板还能绕水平轴调整至一定角度位置，以加工斜面或斜槽。横梁 2 可沿左右立柱 3、7 的导轨做垂直升降，以调整垂直刀架的位置，适应不同高度工件的加工需要。装在左右立柱上的侧刀架 1、8 可沿立柱导轨做垂直方向的间歇进给运动，以刨削工件的竖直平面。

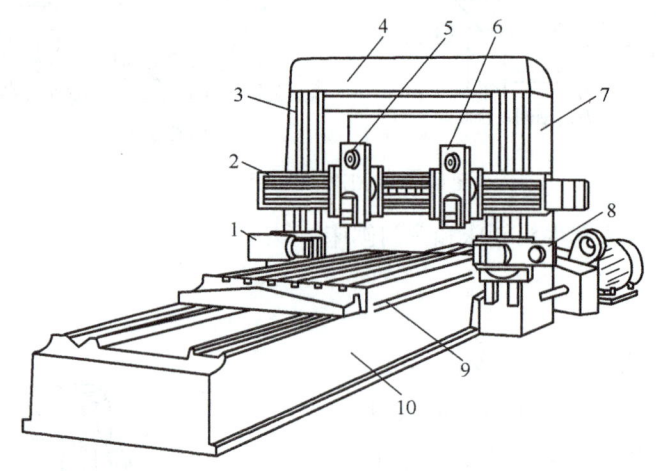

图1-64　龙门刨床的外形图

1、8—左、右侧刀架　2—横梁　3、7—立柱　4—顶梁　5、6—垂直刀架　9—工作台　10—床身

与牛头刨床相比，龙门刨床具有形体大、动力大、结构复杂、刚性好、工作稳定、工作行程长、适应性强和加工精度高等特点。龙门刨床的主参数是最大刨削宽度。它主要用来加工大型零件的平面，尤其是窄而长的平面，也可加工沟槽或在一次装夹中同时加工数个中、小型工件的平面。

3. 刨刀

刨刀的结构与车刀相似，其几何角度的选取原则也与车刀基本相同。但因刨削过程中有冲击，所以刨刀的前角比车刀小 5°～6°；而且刨刀的刃倾角也应取较大的负值，以使刨刀切入工件时产生的冲击力作用在离刀尖稍远的切削刃上。刨刀的刀杆截面比较粗大，以增加刀杆刚性和防止折断。如图 1-65 所示，刨刀刀杆有直头和弯头之分，直头刨刀刨削时，如遇到加工余量不均或工件上的硬点时，切削力的突然增大将增加刨刀的弯曲变形，造成切削刃扎入已加工表面，降低了已加工表面的精度和表面质量，也容易损坏切削刃，如图 1-65a 所示。若采用弯头刨刀，当切削力突然增大时，刀杆产生的弯曲变形会使刀尖离开工件，避免扎入工件，如图 1-65b 所示。

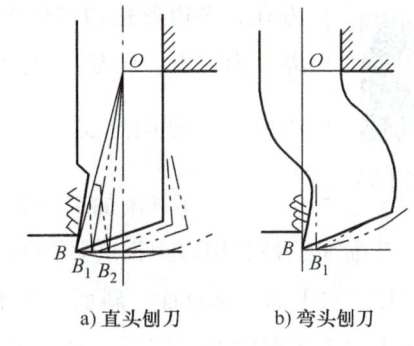

a) 直头刨刀　　b) 弯头刨刀

图 1-65　刨刀刀杆形状

4. 刨削加工的工艺特点

1）刨床结构简单，调整、操作方便；刨刀制造、刃磨、安装容易，加工费用低。

2）刨削加工时切削速度低，加之空行程所造成的损失，生产率一般较低。但在加工窄长面和进行多件或多刀加工时，刨削的生产率并不比铣削低。

3）刨削特别适宜加工尺寸较大的 T 形槽、燕尾槽及窄长的平面。

（二）插削加工

插削和刨削的切削方式基本相同，只是插削是在竖直方向上进行切削，因此可以认为插床是一种立式的刨床。图 1-66 所示是插床的外形图。插削加工时，滑枕 2 带动插刀沿垂直方向做直线往复运动，实现切削过程的主运动。工件安装在圆工作台 1 上，圆工作台可实现纵向、横向和圆周方向的间歇进给运动。此外，利用分度装置 5，圆工作台还可进行圆周分度。滑枕导轨座 3 和滑枕一起可以绕销轴 4 在垂直平面内相对立柱倾斜 0°～8°，以便插削斜槽和斜面。

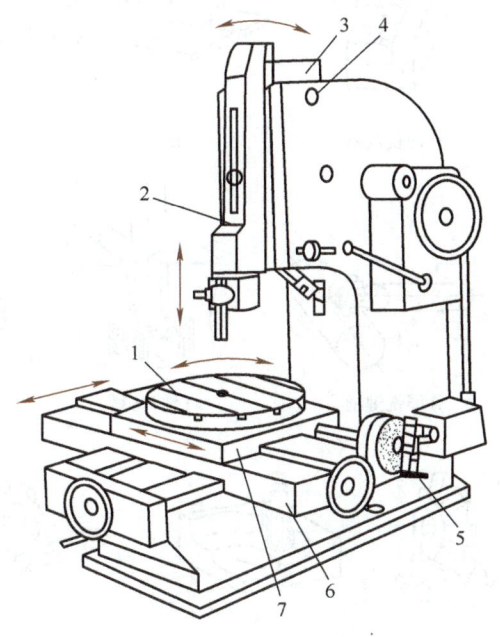

图 1-66　插床的外形图

1—圆工作台　2—滑枕　3—滑枕导轨座　4—销轴　5—分度装置　6—床鞍　7—溜板

插床的主参数是最大插削长度。插削主要用于单件、小批量生产中加工工件的内表面，如方孔、多边形孔和键槽等。在插床上加工内表面，比刨床方便，但插刀刀杆刚性差，为防止"扎刀"，前角不宜过大，因此加工精度比刨削低。

平面加工（2）

三、铣削加工

（一）铣削加工的工艺范围及特点

铣削加工是利用多刃回转体刀具在铣床上对工件表面进行加工的一种切削加工方法。它可以加工水平面、垂直面、斜面、沟槽、成形表面、螺纹和齿形等，也可以用来切断材料。铣削加工的工艺范围相当广泛，也是平面加工的主要方法之一。铣削加工的典型表面如图 1-67 所示。

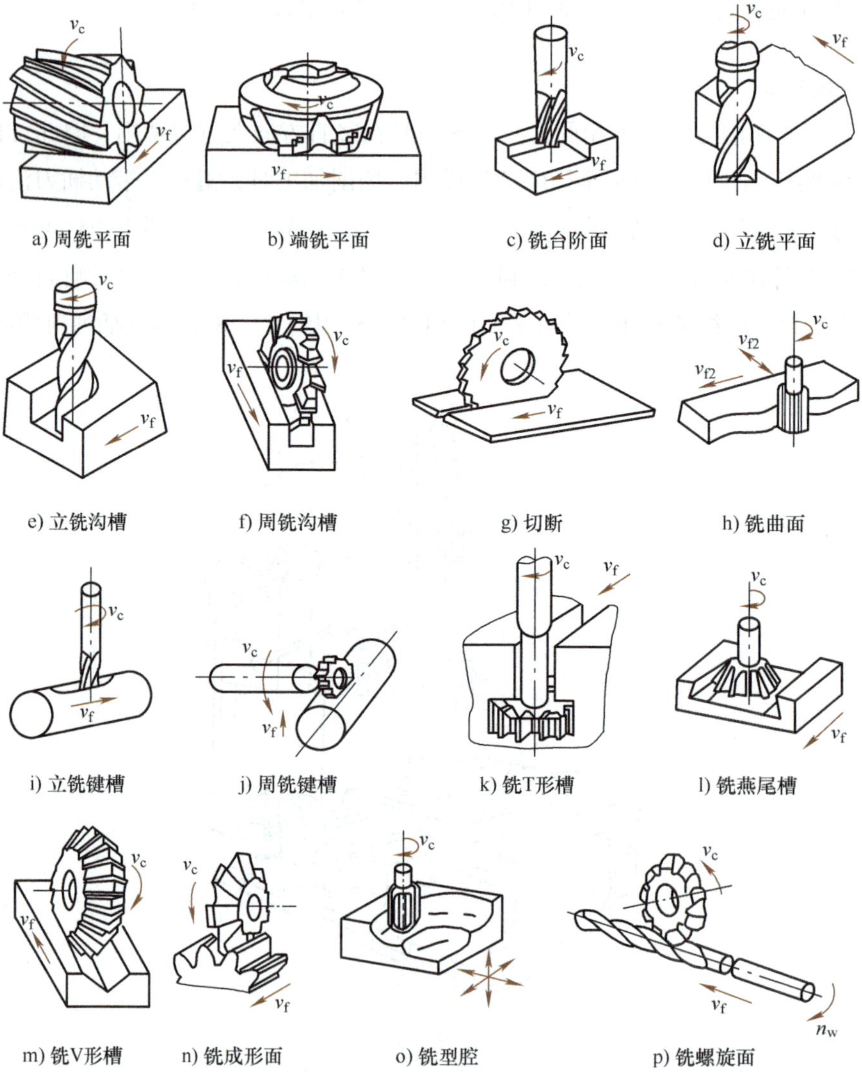

a) 周铣平面　　b) 端铣平面　　c) 铣台阶面　　d) 立铣平面

e) 立铣沟槽　　f) 周铣沟槽　　g) 切断　　h) 铣曲面

i) 立铣键槽　　j) 周铣键槽　　k) 铣T形槽　　l) 铣燕尾槽

m) 铣V形槽　　n) 铣成形面　　o) 铣型腔　　p) 铣螺旋面

图1-67　铣削加工的典型表面

与其他平面加工方法相比较，铣削的工艺特点如下：

1）铣刀是典型的多刃刀具，加工过程中有几个刀齿同时参与切削，总的切削宽度较大；铣削时的主运动是铣刀的旋转，有利于进行高速切削，故铣削的生产率高于刨削加工。

2）铣削加工范围广，可以加工刨削无法完成或难以加工的表面。例如可铣削周围封闭的凹平面、圆弧形沟槽、具有分度要求的小平面和沟槽等。

3）铣削过程中，就每个刀齿而言是依次参加切削，刀齿在离开工件的一段时间内，可以得到一定的冷却。因此，刀齿散热条件好，有利于减少铣刀的磨损，延长了使用寿命。

4）由于是断续切削，刀齿在切入和切出工件时会产生冲击，而且每个刀齿的切削厚度也时刻在变化，这就引起切削面积和切削力的变化。因此，铣削过程不平稳，容易产生振动。

5）铣床、铣刀比刨床、刨刀结构复杂，铣刀的制造与刃磨比刨刀困难，所以铣削成本比刨削高。

6）铣削与刨削的加工质量大致相当，经粗、精加工后都可达到中等精度。但在加工大平面时，刨削后无明显接刀痕，而用直径小于工件宽度的面铣刀铣削时，各次走刀间有明显的接刀痕，影响表面质量。

铣削加工既适用于单件小批量生产，也适用于大批量生产。

（二）铣床及附件

铣床是用铣刀进行切削加工的机床，它的用途极为广泛。在铣床上采用不同类型的铣刀，配备万能分度头、回转工作台等附件，可以完成图1-67所示的各种典型表面加工。

铣床工作时的主运动是主轴部件带动铣刀的旋转运动，进给运动是由工作台在三个互相垂直方向的直线运动来实现的。由于铣床上使用的是多齿刀具，切削过程中存在冲击和振动，这就要求铣床在结构上应具有较高的静刚度和动刚度。

铣床的类型很多，主要类型有卧式升降台铣床、立式升降台铣床、工作台不升降铣床、龙门铣床、工具铣床；此外，还有仿形铣床、仪表铣床和各种专门化铣床（如键槽铣床、曲轴铣床）等。随着机床数控技术的发展，数控铣床、镗铣加工中心的应用也越来越普遍。

1. 万能卧式升降台铣床

万能卧式升降台铣床是指主轴轴线呈水平安置的，工作台可以做纵向、横向和垂直运动，并可在水平平面内调整一定角度的铣床。图1-68所示是一种应用较为广泛的万能卧式升降台铣床外形图。

加工时，铣刀装夹在刀杆上，刀杆一端安装在主轴3的锥孔中，另一端由悬梁4右端的刀杆支架5支承，以提高其刚度。驱动铣刀做旋转主运动的主轴变速机构1安装在床身2内。工作台6可沿回转盘7上的燕尾导轨做纵向运动，回转盘7可相对于床鞍8绕垂直轴线调整至一定角度（±45°），以便加工螺旋槽等表面。床鞍8可沿升降台9上的导轨做平行于主轴轴线的横向运动，升降台9则可沿床身2的侧面导轨做垂直运动。进给变速机构10及其操纵机构都置于升降台内。用螺栓、压板、机床用平口虎钳或专用夹具装夹在工作台6上的工件，可以随工作台一起在三个方向实现任一方向的位置调整或进给运动。

卧式升降台铣床的结构与万能卧式升降台铣床基本相同，但卧式升降台铣床在工作台和床鞍之间没有回转盘，因此工作台不能在水平面内调整角度。这种铣床除了不能铣削螺旋槽外，可以完成和万能卧式升降台铣床一样的各种铣削加工。万能卧式升降台铣床及卧式升降台铣床的主参数是工作台面宽度。它们主要用于中、小零件的加工。

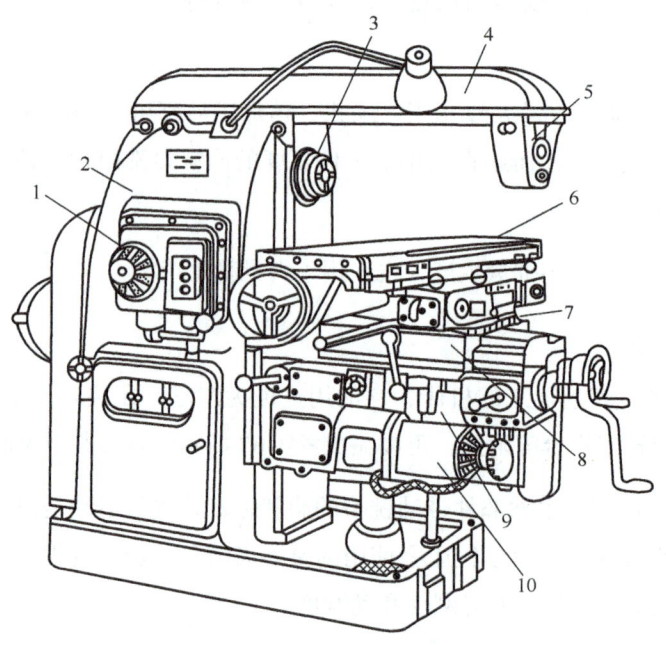

图1-68　万能卧式升降台铣床的外形图

1—主轴变速机构　2—床身　3—主轴　4—悬梁　5—刀杆支架　6—工作台
7—回转盘　8—床鞍　9—升降台　10—进给变速机构

2. 立式升降台铣床

立式升降台铣床与卧式升降台铣床的主要区别仅在于它的主轴是垂直安置的，可用各种面铣刀（又称端铣刀）或立铣刀加工平面、斜面、沟槽、台阶、齿轮、凸轮及封闭的轮廓表面等。图1-69所示为常见的一种立式升降台铣床外形图，其工作台3、床鞍4及升降台5与卧式升降台铣床相同。立铣头1可在垂直平面内旋转一定的角度，以扩大加工范围，主轴2可沿轴线方向进行调整或做进给运动。

3. 龙门铣床

龙门铣床是一种大型高效能通用机床，主要用于加工各类大型工件上的平面、沟槽，它不仅对工件可以进行粗铣、半精铣，也可以进行精铣加工。图1-70所示为具有四个铣头的中型龙门铣床。四个铣头分别安装在横梁和立柱上，并可单独沿横梁或立柱的导轨做调整位置的移动。每个铣头即是一个独立的主运动部件，又能由铣头主轴套筒带动铣刀主轴沿轴向实现进给运动和调整位置的移动，根据加工需要每个铣头还能旋转一定的角度。加工时，工作台带动工件做纵向进给运动，其余运动均由铣头实现。由于龙门铣床的刚性和抗振性比龙门刨床好，它允许采用较大的切削用量，并可用几个铣头同时从不同方向加工几个表面，机床生产率高，在大批量生产中得到了广泛应用。龙门铣床的主参数是工作台面宽度。

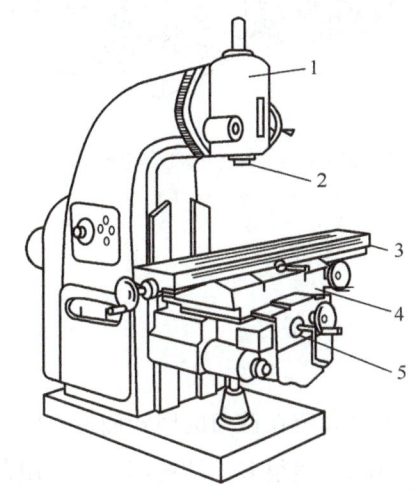

图1-69 立式升降台铣床的外形图
1—立铣头 2—主轴 3—工作台 4—床鞍 5—升降台

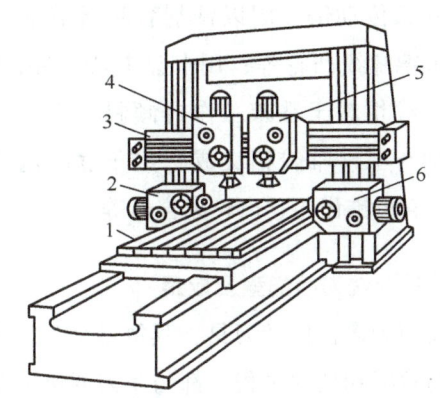

图1-70 龙门铣床的外形图
1—工作台 2、6—水平铣头 3—横梁 4、5—垂直铣头

4. 铣床附件

升降台式铣床配备有多种附件，用来扩大工艺范围，其中回转工作台（圆工作台）和万能分度头是常用的两种附件。

（1）回转工作台　回转工作台安装在铣床工作台上，用来装夹工件，以铣削工件上的圆弧表面或沿圆周分度。如图1-71所示，用手轮转动方头5，通过回转工作台内部的蜗杆蜗轮机构，使转盘1转动，转盘的中心为圆锥孔，供工件定位用。利用T形槽、螺钉和压板将工件夹紧在转盘上。传动轴3和铣床的传动装置相连接，可进行机动进给。扳动手柄4可接通或断开机动进给。调整挡铁2的位置，

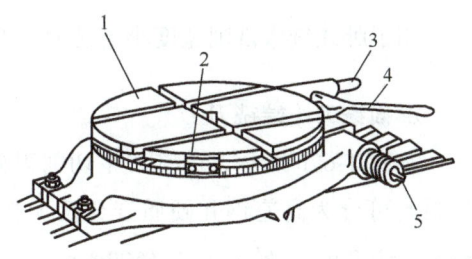

图1-71 回转工作台
1—转盘 2—挡铁 3—传动轴 4—手柄 5—方头

可使转盘自动停止在所需的位置上。

（2）万能分度头　图 1-72 所示为 FW250 型（夹持工件最大直径为 250mm）万能分度头的外形。万能分度头最基本的功能是使装夹在分度头主轴顶尖与尾座顶尖之间或夹持在卡盘上的工件，依次转过所需的角度，以达到规定的分度要求。它可以完成以下工作：由分度头主轴带动工件绕其自身轴线回转一定角度，完成等分或不等分的分度工作，用以铣削方头、六角头、直齿圆柱齿轮、键槽、花键等的分度工作；通过配备交换齿轮，将分度头主轴与工作台丝杠联系起来，组成一条以分度头主轴和铣床工作台纵向丝杠为两末端件的内联系传动链，用以铣削各种螺旋表面、阿基米德螺线凸轮等；用卡盘夹持工件，使工件轴线相对于铣床工作台倾斜一定角度，以铣削与工件轴线相交成一定角度的沟槽、平面、直齿锥齿轮、齿轮离合器等。

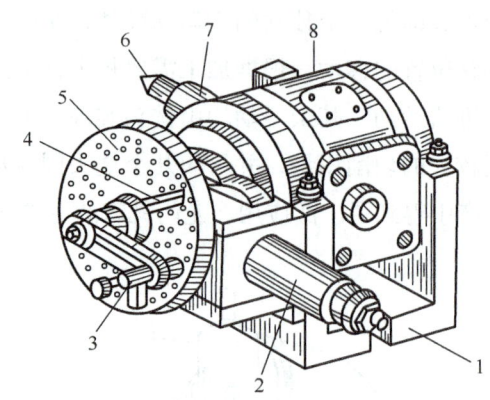

图1-72　FW250型万能分度头
1—基座　2—侧轴　3—手柄　4—分度尺
5—分度盘　6—顶尖　7—主轴　8—回转体

（三）铣刀的类型及应用

铣刀为多齿回转刀具，其每一个刀齿都相当于一把车刀固定在铣刀的回转面上。铣刀刀齿的几何角度和切削过程，都与车刀或刨刀基本相同。铣刀的类型很多，结构不一，应用范围很广，是金属切削刀具中种类最多的刀具之一。铣刀按其用途可分为加工平面用铣刀、加工沟槽用铣刀、加工成形面用铣刀等类型。通用规格的铣刀已标准化，一般均由专业工具厂制造。以下介绍几种常用铣刀的特点及适用范围。

1. 圆柱铣刀

如图 1-67a 所示，圆柱铣刀一般都采用高速钢整体制造，直线或螺旋线切削刃分布在圆周表面上，没有副切削刃。螺旋形的刀齿切削时是逐渐切入和脱离工件的，所以切削过程较平稳。主要用于卧式铣床铣削宽度小于铣刀长度的狭长平面。

2. 面铣刀（端铣刀）

如图 1-67b 所示，面铣刀主切削刃分布在圆柱或圆锥面上，端面切削刃为副切削刃。按刀齿材料可分为高速钢和硬质合金两大类，多制成套式镶齿结构。镶齿面铣刀刀盘直径一般为 $\phi 75 \sim \phi 300$mm，最大可达 $\phi 600$mm，主要用在立式或卧式铣床上铣削台阶面和平面，特别适合较大平面的铣削加工。用面铣刀加工平面，同时参加切削的刀齿较多，又有副切削刃的修光作用，使加工表面粗糙度值较小。硬质合金镶齿面铣刀可实现高速切削（100～150m/min），生产率高，应用广泛。

3. 立铣刀

如图 1-67c、d、e、h 所示，立铣刀一般有 3～4 个刀齿，圆柱面上的切削刃是主切削刃，端面上分布着副切削刃，工作时只能沿着刀具的径向进给，不能沿着铣刀轴线方向做进给运动。它主要用于铣削凹槽、台阶面和小平面，还可以利用靠模铣削成形表面。

4. 三面刃铣刀

三面刃铣刀可分为直齿三面刃和错齿三面刃，它主要用在卧式铣床上铣削台阶面和凹槽。如图 1-67f 所示，三面刃铣刀除圆周具有主切削刃外，两侧面也有副切削刃，从而改善了两端面的切削条件，提高了切削效率，减小了表面粗糙度值。错齿三面刃铣刀，其圆周上的刀齿呈左右交错分布，和直齿三面刃铣刀相比，它切削较平稳、切削力小、排屑容易，故应用较广。

5. 锯片铣刀

如图 1-67g 所示，锯片铣刀很薄，只有圆周上有刀齿，侧面无切削刃，用于铣削窄槽和切断工件。为了减小摩擦和避免夹刀，其厚度由边缘向中心减薄，使两侧面形成副偏角。

6. 键槽铣刀

如图 1-67i 所示，键槽铣刀的外形与立铣刀相似，不同的是它在圆周上只有两个螺旋刀齿，其端面刀齿的切削刃延伸至中心，因此在铣两端不通的键槽时，可做适量的轴向进给。它主要用于加工圆头封闭键槽。铣削加工时，先径向进给达到槽深，然后沿键槽方向铣出键槽全长。

其他还有角度铣刀（图 1-67m）、成形铣刀（图 1-67n、p）、T 形槽铣刀（图 1-67k）、燕尾槽铣刀（图 1-67l），头部形状根据加工需要可以是圆锥形、圆柱形球头和圆锥形球头的模具铣刀（图 1-67o）等。

（四）铣削用量

1. 铣削要素

铣削时调整机床用的参量称为铣削要素，也称为铣削用量要素，其内容包括铣削速度、铣削进给量、背吃刀量和侧吃刀量。

（1）铣削速度 v_c 指铣刀最大直径处切削刃的线速度，单位为 m/min，其值可用下式计算

$$v_c = \pi dn/1000 \tag{1-21}$$

式中　v_c——铣削速度（m/min）；

　　　d——铣刀直径（mm）；

　　　n——铣刀转速（r/min）。

（2）铣削进给量（有三种表示方法）

1）每齿进给量 f_z：铣刀每转过一个刀齿时，工件与铣刀沿进给方向的相对位移量，单位是 mm/z（齿）。

2）每转进给量 f：铣刀每转一转时，工件与铣刀沿进给方向的相对位移量，单位是 mm/r。

3）进给速度 v_f：单位时间（每分钟）内，工件与铣刀沿进给方向的相对位移量，单位是 mm/min。

f_z、f、v_f 三者的关系为

$$v_f = fn = f_z z n \qquad (1-22)$$

式中　z——铣刀刀齿数。

铣削加工规定三种进给量是由于生产的需要，其中 v_f 用以机床调整及计算加工工时；每齿进给量 f_z 则用来计算切削力、验算刀齿强度。一般铣床铭牌上标注的进给量是进给速度 v_f。

（3）背吃刀量 a_p　指平行于铣刀轴线测量的切削层尺寸，单位为 mm。周铣时 a_p 是已加工表面宽度，端铣时 a_p 是切削层深度。

（4）侧吃刀量 a_e　指垂直于铣刀轴线测量的切削层尺寸，单位为 mm。周铣时 a_e 是切削层深度，端铣时 a_e 是已加工表面宽度。

2. 铣削用量的选择

铣削用量应根据工件材料、加工精度、铣刀寿命及机床刚度等因素进行选择。首先选定铣削深度（背吃刀量 a_p），其次是每齿进给量 f_z，最后确定铣削速度 v_c。

表 1-18 和表 1-19 为铣削用量推荐值，供参考。

表 1-18　粗铣每齿进给量 f_z 的推荐值

刀具		工件材料	每齿进给量 f_z/（mm/齿）
高速钢	圆柱铣刀	钢	0.10~0.15
		铸铁	0.12~0.20
	面铣刀	钢	0.04~0.06
		铸铁	0.15~0.20
	三面刃铣刀	钢	0.04~0.06
		铸铁	0.15~0.25
硬质合金铣刀		钢	0.10~0.20
		铸铁	0.15~0.30

表 1-19 铣削速度 v_c 的推荐值

工件材料	铣削速度 v_c/(m/min)		说　　明
	高速钢铣刀	硬质合金铣刀	
20 钢	20~45	150~190	① 粗铣时取小值，精铣时取大值 ② 工件材料的强度和硬度高时取小值，反之取大值 ③ 刀具材料的耐热性好时取大值，反之取小值
45 钢	20~35	120~150	
40Cr	15~25	60~90	
HT150	14~22	70~100	
黄铜	30~60	120~200	
铝合金	112~300	400~600	
不锈钢	16~25	50~100	

（五）铣削方式

1. 周铣

用圆柱铣刀的圆周齿进行铣削的方式，称为周铣。周铣有逆铣和顺铣之分。

（1）逆铣　如图 1-73a 所示，铣削时，铣刀每个刀齿在工件切入处的速度方向与工件进给方向相反，这种铣削方式称为逆铣。逆铣时，刀齿的切削厚度从零逐渐增大至最大值。刀齿在开始切入时，由于刀齿刃口有圆弧，刀齿在工件表面打滑，产生挤压与摩擦，使这段表面产生冷硬层，至滑行一定程度后，刀齿方能切下一层金属层。下一个刀齿切入时，又在冷硬层上挤压、滑行，这样不仅加速了刀具磨损，同时也使工件表面粗糙度值增大。

由于铣床工作台纵向进给运动是通过丝杠螺母副来实现的，螺母固定，由丝杠带动工作台移动，由图 1-73a 可见，逆铣时，铣削力 F 的纵向铣削分力 F_x 与驱动工作台移动的纵向力方向相反，使得工作台丝杠螺纹的左侧与螺母齿槽左侧始终保持良好接触，工作台不会发生窜动现象，铣削过程平稳。但在刀齿切离工件的瞬时，铣削力 F 的垂直铣削分力 F_z 是向上的，对工件夹紧不利，易引起振动。

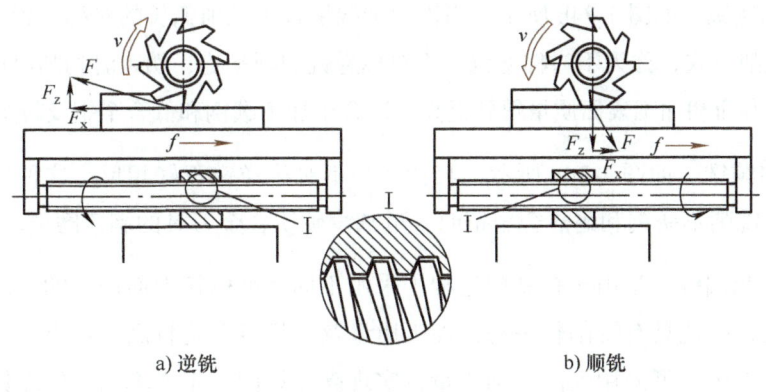

a) 逆铣　　　　　　　　b) 顺铣

图 1-73　周铣方式

（2）顺铣　如图 1-73b 所示，铣削时，铣刀每个刀齿在工件切入处的速度方向与工件进给方向相同，这种铣削方式称为顺铣。顺铣时，刀齿的切削厚度从最大逐步递减至零，没有逆铣时的滑行现象，已加工表面的加工硬化程度大为减轻，表面质量较高，铣刀的寿命比逆铣时高。同时，铣削力 F 的垂直分力 F_z 始终压向工作台，避免了工件的振动。

顺铣时，切削力 F 的纵向分力 F_x 始终与驱动工作台移动的纵向力方向相同。如果丝杠螺母副存在轴向间隙，当纵向切削力 F_x 大于工作台与导轨之间的摩擦力时，会使工作台带动丝杠出现左右窜动，造成工作台进给不均匀，严重时会出现打刀现象。粗铣时，如果采用顺铣方式加工，则铣床工作台进给丝杠螺母副必须有消除轴向间隙的机构，否则宜采用逆铣方式加工。

2. 端铣

用面铣刀的端面齿进行铣削的方式，称为端铣。如图 1-74 所示，铣削加工时，根据铣刀与工件相对位置的不同，端铣分为对称铣和不对称铣两种。不对称铣又分为不对称逆铣和不对称顺铣。

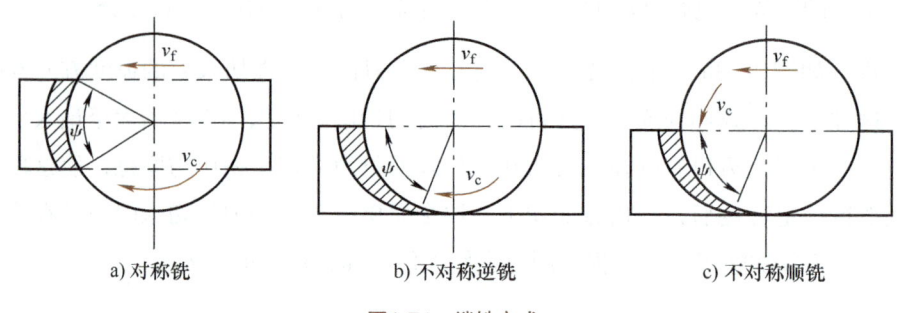

图1-74　端铣方式

（1）对称铣　如图 1-74a 所示，铣刀轴线位于铣削弧长的对称中心位置，铣刀每个刀齿切入和切离工件时切削厚度相等，称为对称铣。对称铣具有最大的平均切削厚度，可避免铣刀切入时对工件表面的挤压、滑行，铣刀寿命高。对称铣适用于工件宽度接近面铣刀的直径且铣刀刀齿较多的情况。

（2）不对称逆铣　如图 1-74b 所示，当铣刀轴线偏置于铣削弧长的对称位置，且逆铣部分大于顺铣部分的铣削方式，称为不对称逆铣。不对称逆铣切削平稳，切入时切削厚度小，减小了冲击，从而使刀具寿命和加工表面质量得到提高。适合于加工碳钢和低合金钢及较窄的工件。

（3）不对称顺铣　如图 1-74c 所示，其特征与不对称逆铣正好相反。这种切削方式一般很少采用，但用于铣削不锈钢和耐热合金钢时，可减少硬质合金刀具的剥落磨损。

上述的周铣和端铣，是由于在铣削过程中采用不同类型的铣刀而产生的不同铣削方式，两种铣削方式相比，端铣具有铣削较平稳，加工质量及刀具寿命均较高的特点，且端铣用的面铣刀易镶硬质合金刀齿，可采用大的切削用量，实现高速切削，生产率高。但端铣适应性差，主要用于平面铣削。周铣的铣削性能虽然不如端铣，但周铣能采用多种铣刀，铣平面、沟槽、齿形和成形表面等，适应范围广，因此生产中应用较多。

四、平面磨削加工

对于精度要求高的平面及淬火零件的平面加工，需要采用平面磨削方法。平面磨削主要在平面磨床上进行。平面磨削时，对于形状简单的铁磁性材料工件，采用电磁吸盘装夹工件，操作简单方便，能同时装夹多个工件，而且能保证定位面与加工面的平行度要求。对于形状复杂或非铁磁性材料的工件，可采用精密平口虎钳或专用夹具装夹，然后用电磁吸盘或真空吸盘吸牢。

（一）平面磨削方式

根据砂轮工作面的不同，平面磨削分为周磨和端磨两类。

1. 周磨

如图1-75a、b所示，周磨采用砂轮的圆周面对工件平面进行磨削。采用这种磨削方式，砂轮与工件的接触面积小，磨削力小，磨削热小，冷却和排屑条件较好，而且砂轮磨损均匀。

2. 端磨

如图1-75c、d所示，端磨采用砂轮端面对工件平面进行磨削。采用这种磨削方式，砂轮与工件的接触面积大，磨削力大，磨削热多，冷却和排屑条件差，工件受热变形大。此外，由于砂轮端面径向各点的圆周速度不相等，砂轮磨损不均匀。

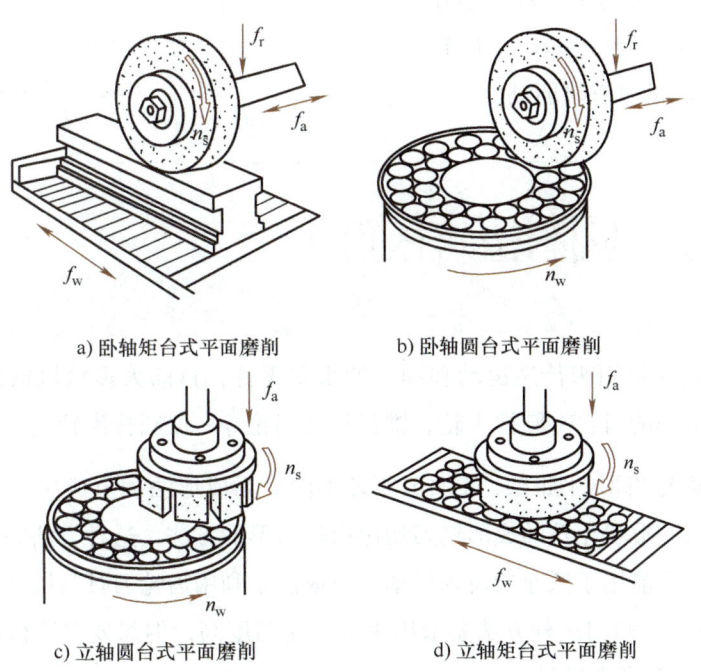

a) 卧轴矩台式平面磨削　　　　b) 卧轴圆台式平面磨削

c) 立轴圆台式平面磨削　　　　d) 立轴矩台式平面磨削

图1-75　平面磨削加工示意图

(二)平面磨床的类型及特点

根据平面磨床工作台的形状和砂轮工作面的不同,普通平面磨床可分为四种类型:卧轴矩台式平面磨床(图1-75a),卧轴圆台式平面磨床(图1-75b),立轴圆台式平面磨床(图1-75c),立轴矩台式平面磨床(图1-75)。

上述四种平面磨床中,用砂轮端面磨削的平面磨床与用砂轮圆周面磨削的平面磨床相比,由于端面磨削的砂轮直径往往比较大,能同时磨削出工件的宽度和面积大,同时砂轮悬伸长度短,刚性好,可采用较大的磨削用量,生产率较高,但砂轮散热、冷却、排屑条件差,所以加工精度和表面质量不高,一般用于粗磨。而采用圆周面磨削的平面磨床,加工质量较高,但这种平面磨床生产率低,适合于精磨。圆台式平面磨床和矩台式平面磨床相比,由于圆台式是连续进给,生产率高,适用于磨削小零件和大直径的环形零件端面,不能磨削长零件。矩台式平面磨床可方便磨削各种常用零件,包括直径小于工作台面宽度的环形零件。生产中常用的是卧轴矩台式平面磨床和立轴圆台式平面磨床。图1-76所示是卧轴矩台式平面磨床外形图。工作台2沿床身1的纵向导轨的往复直线进给运动,由液压传动或手动进行调整。工件用电磁吸盘式夹具装夹在工作台上。砂轮架3可沿滑座4的燕尾导轨做横向间歇进给(或手动或液动)。滑座和砂轮架一起可沿立柱5的导轨做间歇的垂直切入运动(手动)。砂轮主轴由内装式异步电动机直接驱动。

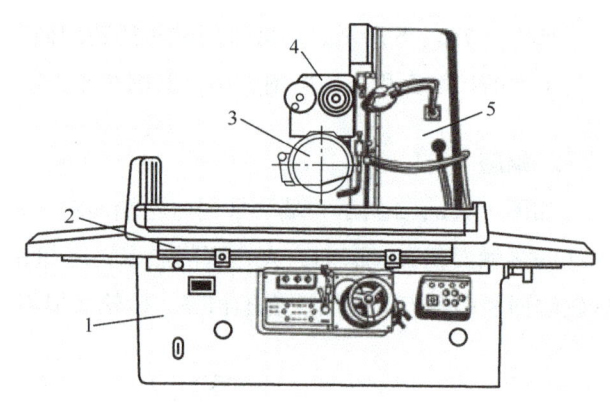

图1-76 卧轴矩台式平面磨床
1—床身 2—工作台 3—砂轮架 4—滑座 5—立柱

单元8 圆柱齿轮加工

齿轮的加工(1)

齿轮是用来传递运动和动力的重要零件,目前大多数机械都应用齿轮传动机构。常用的齿轮有圆柱齿轮、锥齿轮及蜗轮等,以圆柱齿轮应用最广。

齿轮齿形的加工,按加工原理不同分为成形法和范成法。成形法是用与被切齿轮齿间形状相符的成形铣刀切出齿轮齿形的方法,这种方法制造出来的齿轮精度较低,只能用于低速的齿轮传动。范成法是利用齿轮刀具与被切齿轮的啮合运动而切出齿轮齿形的方法,利用这种方法制造出来的齿轮精度高,但需要专用机床,常见的有滚齿机、插齿机、刨齿机和磨齿机等。

一、成形法（仿形法）加工齿轮

在万能铣床上铣制圆柱齿轮，这种铣齿方法属于成形法。铣制时，工件安装在铣床的分度头上，用一定模数的盘形（或指形）齿轮铣刀对齿轮齿间进行铣削。当加工完一个齿间后，进行分度，再铣下一个齿间，如图 1-77 所示。

成形法加工齿轮的特点是：设备简单（用普通的铣床即可），刀具成本低；生产率低，因为铣刀每切一齿都要重复消耗一段切入、切出、退刀和分度等辅助时间；加工齿轮的精度低，首先是因为铣制同一模数不同齿数的齿轮所用的铣刀，一般只有 8 个刀号，每个刀号的铣刀有它规定的铣齿范围，见表 1-20。

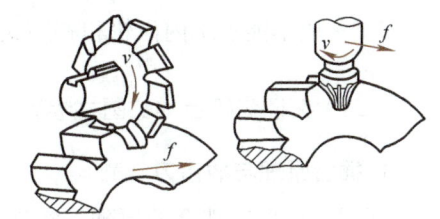

图1-77　成形法加工齿轮示意图

表1-20　齿轮铣刀分号

铣刀号数	1	2	3	4	5	6	7	8
能铣制的齿数范围	12~13	14~16	17~20	21~55	26~34	35~54	55~134	135 以上

二、范成法（展成法）加工齿轮

范成法是利用齿轮刀具与被切齿轮的啮合运动而切出齿轮齿形的方法，它又称为包络法、展成法。利用这种方法制造出来的齿轮精度高，但需要专用机床，常见的有滚齿机、插齿机、刨齿机和磨齿机等。

齿轮的加工（2）

（一）在滚齿机上加工圆柱齿轮

滚齿加工是根据展成原理——类似于蜗杆与蜗轮的啮合来加工齿轮的，所用的刀具称为滚刀，滚刀的轮廓形状与蜗杆相似，它是围绕刀具圆柱面上形成的螺旋槽及垂直于螺旋槽方向切出的沟槽相交而形成切削刃的，该切削刃近似于齿条的齿形。

齿条与同模数的任何齿数的齿轮都能正确啮合，因此用滚刀滚切同一模数任何齿数的齿轮时，都能获得要求的齿形。

但把齿条当作刀具来切齿轮时，存在被切齿轮齿数较多和齿条长度有限的矛盾。将齿条刀的刀齿有规律地分布在圆柱体的螺旋面上，如图 1-78 所示，就得到滚刀的外形。

滚齿是齿形加工中生产率较高、应用较广的一种齿轮加工方法。它的主要特点是：

1）与铣齿相比，不但齿形精度高，而且分度的精度也高。

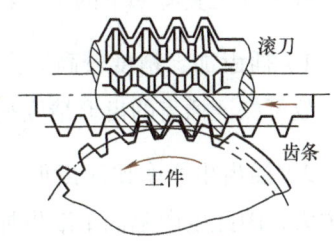

图1-78　滚刀

2）滚齿法可用同一模数的滚刀加工相同模数不同齿数的圆柱齿轮。

3）连续切削，生产率高。

4）应用范围广泛，不但能滚制直齿圆柱齿轮，还可以滚制斜齿圆柱齿轮、蜗轮等。

5）一般不能加工内齿轮和相距太近的多联齿轮。

（二）在插齿机上加工圆柱齿轮

1. 插齿原理与插齿刀

利用一对齿轮啮合的原理，实现插齿加工，如图1-79a所示。插齿刀就是一个在轮齿上磨出前角和后角而具有切削刃的齿轮，齿形的包络过程如图1-79b所示。

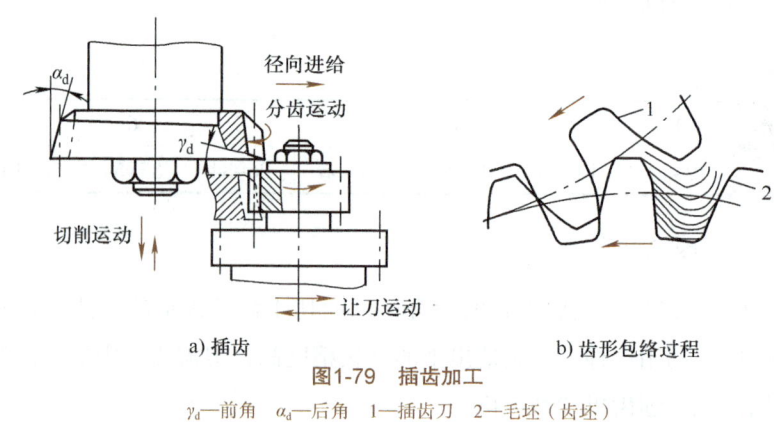

图1-79 插齿加工

γ_d—前角 α_d—后角 1—插齿刀 2—毛坯（齿坯）

从插齿原理分析，插齿刀与工件相当于一对平行轴的圆柱直齿轮啮合，把其中一个齿轮磨出前角和后角，形成具有切削刃的齿轮，而齿坯则作为另一个齿轮。

插齿时，刀具沿工件轴线做高速的往复直线运动，形成切削加工的主运动，同时还与工件做无间隙的啮合运动，在工件上加工出全部轮齿的齿廓。在加工过程中，刀具每往复一次仅切出工件齿槽的很小的一部分，工件齿槽的齿面曲线是由插齿刀切削刃多次切削的包络线所形成的。

2. 插齿加工的特点

插齿加工具有如下的工艺特点：

1）插齿加工精度较高。由于插齿刀的制造、刃磨和检验均较滚刀简便，易于保证制造精度，故可保证插齿的齿形精度高。

2）插齿生产率比滚齿低。插齿刀的切削速度受往复运动惯性限制难以提高，此外空行程损失大，因此生产率低于滚齿加工。

3）插齿加工的齿面表面粗糙度值较小。由于插齿刀是沿轮齿全长连续切下切屑，因此插齿加工的齿面表面质量优于滚齿。

4）同一模数所用的插齿刀可加工模数相同齿数不同的圆柱齿轮。

5）插齿加工可用于加工滚齿难以加工的内齿轮、双联或多联齿轮，但加工斜齿轮不如滚齿方便。

滚齿和插齿加工的齿轮精度较低，对于高精度的齿轮，或者淬火后的硬齿面加工，往往需要在滚齿、插齿之后经热处理再进行精加工。常用的齿面精加工方法有剃齿、珩齿和磨齿等。其中对不淬火的较软齿轮，可以用剃齿作为精加工；对需要淬火的较硬齿轮，可采用珩齿和磨齿等作为精加工。

单元9 螺纹加工

在各种机械零件中，螺纹的应用很广泛。根据用途不同，螺纹分为两大类：一类是连接螺纹，用于零件间的固定连接，常用的有普通螺纹和管螺纹等，螺纹牙型一般为三角形，例如各种螺栓和螺钉的螺纹等；另一类是传动螺纹，用于传递动力、运动或位移，螺纹牙型一般为梯形或锯齿形，例如丝杠和测微螺杆的螺纹等。

螺纹的加工

螺纹的加工方法很多，生产中应根据工件的结构形状、螺纹牙型、螺纹的尺寸和精度、工件材料、热处理及生产类型等因素来选择加工方案。常用螺纹的加工方法见表1-21。

表1-21 常用螺纹的加工方法

加工方法	中径公差等级	表面粗糙度 $Ra/\mu m$	加工方法	中径公差等级	表面粗糙度 $Ra/\mu m$
攻螺纹（攻丝）	6~8	6.3~1.6	搓螺纹（搓丝）	5~8	1.6~0.4
套螺纹（套丝）	7~8	3.2~1.6	滚螺纹（滚丝）	4~5	0.8~0.2
车削	4~8	1.6~0.4	磨削	4~6	0.4~0.1
铣削	6~8	6.3~3.2	研削	4	0.1

一、车螺纹

车螺纹是螺纹加工的基本方法，其主要特点是使用通用设备，刀具简单，可加工各种形状、尺寸及精度的内、外螺纹，特别适于加工尺寸较大的螺纹，适应性广。但是，车螺纹的生产率低，螺纹的加工质量取决于机床、刀具的精度及工人的技术水平，故适于单件小批生产。

当生产批量较大时，常采用螺纹梳刀车削螺纹，如图1-80所示。螺纹梳刀实质上是一种多齿的螺纹车刀，只需一次进给就能车出全部螺纹，故生产率高。

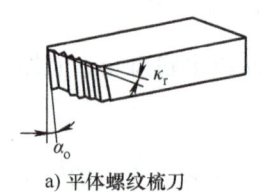  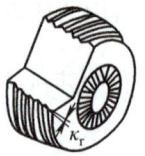

a) 平体螺纹梳刀　　　　b) 棱体螺纹梳刀　　　　c) 圆体螺纹梳刀

图1-80　螺纹梳刀

二、铣螺纹

铣螺纹的生产率比车螺纹高，在成批和大量生产中应用很广。铣螺纹一般是在专门的螺纹铣床上进行，根据所用铣刀的结构不同，可分为以下两种方法：

（1）盘形螺纹铣刀铣削　如图1-81所示，这种加工方法的加工精度较低，一般只适于粗加工尺寸较大的传动螺纹，而精加工需采用车削或磨削。

（2）梳形螺纹铣刀铣削　如图1-82所示，加工时，工件只需转一转多一些即可切出全部螺纹，故生产率较高，但加工精度较低，一般用于加工短且螺距不大的三角形内、外螺纹。

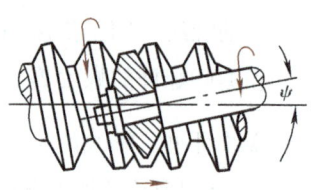 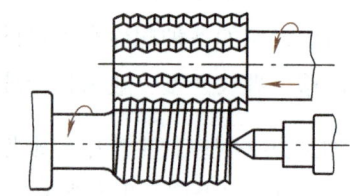

图1-81　盘形螺纹铣刀铣螺纹　　　　图1-82　梳形螺纹铣刀铣螺纹

三、磨螺纹

螺纹磨削一般在螺纹磨床上进行，常用于淬硬螺纹的精加工，以便修正热处理引起的变形，提高加工精度，例如丝锥、螺纹量规、滚丝轮及精密传动螺杆上的螺纹等。螺纹在磨削前，一般应采用车、铣等方法进行粗加工，对于小尺寸的螺纹，也可不经粗加工而直接磨出。磨外螺纹时，根据所用的砂轮形状不同，可分为单线砂轮磨削和梳形砂轮磨削，如图1-83所示。

单线砂轮磨螺纹时，砂轮修整较方便，加工精度较高，并且可加工较长和螺距较大的螺纹；梳形砂轮磨螺纹时，修整砂轮较困难，加工精度低于前者，只适于磨削升角较小、长度较短的螺纹。但用梳形砂轮磨削时，工件转1.3～1.5转就可完成加工，生产率比单线砂轮高。

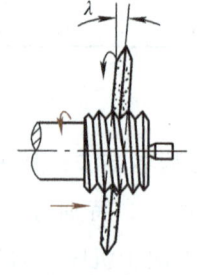 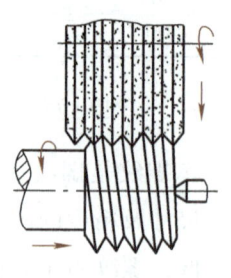

a) 单线砂轮磨螺纹　　b) 梳形砂轮磨螺纹

图1-83　磨削外螺纹

四、攻螺纹与套螺纹

单件小批生产中，用手用丝锥攻螺纹；批量较大时，用机用丝锥在车床、钻床或攻丝机上攻螺纹。对小尺寸的内螺纹，攻螺纹几乎是唯一有效的加工方法。套螺纹的螺纹直径一般小于 16mm，既可手工套螺纹，也可在机床上进行。攻螺纹与套螺纹如图 1-84 所示。

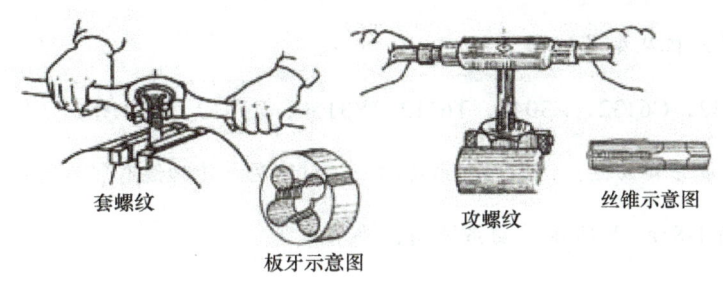

图1-84　攻螺纹与套螺纹

由于攻螺纹和套螺纹的加工精度低，故广泛用于加工精度不高的普通螺纹。

习题

1-1　切削加工由哪些运动组成？它们各有什么作用？

1-2　切削用量的三要素是什么？它们的单位是什么？

1-3　车外圆时，工件加工前直径为 62mm，加工后直径为 56mm，工件转速为 4r/s，刀具每秒钟沿工件轴向移动 2mm，求 v_c、f、a_p。

1-4　刀具正交平面参考系由哪些平面组成？它们是如何定义的？

1-5　常用刀具的材料有哪几类？各适用于制造哪些刀具？

1-6　切屑类型有哪四类？各有哪些特点？

1-7　切削热是如何产生的？它对切削过程有什么影响？

1-8　试述背吃刀量 a_p、进给量 f 对切削温度的影响规律。

1-9　简述刀具磨损的原因。高速钢刀具、硬质合金刀具在中速、高速时产生磨损的主要原因是什么？

1-10　切削变形、切削力、切削温度、刀具磨损和刀具寿命之间存在着什么关系？

1-11　说明前角和后角的大小对切削过程的影响。

1-12 说明刃倾角的作用。

1-13 常用切削液有哪几种？各适用于什么场合？

1-14 按加工性质和所用刀具不同，机床可分为哪几类？

1-15 通用机床的型号包含哪些内容？

1-16 说明下列机床型号的意义：

X6132，X5032，C6132，Z3040，T6112，Y3150，C1312，B2010A。

1-17 何谓外联系传动链？何谓内联系传动链？对这两种传动链有何不同要求？试举例说明。

1-18 根据图1-85a、b所示传动系统图，要求：

1）分别列出图a、图b的传动路线表达式。

2）分析图a中Ⅲ轴、图b中Ⅴ轴的转速级数。

3）分别计算图a中Ⅲ轴、图b中Ⅴ轴的最高转速和最低转速。

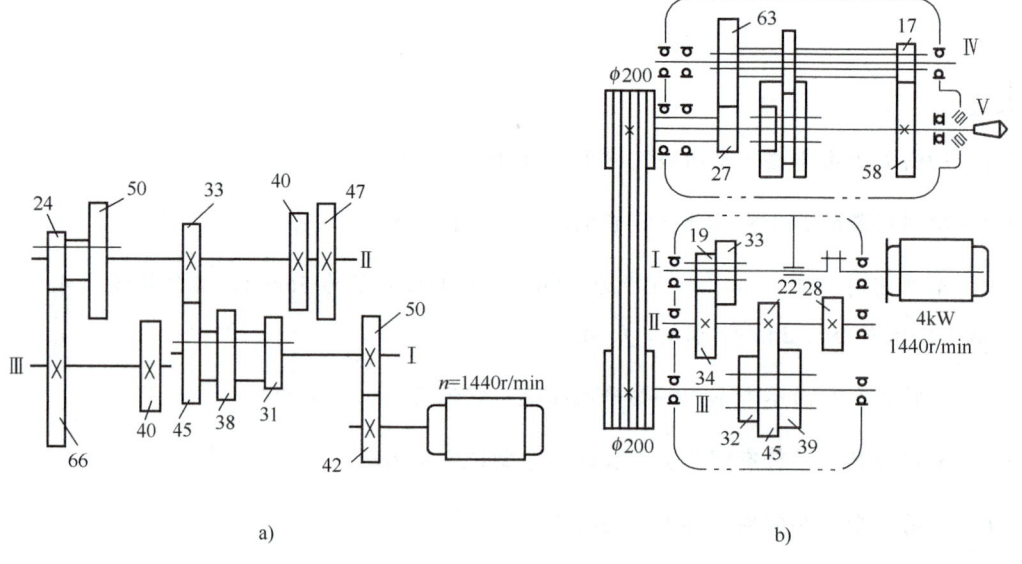

图 1-85 题1-18图

1-19 外圆表面常用加工方法有哪些？如何选用？

1-20 砂轮的特征主要取决于哪些因素？如何进行选择？

1-21 外圆磨削有哪几种方式？各有何特点？各适用于什么场合？

1-22 简述无心外圆磨削的特点及磨削方法。

1-23 简述M1432A型万能外圆磨床具备的运动。

1-24 万能外圆磨床上磨削锥面有哪几种方法？各适用于何种场合？机床应如何调整？

1-25 内圆表面常用加工方法有哪些？如何选用？

1-26 标准高速钢麻花钻由哪几部分组成？切削部分包括哪些几何参数？

1-27 标准麻花钻的缺点是什么？

1-28 试分析钻孔、扩孔和铰孔三种孔加工方法的工艺特点，并说明这三种孔加工工艺之间的联系。

1-29 试分析、比较外排屑、内排屑和喷吸式深孔钻的工作原理、优缺点和使用范围。

1-30 镗削加工有何特点？常用的镗刀有哪几种类型？其结构和特点如何？

1-31 卧式镗床有哪些成形运动？说明它能完成的加工工作。

1-32 试述拉削工艺的特点和应用。

1-33 拉削有时要将工件端面靠在球面垫上，为什么？

1-34 常用圆孔拉刀的结构由哪几部分组成？各部分起什么作用？

1-35 试述内圆磨削的工艺特点及应用范围。

1-36 试述刨削的工艺特点和应用。

1-37 常用刨床有哪几种？它们的应用有何不同？

1-38 试述铣削加工的工艺范围及特点。

1-39 常用铣床及铣床附件有哪几种？各自的主要用途是什么？

1-40 铣削为什么比其他切削加工方法容易产生振动？

1-41 端铣与周铣，逆铣与顺铣各有何特点？应用如何？

1-42 试分析磨削平面时，端磨法与周磨法各自的特点。

1-43 平面磨床有哪几种类型？常用的是哪种类型？

1-44 电磁吸盘装夹工件有何优点？磨削非磁性材料及薄片工件平面时，应如何装夹工件？

1-45 圆柱齿轮齿形的加工方法有哪两类？各有何特点？

1-46 插齿和滚齿相比有何相同点与不同点？

1-47 螺纹的加工方法有哪些？哪种方法生产率高？哪种方法加工精度高？

工艺规程

一、教学目标

（一）能力目标

通过学习摇杆零件的工艺规程的编制，使学生掌握常用零件的机械加工工艺规程和工艺参数的选择，掌握机械加工工艺规程的制订原则和方法，具备解决生产过程中出现的各种工艺问题，提高解决实际问题的能力。

（二）知识目标

1. 了解工艺过程与工艺规程的概念和机械加工工艺过程的组成。
2. 理解机械加工工艺规程制订和零件的结构工艺性。
3. 掌握典型零件加工工艺规程的编制及加工质量的检验技术。
4. 初步具有设计常用零件工艺规程的能力。
5. 了解机床夹具的原理，具有初步设计机床夹具的能力。
6. 具有分析和解决机械加工中质量问题的能力。

（三）素质目标

1. 培养学生具有良好的思想品德、社会公德和职业道德。
2. 培养学生具有扎根基层、艰苦奋斗、热爱劳动的品质。
3. 培养学生爱岗敬业、精益求精的社会主义核心价值观。

二、工作案例：摇杆加工工艺规程编制

机械传动中有一类结构形状复杂而不规则的零件，其作用是通过它们的移动、摆动、支撑，来实现机构的多种不同功能，这类零件在机械传动中占据了重要的地位，尤其是叉架类零件，所占比重最大，因此有效地提高其加工质量及生产率，是机械制造工艺中的一项重要任务。

摇杆零件就属于典型的叉架类零件。摇杆零件图如图 2-1 所示。

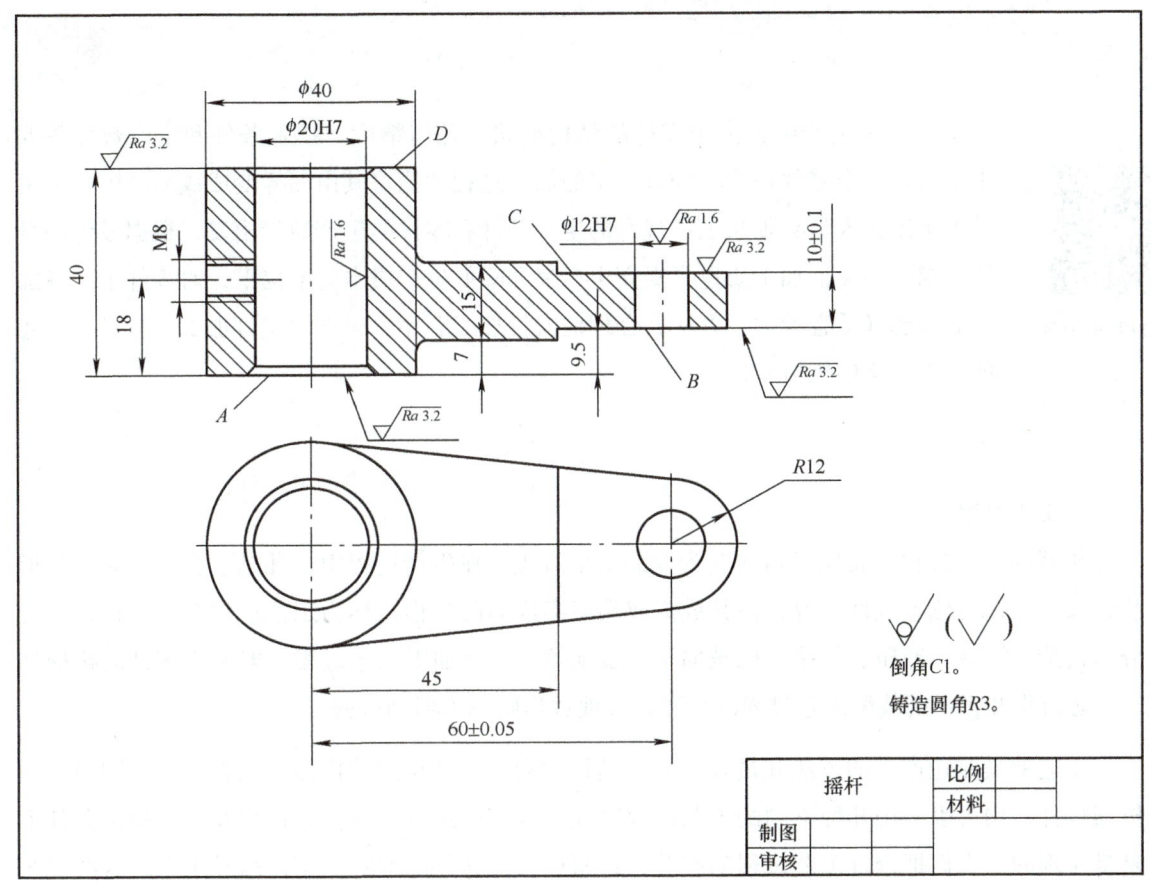

图2-1　摇杆零件图

叉架类零件的材料必须具有足够的抗疲劳强度等力学性能，结构刚度要高，应用较多的是碳钢和铸铁。本摇杆的零件材料选为 HT200，毛坯为铸件。首先要确定主要加工面及设计基准，然后确定各主要加工面的加工方法，同时还要考虑加工顺序。根据实际工作需要，本零件全部工序基准与设计基准重合，工序尺寸就是设计尺寸，可根据加工方法直接确定尺寸余量，按分析内容填写工艺规程卡片。

为完成摇杆的工艺规程的编制，需要掌握工艺规程基本知识。通过本模块的学习，使学生掌握材料分析与选择、常用零件的加工工艺、机械加工工艺规程的基本知识，以及各种机械加工工艺文件的填写和应用等基础知识。

制订机械加工工艺是机械制造企业工艺技术人员的一项主要工作内容。机械加工工艺规程的制订与生产实际有着密切的联系，它要求工艺规程制订者具有一定的生产实践知识和专业基础知识。

单元1 工艺规程基础

工艺规程的内容

在实际生产中,由于零件的结构形状、几何精度、技术条件和生产数量等要求不同,一个零件往往要经过一定的加工过程才能将其由图样变成成品。因此,机械加工工艺人员必须从工厂现有的生产条件和零件的生产数量出发,根据零件的具体要求,在保证加工质量、提高生产率和降低生产成本的前提下,对零件上的各加工表面选择适宜的加工方法,合理地安排加工顺序,科学地拟订加工工艺过程,才能获得合格的机械零件。

一、概述

1. 工艺过程

机器的生产过程是将原材料转变为成品的全过程。在生产过程中,凡是改变生产对象的形状、尺寸、相对位置或性质等,使其成为成品或半成品的过程,称为工艺过程。工艺过程又可分为铸造、锻造、冲压、焊接、机械加工、装配等。机械加工工艺过程一般是指零件的机械加工工艺过程和机器的装配工艺过程的总和,其他过程则称为辅助过程。

工艺就是制造产品的方法和过程。一台结构相同、要求相同的机器,或者具有相同要求的机器零件,均可以采用几种不同的工艺过程完成,但其中总有一种工艺过程在某一特定条件下是最合理的。人们把合理工艺过程的有关内容写成工艺文件的形式,用以指导生产,这些工艺文件即称为工艺规程。

2. 工艺规程

技术人员根据产品数量、设备条件和工人素质等情况,确定采用的工艺过程,并将有关内容写成工艺文件,这种文件就称工艺规程。它是在具体的生产条件下,以较合理的工艺过程和操作方法,并按规定的形式书写成工艺文件,经审批后用来指导生产的,其内容包括零件加工工序内容、切削用量、工时定额,以及各工序所采用的设备和工艺装备等。

3. 工艺规程的作用

在实际生产过程中,对于大批量生产类型,要求有细致和严密的组织工作,因此要求有比较详细的工艺规程。工艺规程的主要作用如下:

1)生产的计划、调度,工人的操作,质量检查等都是以机械加工工艺规程为依据,一切生产人员都不得随意违反机械加工工艺规程。

2)生产准备工作和技术准备工作离不开机械加工工艺规程。在产品投入生产以前,需要做大量的生产准备和技术准备工作,例如技术关键的分析与研究,刀、夹、量具的设计及制造或采购,原材料、毛坯件的制造或采购,设备改装或新设备的购置等。

3)除单件小批生产以外,在中批或大批大量生产中要新建或扩建车间(或工段),其原始依据也是工艺规程。根据工艺规程确定机床的种类和数量,确定机床的布置和动力配置,确定生产面积和工人的数量等。

总之,工艺规程是工厂或车间必不可少的技术文件。生产前依据它做生产准备,生产中用它指挥生产,生产后用它检验生产。制订工艺规程时,要做到确保产品质量、技术先进、经济合理,并有良好、安全的劳动条件。

二、机械加工工艺规程

将工艺过程的各项内容,填入一定格式的卡片,即成为生产准备和施工所依据的工艺规程。经常使用的机械加工工艺规程(即工艺文件)有两种:机械加工工艺过程卡片和机械加工工序卡片。

1. 机械加工工艺过程卡片

机械加工工艺过程卡片是以工序为单位,简要说明零件或产品的机械加工(或装配)过程的一种工艺文件,主要用于单件小批量生产和中批量生产的零件。该卡片是生产管理方面的工艺文件。

机械加工工艺过程卡片的格式见表2-1。

表2-1 机械加工工艺过程卡片

		机械加工工艺过程卡片										
		机械加工工艺过程卡片		产品型号		零件图号						
				产品名称		零件名称			共 页		第 页	
	材料牌号		毛坯种类		毛坯外形尺寸		每毛坯可制件数		每台件数		备注	
	工序号	工序名称		工序内容		车间	工段	设备	工艺装备		工时/h	
											准终	单件
	01											
	02											
	03											
	04											
	05											
	06											
	07											
	08											
描图	09											
	10											
描校	11											
	12											
底图号	13											
	14											
装订号	15											
							设计(日期)	审核(日期)	标准化(日期)		会签(日期)	
		标记	处数	更改文件号	签字	日期	标记	处数	更改文件号	签字	日期	

2. 机械加工工序卡片

机械加工工序卡片是在工艺过程卡片或工艺卡片的基础上，按每道工序所编制的一种工艺文件，用来具体指导工人操作，其主要内容包括工序简图、该工序中每个工步的加工（或装配）内容、工艺参数、操作要求以及所用的设备和工艺装备等。工序卡片主要用于大批大量生产中所有的零件，中批量生产中复杂产品的关键零件，以及单件小批量生产中的关键工序。

机械加工工序卡片的格式见表 2-2。

表 2-2 机械加工工序卡片

		机械加工工序卡片		产品型号			零件图号			共 页	第 页
				产品名称			零件名称				
				车间		工序号		工序名称		材料牌号	
				毛坯种类		毛坯外形尺寸		每毛坯可制件数		每台件数	
				设备名称		设备型号		设备编号		同时加工件数	
				夹具编号			夹具名称			切削液	
				工位器具编号			工位器具名称			工序工时/min	
										准终	单件
工步号	工 步 内 容		工 艺 装 备	主轴转速/(r/min)	切削速度/(m/min)	进给量/(mm/r)	背吃刀量/mm	进给次数		工步工时	
										机动	辅助
						设计(日期)	审核(日期)	标准化(日期)		会签(日期)	
标记	处数	更改文件号	签字	日期	标记	处数	更改文件号	签字	日期		

工序卡片中的工序简图可以清楚直观地表达本工序的有关内容，其绘制方法如下：

1）可按大概的比例缩小（或放大），并尽可能用较少的视图绘出，视图中与本工序无关的次要结构和线条可略去不画。

2）主视图方向尽量与工件在机床上的装夹方向一致。

3）本工序加工表面用粗实线或红色粗实线表示，其他表面用细实线表示。

4）图中应标注本工序加工后应达到的尺寸（即工序尺寸）及其上下极限偏差、加工表面粗糙度、几何公差等，有时也用括号注出工件外形尺寸，作为参考。

5）工件的结构、尺寸要与本工序加工后的情况相符，不要将后面工序中才能形成的结构形状在本工序的工序简图中反映出来。

6）图中应使用标准规定的定位、夹紧符号表示工件的定位及夹紧情况。

3. 机械加工工艺过程的组成

为了便于工艺规程的编制、执行和生产组织管理，需要把工艺过程划分为不同层次的单元，即工序、安装、工位、工步和走刀。工序是工艺过程中的基本单元。零件的机械加工工艺过程由若干个工序组成。在一个工序中可能包含有一个或几个安装，每一个安装可能包含一个或几个工位，每一个工位可能包含一个或几个工步，每一个工步可能包括一个或几个走刀。

（1）工序　一个或一组工人，在一个工作地对同一个或同时对几个工件所连续完成的那部分工艺过程，称为工序。判断一系列的加工内容是否属于同一个工序，关键在于这些加工内容是否在同一个工作地对同一个工件连续地完成。这里的"工作地"是指一台机床、一个钳工台或一个装配地点；"连续"是指对一个具体的工件的加工是连续进行的，中间没有插入另一个工件的加工。例如，在车床上加工一个轴类零件，尽管在加工过程中可能多次调头装夹工件及变换刀具，只要没有更换机床，也没有在加工过程中插入另一个工件的加工，则在此车床上对该轴类零件的所有加工内容都属于同一个工序。

如图 2-2 所示的阶梯轴，当生产批量较小时，其工艺过程及工序的划分见表 2-3，当工件的生产批量较大时，其工艺过程及工序的划分见表 2-4。

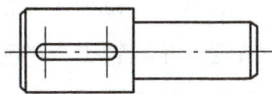

图2-2　阶梯轴

表 2-3　小批量生产的工艺过程

工序号	工序内容	设备
1	车一端面，钻中心孔；调头车另一端面，钻中心孔	车床
2	车大端外圆及倒角；车小端外圆及倒角	车床
3	铣键槽；去毛刺	铣床

表 2-4　大批大量生产的工艺过程

工序号	工序内容	设备
1	铣端面，钻中心孔	中心孔机床
2	车大端外圆及倒角	车床
3	调头，车小端外圆及倒角	车床
4	铣键槽	键槽铣床
5	去毛刺	钳工

工序是工艺过程的基本组成部分，也是确定工时定额、配备工人、安排作业计划和进行质量检验等的基本单元。

在零件的加工工艺过程中，有一些工作并不改变零件形状、尺寸和表面质量，但却直接影响工艺过程的完成，如检验、打标记等，完成这些工作的工序称为辅助工序。

（2）安装　在加工前，应先使工件在机床上或夹具中占有正确的位置，这一过程称为定位；工件定位后，将其固定，使其加工过程中保持定位位置不变的操作称为夹紧；工件在机床或夹具中每定位、夹紧一次所完成的那一部分工序，称为安装。一道工序中，工件可能被安装一次或多次。如表2-3中的工序1和工序2均有两次安装，表2-4中的工序1和工序2只有一次安装。

在加工过程中应尽量减少安装次数，因为在一次安装中加工多个表面，容易保证各表面间的位置精度，而且由于减少装卸工件的辅助时间，可以提高生产率。

（3）工位　为了减少安装次数，常采用回转工作台、回转夹具或移位夹具等，使工件在一次安装中，先后处于几个不同的位置进行加工。工件在机床上所占据的每一个位置，称为工位。如图2-3所示，利用回转工作台，在一次安装中顺次完成装卸工件、钻孔、扩孔和铰孔四工位加工。采用多工位加工方法，既可以减少安装次数，提高加工精度，并减轻工人的劳动强度；又可以使各工位的加工与工件的装卸同时进行，提高劳动生产率。

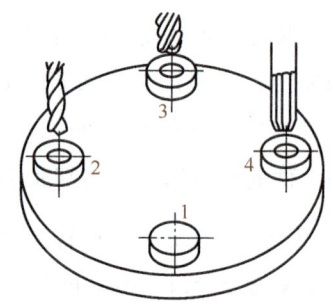

图2-3　多工位加工
工位1—装卸工件　工位2—钻孔
工位3—扩孔　工位4—铰孔

（4）工步　指在一个工序中，当工件的加工表面和加工工具保持不变时所连续完成的那部分工序，称为工步。对于图2-2所示的阶梯轴，表2-3中的工序1和工序2均加工四个表面，所以各有四个工步；表2-4中的工序4只有一个工步。

构成工步的因素有：加工表面、刀具和切削用量，它们中的任一因素改变后，一般就变成了另一工步。但是对于在一次安装中，有多个相同的工步，通常看成一个工步。如图2-4所示，零件上4个$\phi 15$mm孔的钻削加工，可以写成一个工步：钻$4\times\phi 15$mm。

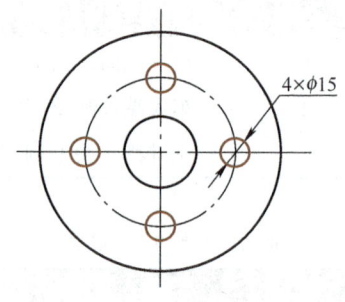

图2-4　加工四个相同表面的工步

为了提高生产率，用几把不同的刀具或复合刀具同时加工一个工件上的几个表面，也看成是一个工步，称为复合工步。

（5）走刀　在一个工步内，加工余量需要多次逐步切削，则每一次切削即为一次走刀。一个工步可以包括一次或几次走刀。

三、生产纲领与生产类型

1. 生产纲领

生产纲领是指企业在计划期内应当生产的产品产量和进度计划。计划期通常为 1 年，所以生产纲领也称为年产量。

对于零件而言，产品的产量除了制造机器所需要的数量之外，还要包括一定的备品和废品，因此零件的生产纲领应按下式计算

$$N = Qn(1+a)(1+b) \tag{2-1}$$

式中　N——零件的年产量（件／年）；

　　　Q——产品的年产量（台／年）；

　　　n——每台产品中该零件的数量（件／台）；

　　　a——该零件的备品率（%）；

　　　b——该零件的废品率（%）。

2. 生产类型

生产类型是指企业生产专业化程度的分类。人们按照产品的生产纲领、投入生产的批量，可将生产分为单件生产、大量生产和成批生产三种类型。

（1）单件生产　单个生产不同结构和尺寸的产品，很少重复甚至不重复，这种生产称为单件生产。如新产品试制、维修车间的配件制造和重型机械制造等都属此种生产类型。其特点是：生产的产品种类较多，而同一产品的产量很小，工作地点的加工对象经常改变。

（2）大量生产　同一产品的生产数量很大，大多数工作地点经常按一定节奏重复进行某一零件的某一工序的加工，这种生产称为大量生产。如自行车制造和一些链条厂、轴承厂等专业化生产即属此种生产类型。其特点是：同一产品的产量大，工作地点较少改变，加工过程重复。

（3）成批生产　一年中分批轮流制造几种不同的产品，每种产品均有一定的数量，工作地点的加工对象周期性地重复，这种生产称为成批生产。如一些通用机械厂、某些农业机械厂、陶瓷机械厂、造纸机械厂、烟草机械厂等的生产即属这种生产类型。其特点是：产品的种类较少，有一定的生产数量，加工对象周期性地改变，加工过程周期性地重复。

同一产品（或零件）每批投入或产出的数量，称为批量。根据批量的大小，又可分为大批量生产、中批量生产和小批量生产。小批量生产的工艺特征接近单件生产，大批量生产的工艺特征接近大量生产。

根据式（2-1）计算的零件生产纲领，参考表 2-5 即可确定生产类型。不同生产类型的制造工艺有不同的特征，各种生产类型的工艺特征见表 2-6。

表 2-5　生产类型和生产纲领的关系

生产类型		生产纲领（件/年或台/年）		
		重型（30kg 以上）	中型（4～30kg）	轻型（4kg 以下）
单件生产		<5	<10	<100
成批生产	小批量生产	5～100	10～200	100～500
	中批量生产	100～300	200～500	500～5000
	大批量生产	300～1000	500～5000	5000～50000
大量生产		>1000	>5000	>50000

表 2-6　各种生产类型的工艺特征

工艺特征	单件生产	批量生产	大量生产
毛坯的制造方法	铸件用木模手工造型，锻件用自由锻	铸件用金属模造型，部分锻件用模锻	铸件广泛用金属模机器造型，锻件用模锻
零件的互换性	无需互换，互配零件可成对制造，广泛用修配法装配	大部分零件有互换性，少数用修配法装配	全部零件有互换性，某些要求精度高的配合，采用分组装配
机床设备及其布置	采用通用机床；按机床类别和规格采用"机群式"排列	部分采用通用机床，部分专用机床；按零件加工分"工段"排列	广泛采用生产率高的专用机床和自动机床；按流水线形式排列
夹具	很少用专用夹具，由划线和试切法达到设计要求	广泛采用专用夹具，部分用划线法进行加工	广泛采用专用夹具，用调整法达到精度要求
刀具和量具	采用通用刀具和万能量具	较多采用专用刀具和专用量具	广泛采用高生产率的刀具和量具
对技术工人的要求	需要技术熟练的工人	各工种需要一定熟练程度的技术工人	对机床调整工人的技术要求高，对机床操作工人的技术要求低
对工艺文件的要求	只有简单的工艺过程卡	有详细的工艺过程卡或工艺卡，零件的关键工序有详细的工序卡	有工艺过程卡或工艺卡和工序卡等详细的工艺文件

单元2　工艺规程的制订

为保证产品质量，提高生产率和经济效益，把根据具体生产条件拟订的较合理的工艺过程，用图表（或文字）的形式写成文件，就是工艺规程。它是生产准备、生产计划、生产组织、实际加工及技术检验等的重要技术文件，是进行生产活动的基础资料。

工艺规程的制订与作用

根据生产过程中工艺性质的不同，又可以分为毛坯制造、机械加工、热处理及装配等不同的工艺规程。本单元仅介绍拟订机械加工工艺规程的一些基本问题。

一、零件的工艺分析

首先要熟悉整个产品（如整台机器）的用途、性能和工作条件，结合装配图了解零件在产品中的位置、作用、装配关系，以及其精度等技术要求对产品质量和使用性能的影响，然后从加工的角度，对零件进行工艺分析，主要内容如下。

1. 检查零件的图样是否完整和正确

例如视图是否齐全、正确，所标注的尺寸、公差、表面粗糙度和技术要求等是否齐全、合理，并要分析零件主要表面的精度、表面质量和技术要求等在现有的生产条件下能否达到，以便采取适当的措施。

2. 审查零件材料的选择是否恰当

零件材料的选择应立足于国内，尽量采用我国资源丰富的材料，不要轻易地选用贵重材料。另外还要分析所选的材料会不会使工艺变得困难和复杂。

3. 审查零件结构的工艺性

零件的结构是否符合工艺性一般原则的要求，在现有生产条件下能否经济地、高效地、合格地加工出来；如果发现有问题，应与有关设计人员共同研究，按规定程序对原图样进行必要的修改与补充。

二、毛坯的选择及加工余量的确定

毛坯上留作加工用的材料层，称为加工余量。加工余量又有总余量和工序余量之分。某一表面从毛坯到最后成品切除掉的总金属层厚度，即毛坯尺寸与零件设计尺寸之差，称为总余量。该表面每道工序切除掉的金属层厚度，即相邻两工序尺寸之差，称为工序余量。工序尺寸公差一般按"入体原则"标注，对于被包容尺寸（轴径），上极限偏差为0，其最大尺寸就是公称尺寸；对于包容尺寸（孔径、槽宽），下极限偏差为0，其最小尺寸就是公称尺寸。

确定加工余量有计算法、经验估计法和查表法三种方法。

1. 计算法

在掌握影响加工余量的各种因素具体数据的条件下，用计算法确定加工余量比较科学。但已经积累的统计资料不多，计算有困难，目前应用较少。

2. 经验估计法

加工余量由一些有经验的工程技术人员或工人根据经验确定。所估加工余量一般都偏大，此法只用于单件小批生产。

3. 查表法

此法以工厂生产实践和实验研究积累的经验为基础制成的各种表格数据为依据，再结合实际加工情况加以修正。此法简便，比较接近实际，在生产中应用广泛。

三、定位基准

定位的目的是使工件在夹具中相对于机床、刀具占有确定的正确位置，并且应用夹具定位工件，还能使同一批工件在夹具中的加工位置的一致性好。在夹具设计中，定位方案不合理，工件的加工精度就无法保证。工件定位方案的确定是夹具设计中首先要解决的问题。

1. 基准的概念

在定位方案的分析与确定时，必须按照工件的加工要求合理地选择工件的定位基准。

（1）基准　用以确定生产对象上几何要素间的几何关系所依据的点、线、面。基准可分为设计基准和工艺基准。

（2）设计基准　在零件图上，确定点、线、面位置的基准。

（3）工艺基准　在加工和装配中使用的基准，按照用途不同又可分为以下三种。

1）定位基准：在加工中使工件在机床夹具上占有正确位置所采用的基准。

2）度量基准：在检验时所使用的基准。

3）装配基准：装配时用来确定零件或部件在机器中的位置所采用的基准。

2. 确定基准的注意事项

1）作为基准的点、线、面在工件上不一定存在，如孔的中心线、外圆的轴线及对称面等，而是常常由某些具体的表面来体现，这些面称为基准面。

2）作为基准，可以是没有面积的点或线，但是基准面总是有一定面积的。基准的定义不仅涉及尺寸之间的联系，对几何精度（平行度、垂直度等）的影响也是同样的。

3. 六点定位原理

任何未定位的工件，在空间直角坐标系中都具有六个自由度，即沿三个坐标轴的移动自由度 X、Y、Z 和绕三个坐标轴的转动自由度，如图 2-5 所示。

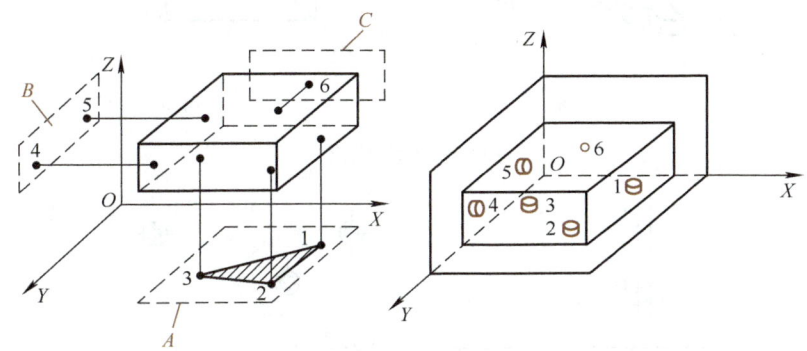

图2-5　六点定位原理图

"六点定位"的注意问题：

1）定位就是限制自由度，通常用合理布置定位支承点的方法来限制工件的自由度。

2）定位支承点限制工件自由度的作用，应理解为定位支承点与工件定位基准面始终保持紧贴接触。若二者脱离，则意味着失去定位作用。一个定位支承点仅限制一个自由度，一个工件仅有六个自由度，所设置的定位支承点数目原则上不应超过六个。

3）分析定位支承点的定位作用时，不考虑力的影响，定位和夹紧是两个概念，不能混淆。工件的某一自由度被限制，是指工件在这一方向上有确定的位置，并非指工件在受到使其脱离定位支承点的外力时，不能运动，即夹紧。定位支承点是由定位元件抽象而来的，在夹具中，定位支承点总是通过具体的定位元件来体现。

4. 完全定位与不完全定位

（1）完全定位　工件的六个自由度完全被限制的定位，即完全定位，如图 2-6 所示。

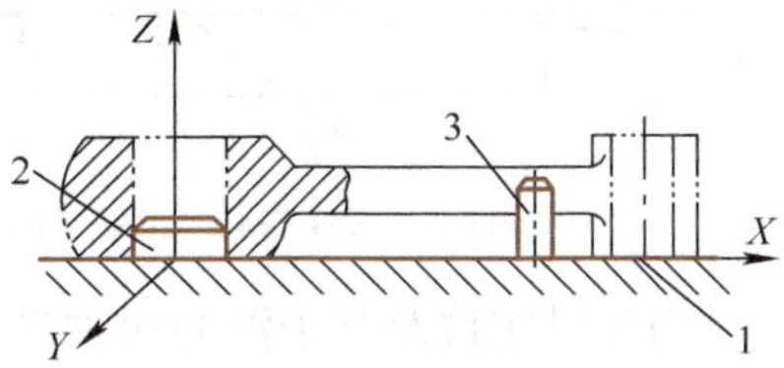

（2）不完全定位　按加工要求，允许有一个或几个自由度不被限制的定位，即不完全定位。不完全定位是合理的定位方式，在实际生产中，工件被限制的自由度数一般不少于三个，如图 2-7 所示。

图2-6　完全定位
1—平面支撑　2—短圆柱销　3—侧挡销

5. 欠定位与过定位

（1）欠定位　按工序的加工要求，工件应该限制的自由度而未予限制的定位，即欠定位。欠定位是不允许的，如图 2-8 所示。

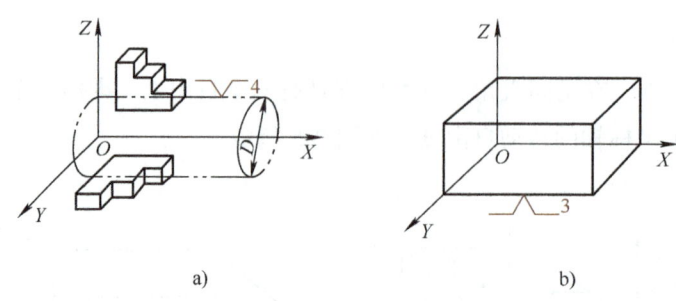

图2-7 不完全定位

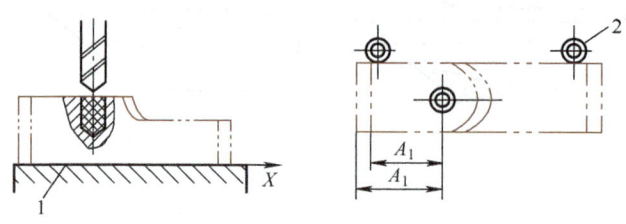

图2-8 欠定位

（2）过定位 工件的同一自由度被两个或两个以上的支承点重复限制的定位，即过定位。过定位可能造成工件的定位误差，或者造成部分工件装不进夹具的情况。过定位不是绝对不允许，要由具体情况决定，如图2-9、图2-10所示。

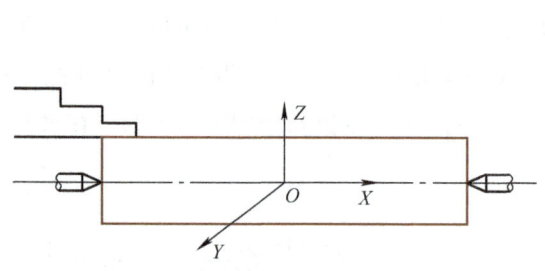

图2-9 工件在机床上装夹的过定位

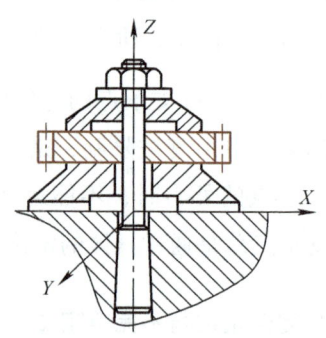

图2-10 滚、插齿时工件的过定位

消除过定位及其干涉的两种途径：

1）改变定位元件的结构，以消除被重复限制的自由度。

2）提高工件定位基准面之间及定位元件工作表面之间的位置精度，以减小或消除过定位引起的干涉。

定位元件的设计应满足下列要求：要有与工件相适应的精度；要有足够的刚度，不允许受力后发生变形；要有耐磨性，以便在使用中保持精度。一般多采用低碳钢渗碳淬火或中碳钢淬火，硬度为58～62HRC。

四、典型表面的定位方法

工件的定位表面有各种形式，如平面、外圆、内孔等，对于这些表面，总是采用一定结构的定位元件。常见的定位方法有：平面定位、圆孔定位、外圆柱面定位、组合表面定位。

1. 工件以平面定位

在机械加工中，利用工件上的一个或几个平面作为定位基准面来定位工件的方式，称为平面定位。

定位元件：固定支承、可调支承、自位支承和辅助支承。

（1）固定支承　包括支承钉、支承板，如图2-11所示。

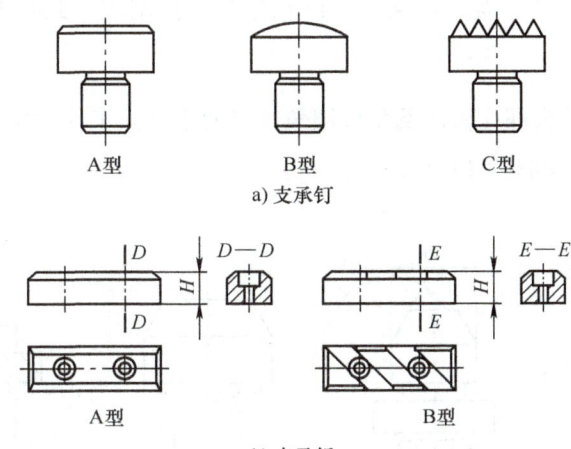

图2-11　支承钉和支承板

支承板多用于工件上已加工表面的定位，有时可用一块支承板代替两个支承钉。图2-11中A型支承板结构简单，但埋头螺钉处易堆积切屑，故用于工件侧面或顶面定位。而图2-11中B型支承板可克服这一缺点，主要用于工件的底面定位。

（2）可调支承　可调支承是顶端位置可在一定高度范围内调整的支承，多用于未加工平面的定位，以调节和补偿各批毛坯尺寸的误差，一般每批毛坯调整一次，如图2-12所示。

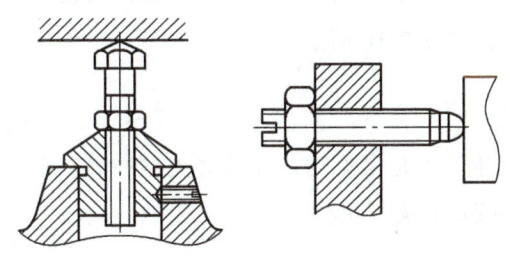

图2-12　可调支承

（3）自位支承　自位支承是指支承本身的位置在定位过程中，能自动适应工件定位基准面位置变化的一类支承。自位支承能增加与工件定位面的接触点数目，使单位面积压力减小，故多用于刚度不足的毛坯表面或不连续的平面的定位。

（4）辅助支承　在生产中，有时为了提高工件的刚度和定位稳定性，常采用辅助支承。如图2-13所示阶梯零件，当用平面1定位铣平面2时，于工件右部底面增设辅助支承3，可避免加工过程中工件的变形。

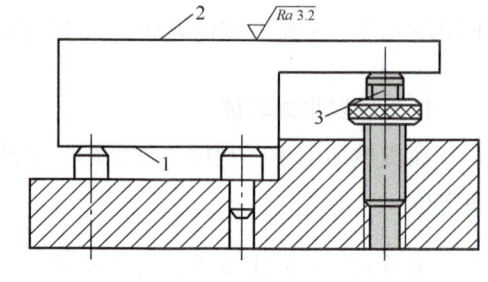

图2-13　辅助支承

1—定位平面　2—加工平面　3—辅助支承

2. 工件以圆孔定位

有些工件，如套筒、法兰盘、拨叉等，以孔作为定位基准，此时采用的定位元件有定位销、锥销、定位心轴等。

（1）定位销　定位销头部应做出倒角或圆角，以便于装入工件的定位孔。主要用于直径小于50mm的中小孔定位，如图2-14所示。

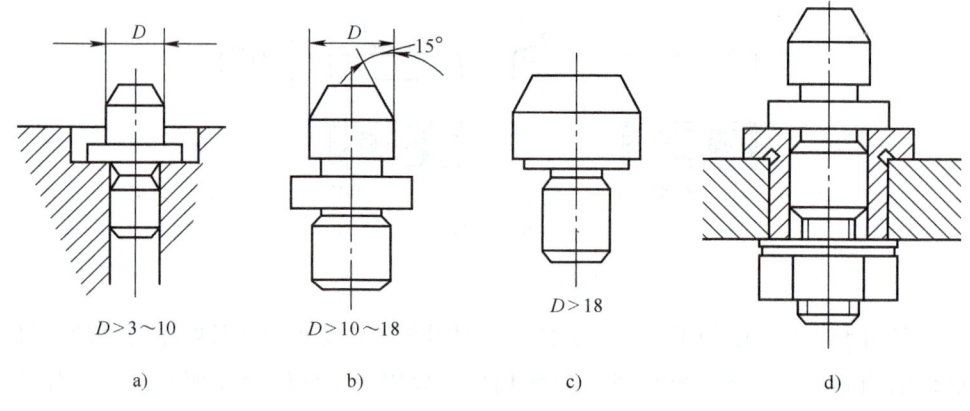

图2-14　定位销

（2）锥销　常用于工件孔端的定位，可限制工件的三个自由度，如图2-15所示。

（3）定位心轴　心轴定心精度高，但装卸费时，有时易损伤工件孔壁，多用于定心精度要求高的情况。定位时，工件楔紧在心轴上，多用于车或磨同轴度要求高的盘类零件，小锥度心轴实际上起不到定位的作用，如图2-16所示。

3. 工件以外圆柱面定位

工件以外圆柱面定位在生产中是常见的，如轴套类零件等。常用的定位元件有V形块、定位套筒、半圆孔定位座、外圆定心夹紧机构。

（1）V形块　V形块是用得最广泛的外圆表面定位元件，如图2-17所示。

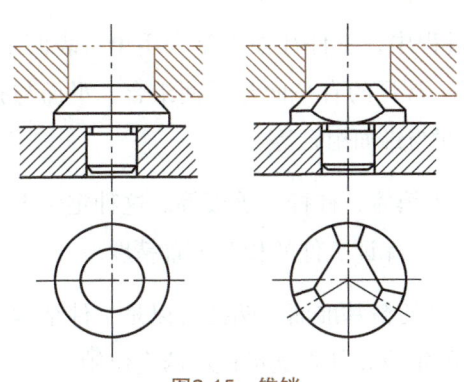
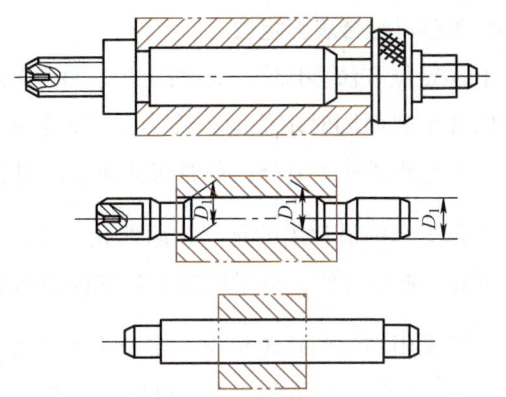

图2-15　锥销　　　　　　　　图2-16　定位心轴

（2）定位套筒　定位套筒装在夹具体上,用以支承外圆表面,起定位作用。定位元件结构简单,但定心精度不高,当工件外圆与定位孔配合较松时,还易使工件偏斜,因而,常采用套筒内孔与端面一起定位,以减少偏斜。若工件端面较大,为避免过定位,定位孔应短些,如图2-18所示。

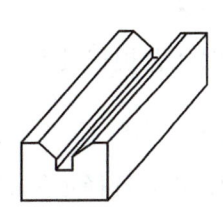 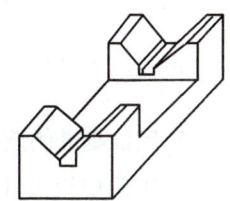

图2-17　V形块

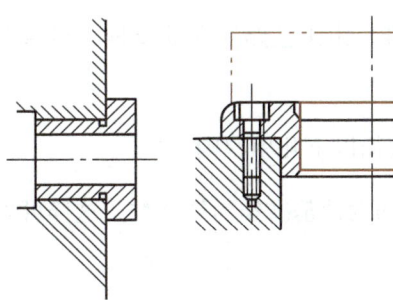

图2-18　定位套筒

（3）半圆孔定位座　将同一圆周面的孔分成两半圆,下半圆部分装在夹具体上,起定位作用,上半圆部分装在可卸式或铰链式盖上,起夹紧作用。半圆孔定位座适用于大型轴类工件的定位,如图2-19所示。

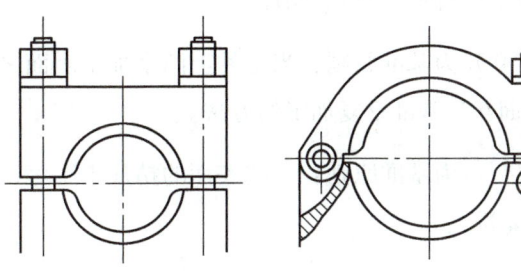

图2-19　半圆孔定位座

（4）外圆定心夹紧机构　在实现定心的同时,能将工件夹紧的机构,称为定心夹紧机构,如自定心卡盘、弹簧夹头等。弹簧夹头的开合速度是有弹性的,如果工件尺寸是一致的,弹簧夹头的开合速度会更快。如果工件尺寸的变化大,可能需要采用卡爪卡盘以适应尺寸范围较宽的工件。

4. 工件以组合表面定位

上述定位方法多以单一表面定位，在实际加工过程中，工件往往不是采用单一表面定位，而是以几个表面同时定位的，称为"组合表面定位"。常见的有平面与平面组合、平面与孔组合、平面与外圆柱面组合、平面与其他表面组合、锥面与锥面组合等。

实际生产中最常用的是"一面两孔"定位，如加工箱体、杠杆、盖板等。这种定位方式简单、可靠，夹紧方便，易于做到工艺过程中的基准统一，保证工件的相互位置精度。

工件采用一面两孔定位时，定位平面一般是加工过的精基准面，两孔可以是工件结构上原有的，也可以是为定位需要专门设置的工艺孔，相应的定位元件是支承板和两定位销。

五、工艺路线的拟订

拟订工艺路线是设计工艺规程最为关键的一步，需顺序完成以下几个方面的工作。

1. 定位基准的选择

在工艺规程设计中，正确选择定位基准，对保证零件加工要求、合理安排加工顺序有着至关重要的影响。定位基准有精基准与粗基准之分，用毛坯上未经加工的表面作为定位基准，这种定位基准称为粗基准。用加工过的表面作为定位基准，这种定位基准称为精基准。在选择定位基准时，往往先根据零件的加工要求选择精基准，由工艺路线向前反推，最后考虑选用哪一组表面作为粗基准才能把精基准加工出来。

（1）精基准的选择原则　选择精基准一般应遵循以下几项原则。

① 基准重合原则：应尽可能选择被加工表面的设计基准作为精基准，这样可以避免由于基准不重合引起的定位误差。

② 统一基准原则：应尽可能选择用同一组精基准加工工件上尽可能多的表面，以保证各加工表面之间的相对位置精度。

③ 互为基准原则：当工件上两个加工表面之间的位置精度要求比较高时，可以采用两个加工表面互为基准反复加工的方法。

④ 自为基准原则：一些表面的精加工工序，要求加工余量小而均匀，常以加工表面自身作为精基准。

上述四项选择精基准的原则，有时不可能同时满足，应根据实际条件决定取舍。

（2）粗基准的选择原则

① 选择不加工表面作为粗基准。工件加工的第一道工序要用粗基准，粗基准选择得正确与否，不但与第一道工序的加工有关，而且还将对工件加工的全过程产生重大影响。

② 对于所有表面都需要加工的零件，应选择加工余量最小的表面作为粗基准，以避免因加工余量不足而造成零件报废。

③ 合理分配加工余量的原则。从保证重要表面加工余量均匀考虑，应选择重要的加工表面作为粗基准。

④ 便于装夹的原则。为使工件定位稳定、夹紧可靠，要求所选用的粗基准尽可能平整、光洁，不允许有锻造飞边、铸造浇冒口切痕或其他缺陷，并有足够的支承面积。

⑤ 粗基准一般不得重复使用。

上述几项选择粗基准的原则，有时不能同时兼顾，只能根据主次抉择。

2. 表面加工方法的选择

机器零件的结构形状都是由一些最基本的几何表面组成的，机器零件的加工过程就是获得这些几何表面的过程。同一种表面可以选用各种不同的加工方法，但每种加工方法所能获得的加工质量、所用加工时间和费用却是各不相同的。

工程技术人员的任务，就是要根据具体加工条件选用最适当的加工方法，保证加工出符合图样要求的机器零件。在选择加工方法时，一般首先根据零件主要表面的技术要求和工厂具体条件，先选定最终工序加工方法，然后再逐一选定该表面各有关前道工序的加工方法。零件的加工表面都有一定的加工要求，一般都不可能通过一次加工就能达到要求，而是要通过多次加工（即多道工序）才能逐步达到要求。确定加工方法时，首先要考虑被加工材料的性质，其次要考虑生产类型，即要考虑生产率和经济性的问题，大批大量生产可采用专用高效率的设备，单件小批生产通常采用通用设备和工艺装备，同时要考虑本厂（本车间）的现有设备和技术条件，应充分利用现有设备，挖掘企业潜力。

3. 加工阶段的划分

当零件的加工质量要求较高时，一般都要经过不同的加工阶段，逐步达到加工要求，即所谓的"渐精"原则。一般要经过粗加工、半精加工和精加工三个阶段，如果零件的加工精度要求特别高、表面粗糙度值要求特别小时，还要经过光整加工阶段。

各个加工阶段的主要任务概述如下：

（1）粗加工阶段　高效地切除加工表面上的大部分余量，使毛坯在形状和尺寸上接近零件成品。

（2）半精加工阶段　切除粗加工后留下的误差，使被加工工件达到一定精度，为精加工做准备，并完成一些次要表面的加工。

（3）精加工阶段　保证各主要表面达到零件图规定的加工质量要求。

（4）光整加工阶段　主要任务是降低表面粗糙度值或进一步提高尺寸精度和形状精度，但一般不能纠正表面间的位置误差。

4. 划分加工阶段的主要目的

1）保证零件加工质量。划分阶段以后，粗加工阶段造成的加工误差，可以通过半精加工和精加工阶段予以逐步修正，零件的加工质量容易得到保证。

2）有利于及早发现毛坯缺陷并进行及时处理。

3）有利于合理利用机床设备。

4）为了在机械加工工序中插入必要的热处理工序，同时使热处理发挥充分的效果，这就需要把机械加工工艺过程划分为几个阶段，并且每个阶段各有其特点及应该达到的目的。

此外，将零件加工划分为几个阶段，还有利于保护已精加工的表面少受磕碰、切屑滑伤等损坏。将工艺过程划分成几个阶段是对整个加工过程而言的，不能拘泥于某一表面的加工。划分加工阶段并不是绝对的。

5. 工序的集中与分散

确定加工方法之后，就要根据零件的生产类型和工厂（车间）具体条件确定工艺过程的工序数。确定零件加工过程工序数有两种不同的原则，一种是工序集中原则，另一种是工序分散原则。

按工序集中原则组织工艺过程的特点是：有利于采用自动化程度较高的高效机床和工艺装备，生产率高；工序数少，设备数少，可相应减少操作工人数和生产面积；工件的装夹次数少，不但可缩短辅助时间，而且由于在一次装夹中加工了许多表面，有利于保证各加工表面之间的相互位置精度要求。

按工序分散原则组织工艺过程，就是使每个工序所包括的加工内容尽量少些，其极端情况是每个工序只包括一个简单工步。按工序分散原则组织工艺过程的特点是：所用机床和工艺装备简单，易于调整对刀；对操作工人的技术水平要求不高；工序数多，设备数多，操作工人多，生产占用面积大。

6. 工序顺序的安排

（1）机械加工工序的安排　一般遵循以下几个原则：先加工定位基准面，再加工其他表面；先加工主要表面，后加工次要表面；先安排粗加工工序，后安排精加工工序；先加工平面，后加工孔。

（2）热处理工序及表面处理工序的安排　为改善工件材料切削性能安排的热处理工序，如退火、正火、调质等，应在切削加工之前进行。为消除工件内应力安排的热处理工序，如人工时效、退火等，最好安排在粗加工阶段之后进行。为改善工件材料力学性能的热处理工序，如淬火、渗碳淬火等，一般都安排在半精加工和精加工之间进行。为提高工件表面耐磨性、耐蚀性安排的热处理工序，以及以装饰为目的而安排的热处理工序，如镀铬、镀锌、发蓝等，一般都安排在工艺过程最后阶段进行。

（3）其他工序的安排　为保证零件加工质量，防止产生废品，需在下列场合安排检验工序：粗加工全部结束之后；送往外车间加工的前后；工时较长和重要工序的前后。

7. 机床设备与工艺装备的选择

正确选择机床设备很重要，它不但直接影响零件的加工质量，而且还影响零件的加工效率和制造成本。所选机床设备的尺寸规格应与零件的形状尺寸相适应，精度等级应与本工序加工要求相适应，电动机功率应与本工序加工所需功率相适应，机床设备的自动化程度和生产率应与零件生产类型相适应。选用机床设备应立足于国内，必须进口的机床设备，须经充分论证，多方对比，合理地分析其经济性，不能盲目引进。如果零件尺寸太大（或太小）或零件的加工精度要求过高，没有现成的设备可供选择时，可以考虑采用自制专用机床。可根据工序加工要求提出专用机床设计任务书；机床设计任务书应附有与该工序加工有关的一切必要的数据资料，包括工序尺寸公差及技术条件，工件的装夹方式，工序加工所用切削用量、工时定额、切削力、切削功率及机床的总体布置形式等。

工艺装备的选择将直接影响零件的加工精度、生产率和制造成本，应根据不同情况适当选择。在中小批量生产条件下，应首先考虑选用通用工艺装备；在大批大量生产中，可根据加工要求设计、制造专用工艺装备。

六、工艺文件的编制

1. 工艺规程编制须遵循以下原则

1）所编制的工艺规程应能保证零件的加工质量，达到设计图样上规定的各项技术要求。

2）应使工艺过程具有较高的生产率，使产品尽快投放市场。

3）设法降低制造成本。

4）注意减轻工人的劳动强度，保证生产安全。

2. 编制工艺规程必须具备以下原始资料

1）产品装配图、零件图。

2）产品验收质量标准。

3）产品的年生产纲领。

4）毛坯材料与毛坯生产条件。

5）制造厂的生产条件，包括机床设备和工艺装备的规格、性能和目前的技术状态、工人的技术水平、工厂自制工艺装备的能力，以及工厂供电、供气的能力等有关资料。

6）工艺规程设计、工艺装备设计所需要的设计手册和有关标准。

7）国内外先进制造技术资料等。

单元3　机床夹具

一、概述

在现代生产中，机床夹具是一种不可缺少的工艺装备，它直接影响着机械制造加工工艺的精度、劳动生产率和产品的制造成本等，故机床夹具在企业的产品设计和制造以及生产技术准备中占有极其重要的地位。

在金属切削机床上使用的夹具统称为机床夹具。在机械加工中，利用夹具安装工件时，工件安装在夹具上，夹具再安装到机床上，最终要使工件相对于刀具和机床占有一个准确的加工位置（即定位）。

1. 使用机床夹具的目的

在机械加工中，使用机床夹具的目的主要体现在以下六个方面。

1）保证加工精度。用夹具装夹工件，能稳定地保证加工精度，减少操作误差，还可以减少对其他生产条件的依赖性，满足加工的技术要求。特别是在精密零件的加工中，广泛地使用夹具以保证加工精度。作为重要的工艺装备，夹具还是实现全面质量管理的一个重要手段。

2）提高劳动生产率。使用夹具后，能使工件迅速地定位和夹紧，能够显著地缩短辅助时间和基本时间，提高劳动生产率。

3）改善工人的劳动条件。用夹具装夹工件方便、省力、安全。当采用气压、液压、电动等夹紧动力装置时，可减轻工人的劳动强度，改善劳动条件，保证安全生产。

4）降低生产成本。在批量生产中使用夹具，由于劳动生产率的提高和允许技术等级较低的工人参与操作，故可明显地降低生产成本。

5）保证工艺纪律。在生产加工过程中使用夹具，可以确保产品制造过程顺畅。例如，夹具设计往往是工程技术人员解决高难度零件加工精度的主要工艺手段之一。使用夹具，可以满足对高难度零件的生产计划、调度等工艺秩序的要求。

6）获得良好的经济效益。现代制造企业生产的主导是多品种、中小批、高品质、低成本生产。目前，在数控机床、加工中心和柔性制造系统中使用多种先进夹具，已在激烈的市场竞争中获得了良好的经济效益，特别是在缩短产品制造周期、增强生产能力、缩短交货期、提高企业的市场竞争力等方面起到了很大的作用。

2. 工件的装夹方法

机床夹具的主要功能是使工件定位和夹紧，有些夹具还具有对刀（导向）功能等。

（1）定位　确定工件在机床上或夹具中占有准确加工位置的过程称为定位。定位是通过工件的定位基准面与夹具定位元件的定位面接触或相配合实现的，准确的定位可以保证加工面的尺寸和表面之间的位置精度要求。

（2）夹紧　在工件定位后用外力将其固定，使其在加工过程中保持定位位置不变的操作称为夹紧。夹紧为工件提供了安全、可靠的加工条件。

（3）装夹　装夹是定位和夹紧过程的总和。工件在机床上的装夹方法主要有用找正法装夹工件和用夹具装夹工件两种方式，其中最常用的是用找正法装夹工件。

3. 用找正法装夹工件

（1）方法

① 把工件直接放在机床工作台上或放在单动卡盘、机用虎钳等机床附件中，根据工件的一个或几个表面用划针或指示表找正工件准确位置后再进行夹紧。

② 先按加工要求进行加工面位置的划线工序，然后再按划出的线痕进行找正，实现装夹。

（2）特点

① 这类装夹方法劳动强度大、生产率低、要求工人技术等级高。

② 定位精度较低，由于常常需要增加划线工序，所以增加了生产成本。

③ 只需使用通用性很好的机床附件和工具，因此适用于加工各种不同零件的各种表面，特别适合于单件、小批量生产。

（3）步骤

① 先进行划线，划出槽子的位置。

② 将工件放在立式铣床的工作台上，按划出的线痕进行找正，找正完成后用压板或机用虎钳夹紧工件。

③ 根据槽子线痕位置调整铣刀相对工件的位置，调整好后才能开始加工。

④ 加工中需先试切一段行程，并测量尺寸，根据测量结果再调整铣刀的相对位置，直至达到要求为止。

⑤ 每加工一个工件均重复上述步骤。

用找正法装夹工件不但费工费时，而且加工出一批工件的加工误差分散范围较大。采用夹具装夹工件，不需要进行划线就可把工件直接放入夹具中去。工件的底面支承在两支承板上，端面支承在两齿纹顶支承钉上，这样就确定了工件在夹具中的位置。然后旋紧螺母，通过压板把工件夹紧，完成工件的装夹过程。下一工件进行加工时，夹具在机床上的位置不动，只需松开螺母装卸工件即可。

二、夹具的分类与组成

1. 夹具的分类

按工艺过程的不同，夹具可分为机床夹具、检验夹具、装配夹具、焊接夹具等。

按机床种类的不同，机床夹具又可分为车床夹具、铣床夹具、钻床夹具等。

按所采用的夹紧动力源的不同，夹具又可分为手动夹具、气动夹具等。

根据使用范围，夹具分为通用夹具、专用夹具、组合夹具、通用可调夹具和成组夹具等类型，参见表 2-7。

表 2-7 夹具的种类及用途

夹具种类	用　途
通用夹具	通用性强，被广泛应用于单件小批量生产
专用夹具	专为某一工序设计，结构紧凑、操作方便、生产率高、加工精度容易保证，适用于定型产品的成批和大量生产
组合夹具	由一套预先制造好的标准元件和合件组装而成的专用夹具
通用可调夹具	不对应特定的加工对象，适用范围宽，通过适当的调整或更换夹具上的个别元件，即可用于加工形状、尺寸和加工工艺相似的多种工件
成组夹具	专为某一组零件的成组加工而设计，加工对象明确、针对性强。通过调整可适应多种工艺及加工形状、尺寸

随着机械产品精度的日益提高，势必相应提高了对夹具的精度要求，为此随行夹具就应运而生。随行夹具是自动或半自动生产线上使用的夹具，虽然它只适用于某一种工件，毛坯装上随行夹具后，可从生产线开始一直到生产线终端在各位置上进行各种不同工序的加工。根据这一特点，随行夹具的结构也具有适用于各种不同工序加工的通用性。

2. 夹具的组成

1）定位元件：用于确定工件在夹具中的位置。

2）夹紧装置：用于夹紧工件。

3）对刀、导引元件：确定刀具相对夹具定位元件的位置。

4）其他装置：如分度元件等。

5）连接元件和连接表面：用于确定夹具本身在机床主轴或工作台上的位置。

6）夹具体：用于将夹具上的各种元件和装置连接成一个有机整体。

三、机床夹具设计要求

设计机床夹具时，应满足以下主要要求。

1. 保证工件的加工质量

夹具应具有一定的制造精度，以满足工件加工工序的精度要求，特别对于精加工工序，应适当提高夹具的制造精度，以保证工件的尺寸公差和几何公差等加工要求。满足加工精度要求，是检验夹具性能的第一标准。设计的理念应是事先防止不合格品的出现，而不是事后发现不合格品，致力于制造高品质的产品。

2. 提高劳动生产率，降低成本

夹具应最大限度地提高生产率，同时尽量采用标准元件及标准结构，力求结构简单、制造方便，以求取得最佳技术经济效果。

3. 操作方便，使用安全

夹具在机床上应容易安装、调试，并注意使工件装卸方便、迅速省力，以减轻工人的劳动强度，确保操作者安全。按不同的加工方法，可设置必要的防护装置、挡屑板及各种安全器具。

4. 具有一定的寿命和较低的制造成本

要能保证夹具具有一定的使用寿命和较低的制造成本。夹具元件的材料选择将直接影响夹具的使用寿命，因此，定位元件及主要元件宜采用力学性能较好的材料。对于夹具的低成本设计，目前世界各国都已相当重视。

5. 有良好的结构工艺性

所设计的夹具结构应尽量简单，便于制造、装配、检验和维修。

四、专用夹具的设计步骤

专用夹具的设计步骤可以划分为以下几个阶段。

1. 收集有关资料，明确设计任务

这是具体设计前的准备阶段。首先分析研究工件的结构特点、工艺规程、材料、生产规模

和本工序加工表面、加工余量及加工要求,然后收集加工中所用设备、刀具及与夹具设计有关的资料,并了解工厂制造、使用夹具的情况,以及国内外新技术、新工艺的应用,以便吸收先进技术并应用于生产。

2. 拟订夹具结构方案,绘制结构草图

这是夹具设计的重要阶段。在分析各种原始资料的基础上,拟订结构方案时要解决如下问题:

1)确定工件的定位方案,选择定位装置。

2)确定工件的夹紧方案,选择夹紧装置。

3)确定其他元件及装置的结构型式,如对刀装置、导引装置、分度装置、定向键等。

4)考虑各种装置、元件的布局和连接方法,确定夹具体的总体结构。

对于夹具的总体结构,最好考虑几个方案,并绘出草图,经过分析比较,从中选取最合理的方案。

3. 绘制夹具总装图

夹具总装图应遵循国家制图标准来绘制,绘图比例尽量采用1:1。总装图必须能够清楚地表达夹具的工作原理和整体结构,表示各种装置、元件的相互位置等。主视图应取操作者实际工作时的位置,以作为装配时的依据并供使用时参考。

绘制总装图的顺序一般是:工件→定位元件→导引元件→夹紧装置→其他装置→夹具体。

需要说明的是,夹具中工件的轮廓应用双点画线画出,并视为假想透明体,不影响其他元件的绘制。

4. 确定并标注有关尺寸和夹具的技术条件

一般包括以下几个方面:

1)最大轮廓尺寸。指夹具的长、宽、高的最大值或最大回转直径和厚度。如果夹具中有活动部分,应用双点画线标出最大活动范围。

2)影响定位精度的尺寸和公差。主要指工件与定位元件的配合尺寸和公差,以及定位元件之间的尺寸和公差。

3)影响对刀精度的尺寸和公差。主要是指刀具与对刀元件(如对刀块)或刀具与导向元件(如钻套、镗套)之间的尺寸和公差。

4)影响夹具精度的尺寸和公差。主要是指定位元件、对刀或导向元件、夹具安装基准面三者之间的位置尺寸和公差。

5）影响夹具在机床上安装精度的尺寸和公差。主要是指夹具安装基准面与机床相应的配合表面之间的尺寸和公差。如铣床夹具中的定位键与夹具体和机床工作台 T 形槽的配合尺寸和公差、车床夹具安装基准面和主轴配合表面的配合尺寸和公差等。

6）其他重要尺寸和公差。主要是指一般机械设计中应标注的一些尺寸、公差，如铰链轴和孔的配合、钻套的衬套和钻模板之间的配合等。

上述应在夹具总装图上标注的尺寸和几何公差项目中的 2）~ 5）项均会直接影响工件的加工精度，其公差值应根据产量大小、加工精度要求的高低，按下面公式选取

$$T_K = (1/2 - 1/5)T_G \qquad (2\text{-}2)$$

式中　T_K——夹具总装图上标注的尺寸或几何公差；

　　　T_G——与 T_K 相对应的工件上的尺寸或几何公差。

另外，有些在夹具总装图中无法用符号标注而又必须给予说明的要求，可作为技术要求用文字写在总装图的空白处，如几个支承钉采用装配后再磨削达到等高、夹具使用时的操作顺序、装配时修磨调整垫圈等。

5. 夹具精度分析

当夹具的结构方案确定后，就应对方案进行精度分析和估算，以确保工件的加工精度。在夹具总装图设计完成之后，有必要根据夹具有关元件在总装图上的配合性质和技术要求等，再进行一次详细复算，这也是夹具校核者必须进行的一项工作，尤其是对于关键工序所使用的夹具。

工件装夹在夹具中加工时，影响加工精度的因素主要包括：定位误差 Δ_D、对刀误差 Δ_T、夹具安装误差 Δ_A、夹具本身误差 Δ_J 及加工方法误差 Δ_G，其中前四项均与夹具有关，可分别计算，第五项一般根据经验取工件公差 T_G 的 1/3，这样，在夹具中加工某工件时的总误差 $\sum \Delta$ 为上述各项误差的综合反映。所以，保证该工序加工精度的条件是

$$\sum \Delta = \sqrt{\Delta_D^2 + \Delta_T^2 + \Delta_A^2 + \Delta_J^2 + \Delta_G^2} < T_G \qquad (2\text{-}3)$$

即工件的总加工误差应小于工件的尺寸公差 T_G。满足上述条件，说明夹具的精度是能满足工序加工精度要求的，否则就要重新确定夹具的制造精度，甚至更改方案。

6. 编写零件明细栏和标题栏

7. 绘制夹具零件图

夹具中非标准零件都需绘制零件图，在确定这些零件的尺寸、公差或技术要求时，应注意使其满足夹具总装图的要求。

五、专用夹具设计举例

图 2-20 所示为小连杆铣槽工序图,生产类型为中批量生产,现设计铣槽的专用夹具,并通过这个例子进一步说明机床夹具设计时主要解决的问题和设计思路。

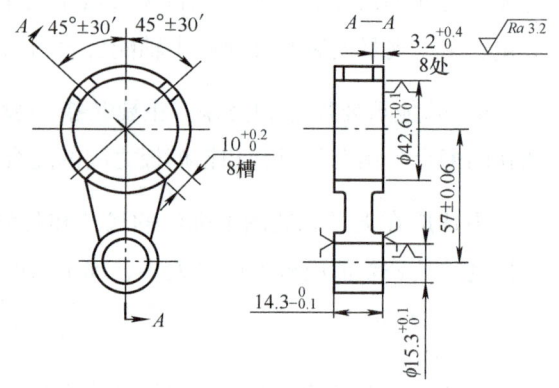

图2-20 小连杆铣槽工序图

1. 明确设计要求,对工件及工序图进行分析

本工序要求铣连杆大头两端面上的 8 个槽,槽宽 $10_0^{+0.2}$ mm,槽深 $3.2_0^{+0.4}$ mm,槽的中心线与两孔中心连线成 $45°±30'$,表面粗糙度值为 $Ra3.2\mu m$。

工序图上标明,该工序的定位基准为已加工的两孔及工件孔端的两个端平面,加工时选用三面刃铣刀,在卧式铣床上加工,槽宽由铣刀尺寸保证,槽深和角度位置由夹具和调整对刀来保证。

2. 确定定位方案和结构设计

因为定位基准的选择应尽量符合基准重合原则,对于工件槽深要求来说,按照图中的工序基准就应该选择加工槽所在的端平面为定位基准,但这样夹具上的定位表面就必然设计成朝下方才能在工件的定位基准所在的端面上开槽,显然工件定位夹紧机构会非常复杂,操作也不方便。如果选择与所加工槽相对的另一端面为定位基准,则会引起基准不重合误差 $Δ_B$,$Δ_B$ 的值为两端面间的尺寸公差 0.1mm。由于所加工的槽深公差规定为 0.4mm,根据经验估计,这样选择可以保证槽深的要求,而且夹具的整体结构会非常简单,操作也很方便,所以决定采用后一种定位方案。

对于槽的角度位置 $45°±30'$ 要求,工序要求是以大孔中心为基准,并与两孔连线成 $45°±30'$。现在以两孔为定位基准,在大孔中采用圆柱销配合定位,小孔中用菱形销定位(图 2-21),完全符合基准重合原则,定位精度较高。

3. 夹紧方案的确定及结构设计

设计夹紧机构时,应考虑动作快速、可靠,不碰刀,同时为了保证加工的稳定性,夹紧点应尽量接近被加工部位。因此,此工件的夹紧点应选择在大孔端面,同时考虑到生产批量不大,采用两个手动螺旋压板,虽然夹紧略费时间,但结构简单,标准件多,且夹紧可靠,另外在压板外侧设有防转销,使用也很方便,能满足生产要求。

4. 分度机构的设计

由于该工序要求在每个端面铣 4 个槽,所以就要考虑加工中的分度问题。针对此例可以有两种方案：一是采用分度装置，当加工完一对槽后，将分度盘连同工件一起转过 90°，再加工另一对槽，然后翻转工件加工另一面；另一种方案是在夹具体上安装两个相差 90° 的菱形销，如图 2-21 所示，加工完一对槽后卸下工件，将其转过 90° 再安装在另一个菱形销上，重新夹紧加工另一对槽，之后再翻转工件，按同样方法加工另一面的 4 个槽。显然有分度装置的夹具结构要复杂很多，而第二种方案虽然操作略费时，但结构简单，也是可行的。

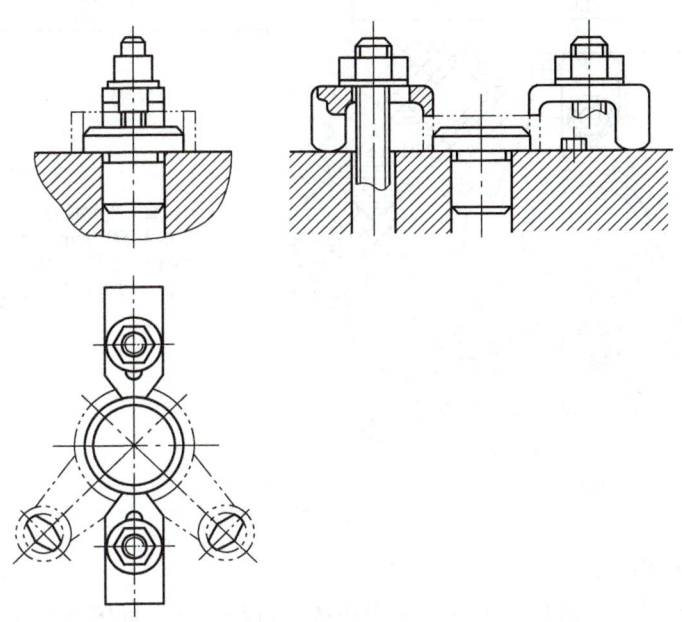

图2-21　铣槽夹具的设计过程

5. 对刀及夹具的安装方案的确定

由于槽的加工要保证刀具两个方向的位置，为了快速对刀，夹具上安装了对刀块。为了保证对刀块的方向与工作台纵向进给运动方向一致，整个夹具在工作台上安装时采用的是一对定位键定向，在夹具体两端的耳座中穿入 T 形螺栓，用螺母夹紧。

6. 绘制夹具总装图

夹具结构方案确定后，就可着手绘制夹具总装图，最后得到的夹具总装图如图 2-22 所示。步骤如下：

1）用双点画线绘出工件在加工位置的外形轮廓。

2）绘制定位元件。

3）绘制夹紧装置。

4）绘制对刀块、夹具体。

5）绘制定位键，并绘出连接件把各元件连接在一起。

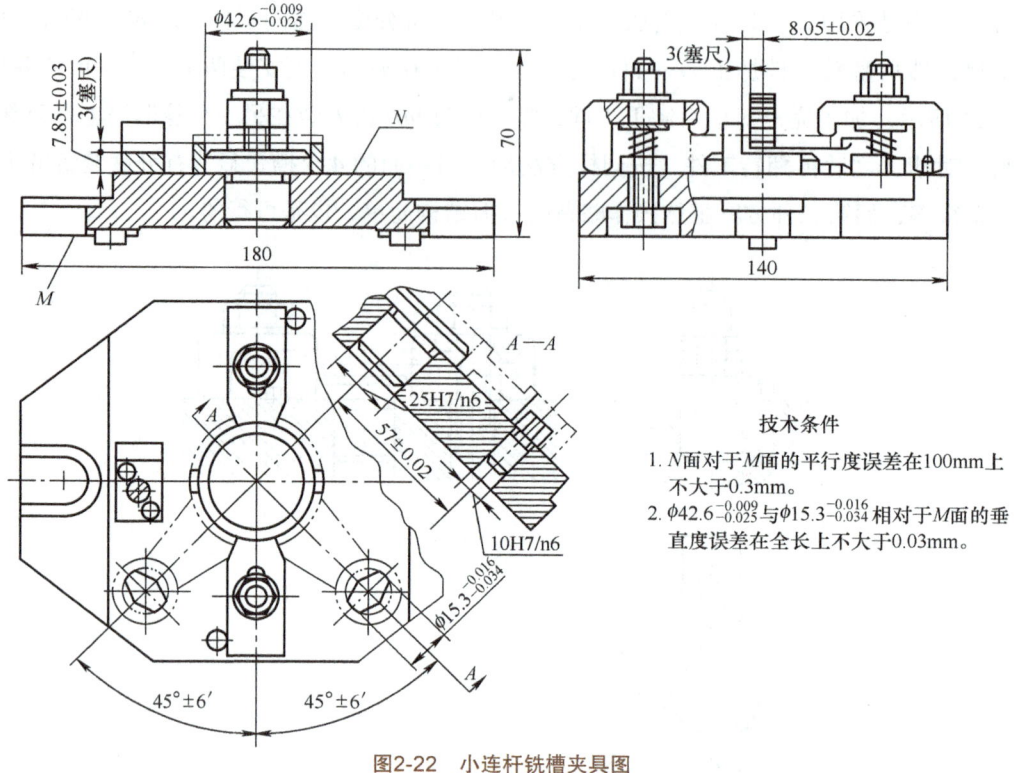

图2-22 小连杆铣槽夹具图

7. 标注尺寸和技术要求

按照前述夹具总装图上应标注的技术要求应逐一进行标注，如图 2-22 所示（此图中只标注了部分主要的技术要求），现对其中几项主要内容分析如下：

1）外形尺寸：180mm × 140mm × 70mm。

2）两定位销直径及公差、两定位销之间的距离及公差：圆柱定位销直径按 g6 选取为 $\phi 42.6_{-0.025}^{-0.009}$ mm；菱形销定位圆柱部分按 f7 选取为 $\phi 15.3_{-0.034}^{-0.016}$ mm；两销间的距离尺寸与公差按连杆相应尺寸公差 ±0.06mm 的 1/3 取值，为 ±0.02mm，所以该尺寸标注为（57 ± 0.02）mm；为保证槽的角度要求，两菱形销安装位置的角度公差可取严一些，为工件相应角度公差 ±30' 的 1/5，即 ±6'，所以该角度标注为 45° ± 6'。

3）定位平面 N 到对刀块底面之间的尺寸关系到槽深精度，而连杆上相应的这个尺寸是由尺寸 $3.2_{0}^{+0.4}$ mm 和 $14.3_{-0.1}^{0}$ mm 间接决定的，经过尺寸链的换算（$3.2_{0}^{+0.4}$ mm 是封闭环），得到这个尺寸为 $1.1_{-0.4}^{-0.1}$ mm。因为夹具的工序尺寸是按要保证的槽深相应尺寸的平均值标注，将上面算得的尺寸改写为（10.85 ± 0.15）mm，然后再减去塞尺的厚度 3mm，得 7.85mm，此尺寸的公差取为工件上尺寸公差 ±0.15mm 的 1/2 ~ 1/5，最终取 ±0.03mm，所以最终夹具总装图上对刀块底面到定位面 N 的距离应标注为（7.85 ± 0.03）mm。

考虑到塞尺的尺寸，对刀块水平方向的工作表面到定位圆柱销中心的距离为（8.05 ± 0.02）mm

（取工件相应尺寸公差的 1/2 ~ 1/5）。

4）在夹具总装图上还应标注以下技术要求：定位平面 N 对夹具体底面 M 的平行度误差为 0.03mm/100mm；两定位销中心线与 M 面的垂直度误差在全长上不大于 0.03mm。

此外，夹具总装图上还应标注定位键工作侧面与对刀块垂直面的平行度（图中未注出），定位键与安装槽之间的配合（图中未注出），以及其他一些机械设计时应标注的尺寸及公差等。

单元4　典型零件的工艺规程

一、轴类零件的结构特点和技术要求

轴类零件在机器中用来支承传动零件，以实现运动和动力的传递，并保证装在轴上的零件具有一定的回转精度。

1. 结构特点

轴类零件的长度大于直径，按长径比来区分，当 $L/D < 6$ 时，为短轴；当 $L/D > 20$ 时，为细长轴。

轴类零件的加工表面通常为内外圆柱面、内外圆锥面、螺纹和相应的端面、花键、键槽、沟槽和径向孔等。按结构形状不同，轴可分为光轴、阶梯轴、空心轴、曲轴等。

2. 技术要求

1）尺寸精度：主要轴颈（指配合、支承轴颈）的尺寸公差等级，一般为 IT9 ~ IT6，机床主轴支承轴颈的尺寸公差等级为 IT5，甚至更高。

2）几何精度：主要有圆度、圆柱度的要求，其公差一般控制在尺寸公差以内。支承轴颈之间有同轴度要求，工作表面、配合表面对支承轴颈有跳动要求。

3）表面粗糙度：一般为 $Ra0.8 ~ 0.16\mu m$。

4）热处理：为了获得具有一定强度、硬度和耐磨性及其他特殊要求的零件，通常要安排热处理及表面处理。一般常采用的热处理方法有正火、调质、高频淬火等。为了表面美观和防腐，还安排有电镀、发蓝等表面处理方法。

5）其他要求：对高速回转的轴零件应有静、动平衡的要求；对有安全要求的轴件，应安排探伤检查。

3. 轴类零件的材料、毛坯和热处理

轴类零件的毛坯常用棒料和锻件。光滑轴和直径相差不大的非重要阶梯轴宜选用棒料，一般比较重要的轴大都选用锻件作为毛坯，只有某些大型的、结构复杂的轴采用铸件。轴类零件应根据不同的工作条件和使用要求选用不同的材料，并且采用不同的热处理方法，以获得一定的强度、韧性和耐磨性。

4. 轴类零件加工工艺分析

（1）加工工艺规程的编制　以编制图 2-23 所示轴的加工工艺规程为例进行说明。

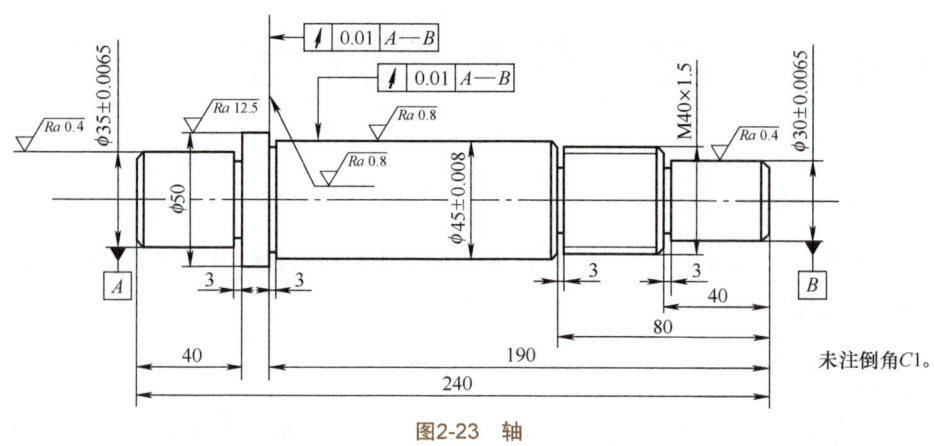

图2-23　轴

由于生产批量小，为简化工艺管理，降低成本，采用通用机床设备，以工序集中的原则拟订该零件的机械加工工艺规程。

1）工艺过程卡：列出整个零件加工所经过的工艺路线（毛坯、机械加工、热处理），完成各道工序的车间（工段）和工时定额，一般不用于指导工人操作，而多用于生产管理。

2）工序卡：具体指导工人操作，是根据工艺过程卡为每个工序制订的，多用于大批大量生产，详细规定了该工序加工所必须的工艺资料。

3）工艺卡：以工序为单位详细说明整个工艺过程，广泛应用于成批生产，或小批生产的重要零件。

（2）定位基准的选择　本例采用顶尖孔为定位基准，实现基准统一。在一次安装中加工出各段外圆表面和端面，保证了各外圆表面的同轴度和外圆与端面的垂直度。本例中的轴为实心轴，粗加工后打顶尖孔，以后工序都用顶尖孔定位。

对于空心轴，中心孔钻出后，顶尖孔消失，可采用下面方法：中心孔直径较小时，可直接在孔口倒出宽度不大于 2mm 的 60°锥面，用倒角锥面代替中心孔。在不宜采用倒角锥面作为定位基准时，可采用带中心孔的锥堵或带锥堵的拉杆心轴。精基准选择的另一方案是采用支承轴颈定位，因为支承轴颈既是装配基准，也是各个表面相互位置的设计基准，这样定位符合基准

重合原则。

（3）加工阶段的划分　粗、精加工分开，防止粗加工后的残余应力引起工件变形。

5. 轴类零件中心孔的修研

中心孔作为轴类零件在加工过程中的主要定位精基准，对保证加工精度起着重要的作用。但是，在加工过程中由于力的作用及热处理的影响，会使中心孔定位面产生变形，将直接影响定位精度。为此，须对中心孔进行修研，其方法有：

1）硬质合金顶尖修研。一般在车床上进行，一端为硬质合金顶尖，另一端为普通顶尖，工件安装在两定尖之间，工人手持工件不动，硬质合金顶尖在车床主轴带动下回转，由硬质合金顶尖上的棱边切除掉一层微薄的金属，从而校正中心孔的定位精度。此种修研方法，生产率较高，一般 2～5s 即完成修研，加工质量高，圆度公差达 0.001mm，表面粗糙度为 $Ra0.63～0.32\mu m$，适用于一般精度轴类零件中心孔的修研。

2）用油石或橡胶砂轮顶尖修研。

3）用铸铁顶尖修研。

4）用中心孔专用磨床磨削。

二、套筒类零件的加工工艺

1. 概述

套筒类零件简称套类零件，是机械中常见的一种零件。它的应用范围很广，如支承旋转轴的各种形式的滑动轴承、夹具上引导刀具的导向套、内燃机气缸套、液压系统中的液压缸及一般用途的套筒，如图 2-24 所示。由于其功用不同，套筒类零件的结构和尺寸有着很大的差别，但其结构上仍有共同点，即零件的主要表面为同轴度要求较高的内外圆表面；零件壁的厚度较薄且易变形；零件长度一般大于直径等。

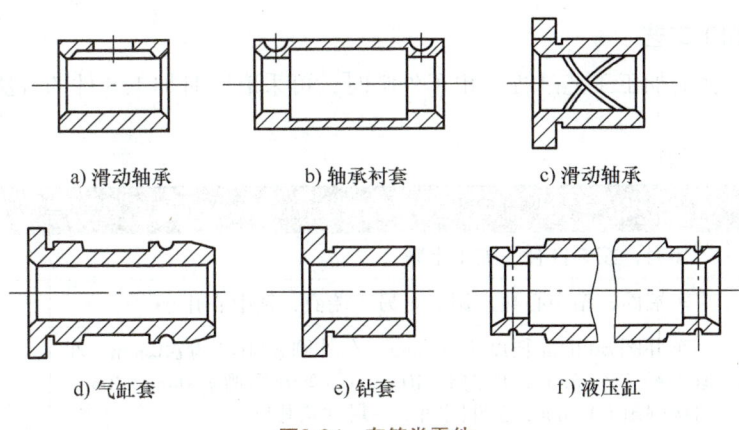

图2-24　套筒类零件

套筒类零件的加工工艺，根据其功用、结构形状、材料和热处理以及尺寸大小的不同而异。就其结构形状来划分，大体可以分为短套筒和长套筒两大类。在加工中，其装夹方法和加工方法都有很大的差别。

各种套筒类零件虽然结构和尺寸有很大差异，但却具有以下共同特点：

1）外圆直径 D 一般小于其长度 L，通常长径比（L/D）小于5。

2）内孔与外圆直径之差较小，即零件壁厚较小，易变形。

3）内外圆回转表面的同轴度公差很小。

4）结构比较简单。

下面以轴承套为例讲述套筒类零件的加工工艺。如图2-25所示的轴承套，材料为 ZQSn6-6-3，每批数量为200件。

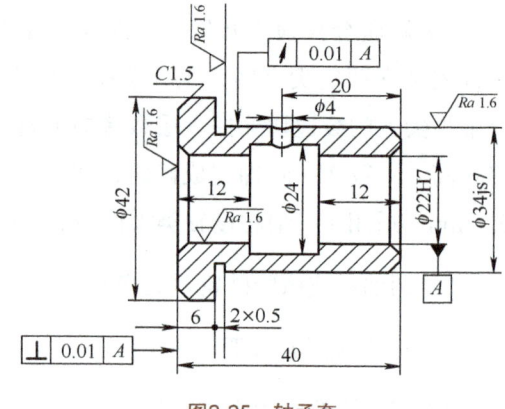

图2-25 轴承套

2. 轴承套的技术条件和工艺分析

该轴承套属于短套筒，材料为锡青铜。主要技术要求为：$\phi 34js7$ 外圆对 $\phi 22H7$ 孔轴线的径向圆跳动公差为0.01mm；左端面对 $\phi 22H7$ 孔轴线的垂直度公差为0.01mm。轴承套外圆尺寸公差等级为IT7，采用精车可以满足要求；内孔尺寸公差等级也为IT7，采用铰孔可以满足要求。内孔的加工顺序为：钻孔→车孔→铰孔。

由于外圆对内孔轴线的径向圆跳动公差要求在0.01mm内，用软卡爪装夹无法保证。因此精车外圆时应以内孔为定位基准，使轴承套在小锥度心轴上定位，用两顶尖装夹。这样可使加工基准和测量基准一致，容易达到图样要求。

车铰内孔时，应与端面在一次装夹中加工，以保证端面与内孔轴线的垂直度公差在0.01mm以内。

3. 轴承套的加工工艺

表2-8为轴承套的加工工艺过程。粗车外圆时，可采取同时加工5件的方法来提高生产率。

表2-8 轴承套的加工工艺过程

序号	工序名称	工序内容	定位与夹紧
1	备料	棒料，按5件合一加工下料	
2	钻中心孔	车端面，钻中心孔；调头车另一端面，钻中心孔	三爪夹外圆
3	粗车	车外圆 $\phi 42$mm 长度为6.5mm，车外圆 $\phi 34js7$ 为 $\phi 35$mm，车退刀槽 2×0.5mm，取总长40.5mm，车分割槽 $\phi 20$mm$\times 3$mm，两端倒角 $C1.5$mm，5件同加工，尺寸均相同	中心孔

（续）

序号	工序名称	工序内容	定位与夹紧
4	钻	钻孔 $\phi22H7$ 至 $\phi22$mm 成单件	软爪夹 $\phi42$mm 外圆
5	车、铰	车内槽 $\phi24$mm×16mm 至尺寸；铰孔 $\phi22H7$mm 至尺寸；孔两端倒角	软爪夹 $\phi42$mm 外圆
6	精车	车 $\phi34js7$（±0.012mm）至尺寸	$\phi22H7$ 孔心轴
7	钻	钻径向油孔 $\phi4$mm	$\phi34$mm 外圆及端面
8	检查		

三、箱体类零件的加工工艺

箱体类零件是机器或部件的基础零件，它将机器或部件中的轴、套、齿轮等有关零件组装成一个整体，使它们之间保持正确的相互位置，并按照一定的传动关系协调地传递运动或动力。箱体的加工质量将直接影响机器或部件的精度、性能和寿命。

常见的箱体类零件有：机床主轴箱、机床进给箱、变速箱体、减速箱体、发动机缸体和机座等。根据箱体类零件的结构类型不同，可分为整体式箱体和分离式箱体两大类。前者是整体铸造、整体加工，加工较困难，但装配精度高；后者可分别制造，便于加工和装配，但增加了装配工作量。

下面以减速箱为例讲述箱体类零件的加工工艺。一般的减速箱，为了制造与装配的方便，常做成可分离的，如图2-26所示。箱盖如图2-27所示，底座如图2-28所示，箱体合装后如图2-26所示。箱盖、底座和合装后的加工工艺过程分别见表2-9、表2-10和表2-11。

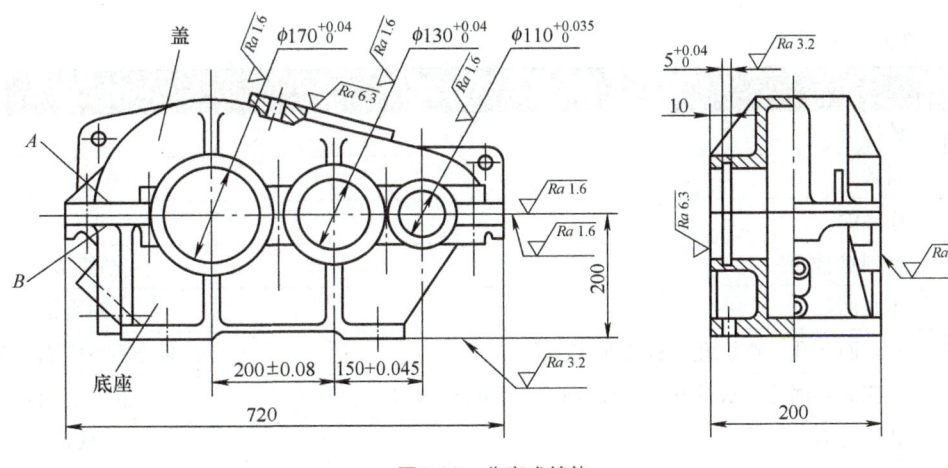

图2-26　分离式箱体

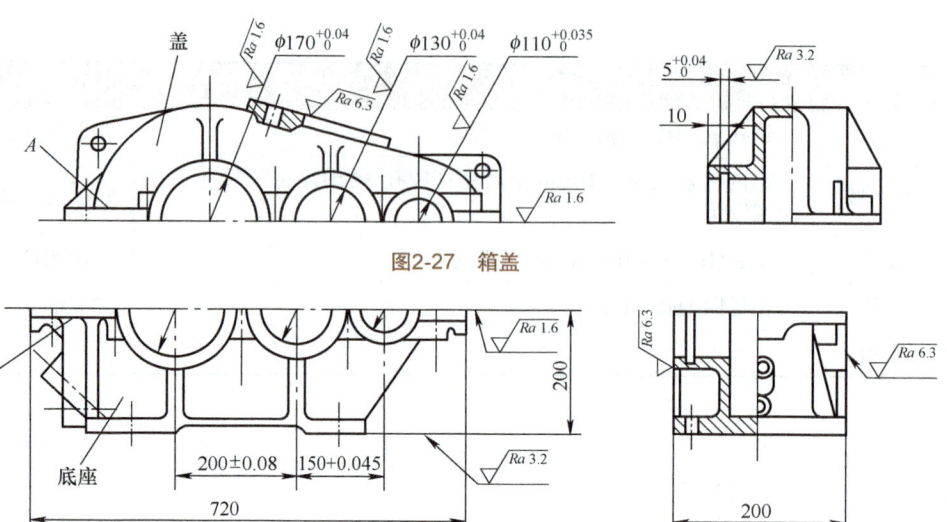

图2-27 箱盖

图2-28 底座

表2-9 箱盖的加工工艺过程

序号	工序内容	定位基准
10	铸造	
20	时效	
30	涂底漆	
40	粗刨对合面	凸缘 A 面
50	刨底面	对合面
60	钻底面4孔、锪沉孔、铰2个工艺孔	对合面、端面、侧面
70	钻侧面测油孔、放油孔、螺纹底孔、锪沉孔、攻螺纹	底面、两孔
80	磨对合面	底面
90	检验	

表2-10 底座的加工工艺过程

序号	工序内容	定位基准
10	铸造	
20	时效	
30	涂底漆	
40	粗刨对合面	凸缘 B 面
50	刨底面	对合面
60	钻底面4孔、锪沉孔、铰2个工艺孔	对合面、端面、侧面
70	钻侧面测油孔、放油孔、螺纹底孔、锪沉孔、攻螺纹	底面、两孔
80	磨对合面	底面
90	检验	

表 2-11　箱体合装后的加工工艺过程

序号	工序内容	定位基准
10	将盖与底座对准合笼夹紧，配钻、铰两定位销孔，打入锥销，根据盖配钻底座结合面的连接孔，锪沉孔	
20	拆开盖与底座，修毛刺；重新装配箱体，打入锥销，拧紧螺栓	
30	铣两端面	底面及两孔
40	粗镗轴承支承孔，割孔内槽	底面及两孔
50	精镗轴承支承孔，割孔内槽	底面及两孔
60	去毛刺、清洗、打标记	
70	检验	

分离式箱体的主要技术要求：

1）对合面对底座的平行度误差不超过 0.5mm/1000mm。

2）对合面的表面粗糙度值小于 $Ra1.6\mu m$，两对合面的接合间隙不超过 0.03mm。

3）轴承支承孔必须在对合面上，位置误差不超过 ±0.2mm。

4）轴承支承孔的尺寸公差等级为 H7，表面粗糙度值小于 $Ra1.6\mu m$，圆柱度误差不超过孔径公差的 1/2，孔距精度误差为 ±（0.05～0.08）mm。

由此可见，分离式箱体虽然遵循一般箱体的加工原则，但是由于结构上的可分离性，因而在工艺路线的拟订和定位基准的选择方面均有一些特点。

1. 加工路线

分离式箱体的工艺路线与整体式箱体的工艺路线的主要区别在于：整个加工过程分为两个阶段。第一阶段先对箱盖和底座分别进行加工，主要完成对合面及其他平面、紧固孔和定位孔的加工，为箱体的合装做准备；第二阶段在合装好的箱体上加工孔及其端面。在两个阶段之间安排钳工工序，将箱盖和底座合装成箱体，并用两销定位，使其保持一定的位置关系，以保证轴承孔的加工精度和拆装后的重复精度。

2. 定位基准

（1）粗基准的选择　分离式箱体最先加工的是箱盖和底座的对合面。分离式箱体一般不能以轴承孔的毛坯面作为粗基准，而是以凸缘不加工面为粗基准，即箱盖以凸缘 A 面为粗基准，底座以凸缘 B 面为粗基准。这样可以保证对合面凸缘厚薄均匀，减少箱体合装时对合面的变形。

（2）精基准的选择　分离式箱体的对合面与底面（装配基准面）有一定的尺寸精度和相互位置精度要求；轴承孔轴线应在对合面上，与底面也有一定的尺寸精度和相互位置精度要求。为了保证以上几项要求，加工底座的对合面时，应以底面为精基准，使对合面加工时的定位基准与设计基准重合;箱体合装后加工轴承孔时,仍以底面为主要定位基准,并与底面上的两定位孔组成典型的"一面两孔"定位方式。这样,轴承孔加工的定位基准既符合"基准统一"原则,也符合"基准重合"原则,有利于保证轴承孔轴线与对合面的重合度及与装配基准面的尺寸精度和平行度。

习题

2-1 什么是生产过程、工艺过程和工序?

2-2 生产类型有哪几种?不同生产类型对零件的工艺过程有哪些主要影响?

2-3 机械加工中,工件的安装方法有哪几类?各适用于什么场合?

2-4 什么是工序余量和总余量?它们之间是什么关系?

2-5 什么是工件的"六点定位原理"?加工时,工件是否要完全定位?

2-6 什么是基准?根据其作用的不同,基准分为哪几种?

2-7 切削加工工序安排的原则是什么?

2-8 加工轴类零件时,常以什么作为统一标准?为什么?

2-9 一般夹具有哪几个组成部分?各起什么作用?

2-10 工件在夹具中定位、夹紧的任务是什么?它们的目的有何不同?

2-11 夹具在机床上的连接安装有哪几种方式?常用的连接元件有哪些?

2-12 夹具设计的步骤是什么?在夹具总装图上应标注哪些尺寸和技术要求?

模块三 数控加工

一、教学目标

（一）能力目标

通过学习阶梯轴的数控加工，使学生具备编制外圆柱面、锥面、台阶、沟槽的数控加工程序的能力，掌握阶梯轴零件的工艺设计能力；了解数控编程的种类和步骤，熟悉数控加工程序的结构，了解常用的编程指令，进而培养学生操作数控机床加工零件和质量检验的能力和安全文明生产的习惯。

（二）知识目标

1. 了解数控技术与数控机床的基本概念。
2. 了解数控机床的组成、分类、工作过程与性能指标。
3. 掌握数控车床的构造与操作面板。
4. 了解数控车床的基本操作和编程指令。
5. 熟悉数控编程的种类、步骤和数控加工程序的结构，了解常用的编程指令，掌握数控机床坐标系的确定。
6. 熟悉数控车削阶梯轴的加工工艺分析过程及各种工艺资料的填写。
7. 掌握编制阶梯轴零件的数控加工程序的方法。

（三）素质目标

1. 培养学生具有较高的科学素养，具有健康的体魄和心理。
2. 培养学生养成遵法守纪、诚实守信、热爱劳动的良好品德和强烈社会责任感。
3. 掌握制订职业规划的正确方法，并具备完成职业规划的能力。

二、工作案例：阶梯轴的数控加工

轴类零件是经常遇到的典型零件之一，它主要用来支承传动零部件，传递转矩和承受载荷。轴类零件按结构类型不同，一般可分为光轴、阶梯轴和异形轴三类。轴类零件是旋转体零件，其长度大于直径，一般由同心轴的外圆柱面、圆锥面、内孔、螺纹及相应的端面所组成。

本案例中的阶梯轴采用数控车削加工。阶梯轴是常见的支承、传动零件，如图 3-1 所示。给定的毛坯为 $\phi30mm \times 125mm$ 的棒料，材料为 45 钢。要求分析零件的加工工艺，填写工艺文件，编写零件的加工程序。

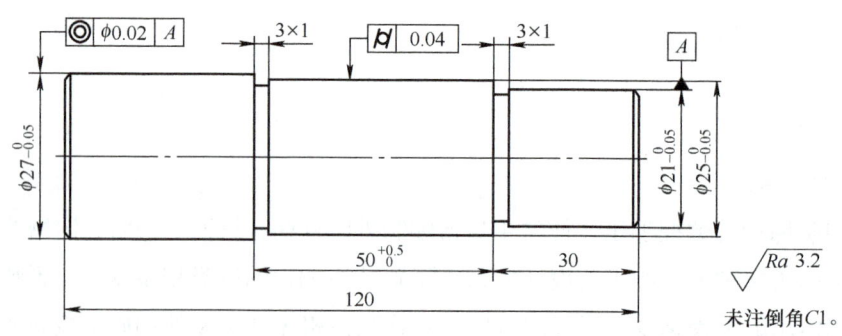

图3-1 阶梯轴

图 3-1 所示阶梯轴有 3 个台阶面、两处直槽，前后两端台阶同轴度公差为 $\phi0.02mm$，中段轴颈有圆柱度要求，其公差为 0.04mm。径向尺寸中 $\phi27mm$、$\phi25mm$、$\phi21mm$ 精度要求较高，轴向尺寸中 $\phi25mm$ 外圆段有长度公差要求，表面粗糙度值不大于 $Ra3.2\mu m$。

轴类零件的主要特点是长度大于直径，加工表面为内外圆柱面、圆锥面、螺纹、花键、沟槽等，有一定的回转精度。

数控车削适合于加工精度和表面粗糙度要求较高、轮廓形状复杂或难于控制尺寸、带特殊螺纹的回转体零件。由于数控车床加工受零件加工程序的控制，因此，在数控车床或车削加工中心上加工零件时，首先要根据零件图制订合理的工艺方案，然后才能进行编程、实际加工及零件测量检验。

要想完成本次案例，学生需要学习零件数控车削加工工艺分析、确定零件加工工序和装夹方式、加工顺序的安排、确定刀具路径等相关知识。

单元1　数控加工概述

一、数控技术与数控机床

数控即数值控制（Numerical Control），简称 NC，是指利用数值数据的控制装置，在运行过程中，不断地引入数值数据，从而对某一生产过程实现自动控制，其控制对象可以是各种生产过程，可以控制一台或多台机械设备运行。数控技术所涉及的控制量通常是位置、角度、速度等机械量以及与机械能量流向有关的开关量。数控机床就是采用了数控技术的机床，是集机械制造、计算机、自动控制、电机及拖动、电力电子、传感器、机床电器及 PLC、气液压以及网络通信等技术为一体的自动化金属切削设备，是典型的机电一体化产品。

数控加工基本知识（1）

自从 20 世纪中叶数控技术创立以来，它给机械制造业带来了革命性的变化，数控技术已成为制造业实现自动化、柔性化、集成化生产的基础技术，CAD/CAM、FMS 和 CIMS、敏捷制造和智能制造等，都建立在数控技术之上。数控技术是国家的战略技术，基于它的相关产业是体现国家综合国力水平的重要基础性产业；21 世纪机械制造业的竞争，其实质是数控技术的竞争。

1. 数控技术相关概念

数控技术综合了微电子技术、计算机应用技术、自动控制技术及精密机床设计与制造技术，具有专用机床的高效率，精密机床的高精度和通用机床的高柔性等显著特点，适合多变、复杂、精密零件的高效、自动化加工。

下面是一些常用的数控技术名词。

（1）数值控制　利用数字化的代码构成的程序对控制对象的工作过程实现自动控制的方法。是一种借助数字、字符或其他符号对某一工作过程（如加工、测量、装配等）进行可编程控制的自动化方法。

（2）数控技术　是指用数字、字母和符号对某一工作过程进行可编程的自动控制技术。

（3）数控系统　使用数值数据的控制系统。其基本组成包括数控装置和驱动装置两部分。

（4）数控装置　对机床进行控制，并完成零件自动加工的专用控制系统。

（5）计算机数控　由计算机承担数控系统中命令发生器和控制器的数控系统，是一种以计算机为核心的数控系统。

（6）数控机床　数控机床是数值控制机床的简称，是一种装有程序控制系统的自动化机床。该机床系统能够逻辑地处理具有控制编码或其他符号指令规定的程序，并将其译码，从而使机床动作并加工零件。数控机床的操作和监控全部在数控单元中完成，它是数控机床的大脑。

2. 数控技术与数控机床的产生与发展

随着科技与生产的发展，机械产品日益精密复杂，更新换代日趋频繁，要求加工设备具有更高的精度和效率。另外，在产品加工过程中，单件小批量生产的零件约占机械加工总量的 80% 以上，加工品种多、批量少、形状复杂的零件要求通用性和灵活性较高的加工设备。数控机床就是一种灵活、通用、高精度、高效率的"柔性"自动化生产设备。

数控机床是为了解决复杂型面零件加工自动化而研制的。大约在 1948 年首先出现了数控机床的设想。几年后试制成功世界上第一台数控机床样机。之后数控机床走过了电子管、晶体管、集成电路三代发展历程。

以上三代，都属于硬件逻辑数控系统（称为 NC）。

随着计算机技术的发展，小型计算机应用于数控机床中，由此组成的数控系统称为计算机数控（CNC），数控系统进入第四代。随着微处理机的出现，以微处理机为核心的数控系统称为第五代数控系统（MNC，通称为 CNC）。自此，开始了数控机床大发展的时代。

进入 20 世纪 80 年代，微处理机升档更加迅速，极大地促进了数控机床向柔性制造单元（FMC）、柔性制造系统（FMS）方向发展，并奠定了向规模更大、层次更高的生产自动化系统发展的基础。

数控技术的发展主要经历了以下几个阶段：

（1）第一代数控 以三坐标数控系统为标志，系统全部采用电子管元件，逻辑运算与控制采用硬件电路完成，称为硬件数控系统。

（2）第二代数控 采用晶体管分立元件电路的专用数控装置，晶体管元件和印制电路板广泛应用于数控系统，成为第二代数控系统的标志。

（3）第三代数控 由于小规模集成电路的出现，数控系统的可靠性得以进一步提高，从而推动了数控系统的发展。

（4）第四代数控 随着微电子技术的发展，采用大规模集成电路的小型通用计算机控制的数控系统，小型计算机逐渐取代数控系统中的专用计算机，使许多控制功能可以依靠编制专用程序来完成，实现了软件控制。

（5）第五代数控 中、大规模集成电路技术获得巨大发展，采用微处理器的微型计算机控制的数控系统出现，由此产生了以微处理器为 CNC 系统核心的第五代数控系统。

（6）第六代数控 基于 PC-NC 的新一代数控充分利用了现有 PC 机的软硬件资源，数控系统的发展以高速度、高精度、智能化为显著特点。与前几代数控系统相比，第六代数控系统有不可比拟的先进性，一是具有很强的通用性，二是数控系统的存储量大幅度提高，三是在使用上具有很强的灵活性，可以广泛使用图形和数据库技术，为软件技术的广泛使用提供了支撑，四是第六代数控系统使机械加工的网络化设想成为可能。

3. 国内外研究现状

（1）国外现状　目前，在数控技术研究应用领域主要有两大阵营，一个是以发那科（FANUC）、西门子（SIEMENS）为代表的专业数控系统厂商；另一个是以山崎马扎克（MAZAK）、德玛吉（DMG）为代表，自主开发数控系统的大型机床制造商。DMG推出了CELOS系统，简化和加快了从构思到成品的过程，其应用程序（CELOS APP）如同操作智能手机一样简便直观，可完成机床数据、工艺流程，以及合同订单等操作和显示，实现数字化和文档化管理。CELOS系统可以实现车间与公司高层的整合。

（2）国内现状　我国于1958年开始研制数控机床，直到20世纪70年代，由于国外的技术封锁和我国基础条件的限制，数控技术发展较为缓慢。在生产中广泛使用简易的数控机床，20世纪80年代初，由于引进了国外先进的数控技术，我国数控机床在质量和性能上都有了很大提高，20世纪90年代起，我国向高档数控机床方向发展，比较典型的有航天Ⅰ型、华中Ⅰ型、华中-2000型等，近几年来，我国数控产业发展迅速，其中以华中数控、广州数控、航天数控等为代表。我国目前已能生产100多种数控机床，数控产品达几千种以上。产品技术性能指标较为成熟，价格合理，在国际市场上具有一定的竞争力。目前，我国已进入高速、高精度数控机床生产国行列，成功开发出了9轴联动、可控16轴的高档数控系统，打破了发达国家对我国的技术封锁和价格垄断，国产数控机床的分辨率已经提高到0.001mm。

4. 数控机床加工零件的步骤

1）根据加工零件的图样与工艺方案，用规定的代码和程序格式编写加工程序。

2）通过输入装置将程序代码逐段输入到数控装置。

3）数控装置对代码进行编译，寄存和运算之后，向机床伺服机构发出信号，以驱动机床的各个运动部件，并控制其他必要的辅助操作，如变速、开关切削液、松夹工件及刀具转位等，最后加工出合格的零件。

普通加工流程与数控加工流程对比如图3-2所示。

5. 数控机床的特点

（1）可以加工有复杂型面的工件　有些空间曲面，如螺旋桨表面，用普通机床加工很困难，而用5坐标联动数控机床加工就很方便，并可得到很高的曲面精度。采用数控仿形加工曲面也很方便，且可重复应用，有镜像加工功能。

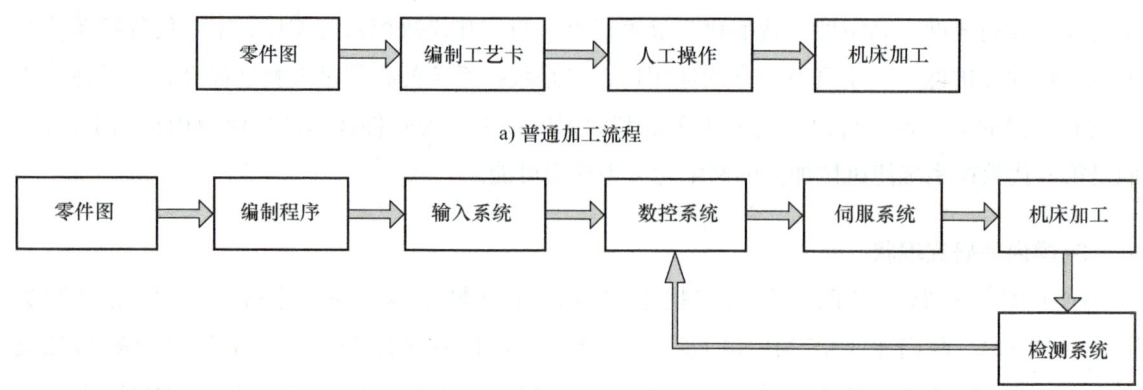

图3-2 普通加工流程与数控加工流程对比

（2）加工精度高　用数控机床加工可以获得较高的加工精度，加工质量稳定。数控机床的传动件，特别是滚珠丝杠，制造精度很高，装配时消除了传动间隙，并采用了提高刚度的措施，因而传动精度很高。

（3）自动化程度高、劳动强度低　在同一台机床上可适应不同品种及尺寸规格工件的自动加工，改变工件的品种时只需更换加工程序。许多数控机床具有很多加工功能，在一台机床上可以进行钻孔、镗孔、铣平面、铣槽、铣凸轮曲线及各种轮廓线，甚至刻字。数控机床可大大减轻工人的劳动强度，并有较高的经济效益。

（4）生产率高　在数控机床上装有自动换刀、自动变换工件方位和自动检测等机构，可实现在一次装夹中完成全部加工工序，减少了装卸刀具、装卸工件及调整机床的辅助时间，并可在同一台机床上进行粗、精加工。

（5）价格高、要求高　数控机床价格昂贵，一次投资较大；维修和操作较复杂，要求具有较高技术水平的工人和维修人员进行操作和维修。

6. 数控机床的应用范围

由于数控机床的高精度、高效率、高速度及高自动化性的特点，扩大了其应用范围，主要应用范围如下。

（1）最适合于数控加工的零件

1）批量小而又多次生产的零件。

2）几何形状复杂的零件。

3）加工过程中必须进行多种加工的零件。

4）必须严格控制误差的零件。

（2）比较适合数控加工的零件

1）价格昂贵，毛坯获得困难，不允许报废的零件。

2）切削余量大的零件。

3）在通用机床上加工生产率低、劳动强度大、质量难控制的零件。

4）用于改型比较、供性能或功能测试的零件。

5）多品种、多规格、单件小批量生产的零件。

（3）不适合于数控加工的零件

1）利用毛坯作为粗基准定位进行加工的零件。

2）定位完全需人工找正的零件。

3）必须用专用工艺装备，依据样板、样件加工的零件。

4）大批量生产的零件。

二、数控机床的组成、分类与工作过程

1. 数控机床的组成

数控机床一般由输入/输出设备、数控装置、伺服单元（主轴与进给）、PLC及其接口电路、强电装置和机床本体等几部分组成。除了机床本体以外的部分统称为数控系统，数控装置是数控系统的核心。

（1）输入/输出装置（设备）　数控机床在加工前，必须读入已编好的零件加工程序。在加工过程中，要把加工状态，包括刀具的位置、各种报警信息等告诉操作人员，以便操作人员了解机床的工作情况，及时解决加工中出现的各种问题。

最常用的输入设备是键盘，操作人员可以用键盘输入简单的加工程序、编辑或修改程序和发送操作命令，即进行手动数据输入（Manual Data Input，简称MDI）。常见的输入设备还有光电阅读机和串行输入输出接口。常见的输出设备是显示器，数控系统通过显示器为操作人员提供必要的信息。显示的信息一般包括正在编辑或运行的程序、当前的切削用量、刀具位置、各种故障信息、操作提示等。

（2）数控装置　数控装置是数控系统的核心，它将输入装置传送的数控加工程序，经数控系统软件进行译码、插补运算和速度预处理，产生位置和速度指令，以及辅助控制功能信息等。

数控装置控制机床的动作可以概括为：

1）机床主轴运动，包括主轴起/停、转向和速度控制。

2）机床的进给运动，包括点位、直线、圆弧、循环进给的选择，坐标方向和进给速度的选择等。

3）刀具的选择和刀具的长度、半径补偿。

4）其他辅助运动，如各种辅助操作、工作台的锁紧和松开、工作台的旋转与分度等。

（3）伺服单元　进给伺服系统主要由进给伺服单元和伺服电动机组成。对于闭环和半闭环控制的伺服系统，还应包括位置检测装置。伺服单元接收来自 CNC 装置的运动指令，经变换和放大后，驱动伺服电动机运转，实现刀架或工作台的运动。

主轴驱动系统主要由主轴伺服单元和主轴电动机组成。数控机床的主轴驱动与进给驱动区别很大，现代数控机床对主轴驱动提出了更高的要求，要求主轴具有很高的转速和很宽的无级调速范围；进给电动机一般是恒转矩调速，而主轴电动机除了有较大范围的恒转矩调速外，还要有较大范围的恒功率调速。

数控机床功能的强弱主要取决于 CNC 装置；而数控机床性能的优劣，如运动速度与精度等，则取决于伺服驱动系统。

（4）可编程控制器（PLC）　辅助控制装置是介于数控装置和机床机械、液压部件之间的控制装置，通过可编程控制器 PLC 来实现。

PLC 和数控装置配合共同完成数控机床的控制。数控装置主要完成与数值运算和管理等有关的功能，如加工程序的编辑、译码、插补运算、位置控制等。

PLC 主要完成与逻辑运算有关的动作，将工件加工程序中的 M 代码、S 代码、T 代码等顺序动作信息，译码后转换成对应的控制信号，控制辅助装置完成机床的相应开关动作，如机床起停、工件装夹、刀具更换、切削液开关等辅助功能。

（5）机械部件（机床本体）　机床本体是数控机床实现切削加工的机械机构部分，与普通机床相比，数控机床的特点有：

1）应具有更高的精度、刚度、热稳定性和耐磨性。

2）由于普遍采用了伺服电动机无级调速技术，机床进给运动和主轴的变速机构被极大地简化甚至取消。

3）广泛采用滚珠丝杠、滚动导轨等高效、高精度传动部件。

4）采用机电一体化设计与布局，机床布局主要考虑有利于提高生产率。

5）采用自动换刀装置、自动更换工件机构和数控夹具等。

（6）位置检测装置　位置检测装置与伺服驱动装置配套组成半闭环和闭环伺服驱动系统。

位置检测装置通过直接或间接测量将执行部件的实际进给位移量测量出来，反馈到数控装置并与理论位移量进行比较，将其误差转换放大后控制执行部件的进给运动，提高系统的精度。

数控机床逻辑图如图 3-3 所示。

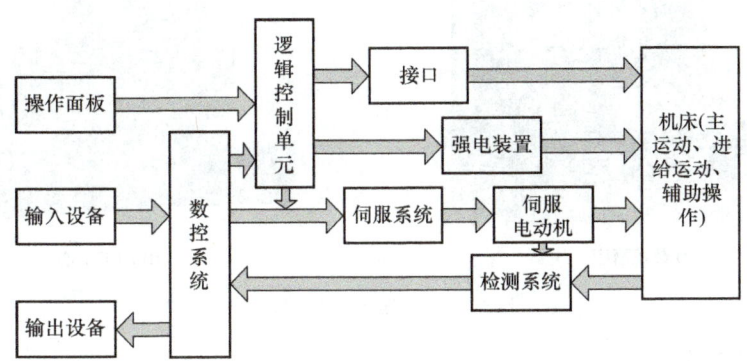

图3-3 数控机床逻辑图

2. 数控机床的分类

（1）按工艺用途分类

1）普通数控机床：包括车、铣、钻、镗、磨等，其工艺性能与通用机床相似，但能自动加工形状复杂的零件。

2）加工中心：在普通数控机床上加装一个刀库和自动换刀装置，能连续进行车、铣、镗、钻、铰及攻螺纹等多工序加工。

3）多坐标数控机床：有些形状复杂的零件需要 3 个坐标以上的合成运动才能加工。常用的有 3 个和 5 个坐标的数控机床。

4）数控特种加工机床：如数控线切割机床、数控电火花加工机床、数控激光切割机床等。

常用数控机床如图 3-4 所示。

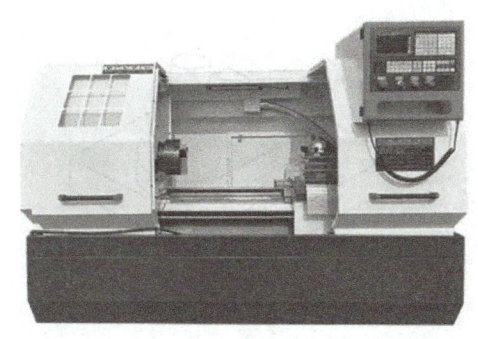

a) 数控车床

b) 数控铣床

图3-4 常用数控机床

c) 数控磨床

d) 加工中心

图3-4　常用数控机床（续）

（2）按运动方式分类

1）点位控制：指机床移动部件只能实现一个位置到另一个位置的精确移动，在移动和定位过程中不进行任何加工，机床移动部件的运动路线并不影响加工的精度，如图3-5所示。

最典型的点位控制数控机床有数控钻床、数控坐标镗床、数控点焊机和数控弯管机。

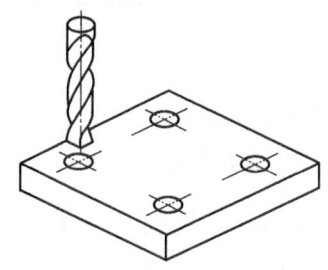

图3-5　点位控制方式

2）点位直线控制：即能够对两个或两个以上的坐标轴同时进行控制，它不仅能控制机床移动部件的起点和终点坐标，而且要控制整个加工过程每一点的速度与位移量，如图3-6所示。

点位直线控制只能做简单的直线运动，因此不能实现任意的轮廓轨迹加工。

3）轮廓控制：即能够对两个或两个以上的坐标同时进行控制，它不仅能控制机床移动部件的起点与终点坐标，而且要控制整个加工过程每一点的速度和位移量，即要控制移动轨迹，将工件加工成一定的轮廓形状，如图3-7所示。

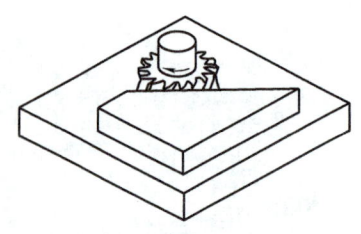

图3-6　点位直线控制方式

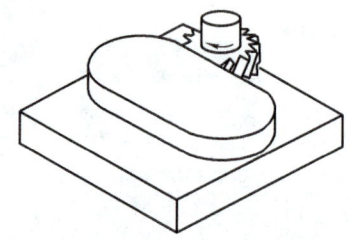

图3-7　轮廓控制方式

轮廓控制需要在加工过程中不断进行多坐标轴之间的插补运算，实现相应的速度和位移控制。轮廓控制包含了点位和点位直线控制。

（3）按控制方式分类

1）开环控制系统：不带反馈装置，CNC 系统发出的指令脉冲信号是单方向的，机床没有检测反馈装置，其加工精度取决于伺服系统的性能。

2）闭环控制系统：闭环控制将机械传动链的全部环节都包括在闭环之内，因而从理论上讲，闭环控制的运动精度主要取决于检测装置的精度，而与机械传动链的误差无关。

3）半闭环控制系统：控制方式与闭环系统相同，区别是检测装置位于伺服电动机轴或丝杠端头，检测角位移。由于半闭环控制没有将运动部件的机械传动链包括在闭环之内，机械传动链的误差无法得到校正和消除。

4）混合控制系统：在开环或半闭环的基础上，增加补偿伺服电路，使得控制精度得以提高。

数控机床控制方式如图 3-8 所示。

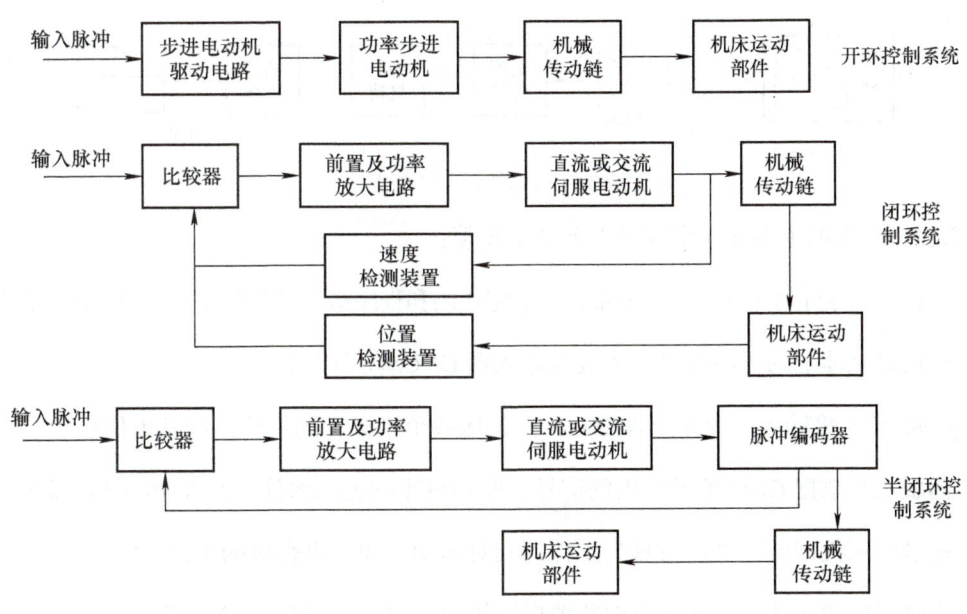

图3-8　数控机床控制方式

（4）按数控系统的档次分类　数控机床按数控系统档次分类见表 3-1。

3. **数控机床的工作过程**

首先根据所设计的零件图，经过加工工艺分析、设计，将加工过程中的各种操作（如机床起停、刀具选择、主轴变速、刀具选择、刀具路径、切削用量、切削液供给、刀具与工件相对位移量等）编入程序，然后输入计算机，经过计算机的处理、运算，将各坐标轴的分量输入到驱动电路，经过转换和放大，驱动伺服电动机带动各轴运动，并对运动过程进行反馈控制，使各坐标轴方向的运动协调进行，从而完成零件的加工。

表 3-1 数控系统档次分类表

功能	低档	中档	高档
分辨率/μm	10	1	0.1
进给速度/(m/min)	8~15	15~24	15~100
伺服控制类型	开环、步进电动机	半闭环或闭环的直流或交流伺服系统	
联动轴数/轴	2~3	2~4	3~5 及 5 以上
通信功能	一般无	RS-232、DNC	RS-232、DNC、MAP
显示功能	LED 或简单的 CRT	较齐全的 CRT 显示	还有三维图形显示
内装 PLC	无	有	有强功能的 PLC
主 CPU	8 位、16 位	32 位或 64 位的多 CPU	

数控系统的工作过程如图 3-9 所示。

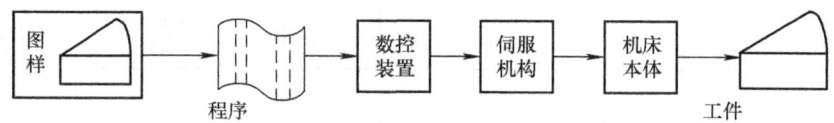

图 3-9 数控系统的工作过程

在数控机床上加工零件通常经过以下几个步骤：

1) 根据加工零件的图样与工艺方案，用规定代码和程序格式编写程序，并把它记录在载体上。

2) 将记录载体上的程序通过输入装置输入到 CNC 单元中去。

3) CNC 单元将输入的程序处理之后，向机床各个坐标轴的伺服系统发出信号。

4) 伺服系统根据 CNC 单元发出的信号，驱动机床的运动部件，并控制必要的辅助操作。

5) 通过机床机械部分带动刀具与工件的相对运动，加工出合格的工件。

6) 检测机床的运动，并通过反馈装置反馈给 CNC 单元，以减少加工误差。

4. 数控机床的性能指标

（1）数控机床的精度指标

1) 定位精度和重复定位精度。定位精度是指数控机床工作台等移动部件在确定的终点与所到达的实际位置的差值。重复定位精度是指在同一台数控机床上，应用相同程序、相同代码加工一批零件，所得到的连续结果的一致程度。

2) 分度精度。分度精度是指分度台在分度时，理论要求回转的角度值和实际回转的角度值的差值。分度精度既影响零件加工部位在空间的角度位置，也影响孔系加工的同轴度等。

3）分辨力与脉冲当量。分辨力是指两个相邻分散细节之间可以分辨的最小间隔。对测量系统而言，分辨力是可以测量的最小增量；对控制系统而言，分辨力是可以控制的最小位移增量，即数控装置每发出一个脉冲信号，反映到机床移动部件上的位移量。

数控装置每发出一个脉冲信号使机床移动部件产生的位移量，称为脉冲当量。脉冲当量的大小决定数控机床的加工精度和表面质量。

（2）数控机床的可控轴数与联动轴数

1）数控机床的可控轴数是指机床数控系统可控制的、按加工要求运动的坐标轴数目（包括移动坐标轴和回转坐标轴）。

2）数控机床的联动轴数是指机床数控系统可同时控制的、按加工要求运动的坐标轴数目。联动轴数越多，说明数控系统加工复杂空间曲面的能力越强。目前，有2轴联动、2.5轴联动、3轴联动、4轴联动、5轴联动等。

（3）数控机床的运动性能指标　数控机床的运动性能指标包括：①主轴转速；②进给速度；③坐标行程；④摆角范围；⑤刀库容量及换刀时间等。

单元2　数控车床的基本操作

一、数控车床的构造与操作面板

数控车床主要用于对各种回转表面进行车削加工。在数控车床上可以进行内外圆柱面、圆锥面、成形回转面、螺纹面、高精度的曲面及端面螺纹的加工。数控车床上所使用的刀具有车刀、钻头、铰刀、镗刀及螺纹刀具等孔加工刀具。数控车床加工零件的尺寸公差等级可达IT5~IT6，表面粗糙度Ra值可达1.6μm以下。

数控加工基本知识（2）

1. 数控车床的构造

数控车削时，工件做回转运动，刀具做直线或曲线运动，刀尖相对工件运动的同时切除一定的工件材料，从而形成相应的工件表面。工件的回转运动为切削主运动，刀具的直线或曲线运动为进给运动。两者共同构成切削成形运动。

（1）数控车床的用途　数控车床主要用于加工轴类和回转体零件，可自动完成内外圆柱面、圆弧面、端面、螺纹等表面的切削加工，适合加工形状复杂、精度要求高的轴类或盘类零件。

数控车削是数控加工中用得最多的加工方法之一。由于数控车床具有加工精度高、能做直线和圆弧插补以及在加工过程中能自动变速的特点，同常规加工相比，其工艺范围较宽，主要用于轴类和盘类回转体零件的多工序加工，具有高精度、高效率、高柔性化等综合特点。

（2）数控车床的分类

1）按主轴配置形式分，有卧式、立式、水平导轨、斜置导轨四类。

2）按刀架数量分，有单刀架、双刀架两类。

3）按数控车床控制系统和机械结构的档次分，有经济型数控车床、普及型数控车床及高性能数控车床。

（3）数控车床的机械结构　经济型数控车床通常使用四方或六方型刀架。普及型数控车床和高性能数控车床通常使用回转式刀架。在高性能数控车床上通常设置有动力刀具。高性能数控车床通常具有旋转轴控制功能。

（4）数控车床的传动系统

1）主传动系统。数控车床的主传动系统如图3-10所示。

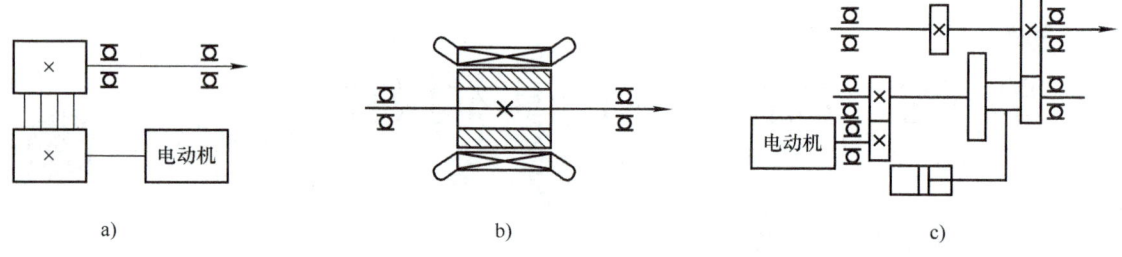

图3-10　数控车床的主传动系统

2）进给传动系统。由伺服电动机、传动齿轮（同步齿形带）及丝杠螺母副组成。

中、小型数控车床通常使用伺服电动机和驱动丝杠直连的传动形式。

大型数控车床由于要求的驱动力矩较大，为减小伺服电动机的容量，常采用传动齿轮降速或使用同步齿形带传动的形式。

（5）数控车床的车身结构及布局　数控车床的车身结构及布局有平床身布局、斜床身布局、斜导轨布局等。

（6）数控车床加工工艺范围　数控车床是数控机床中应用最广泛的一种，在数控车床上可以加工各种带有复杂素线的回转体零件，高级的数控车床（一般称为车削中心）还能进行铣削、钻削及加工多边形零件。图3-11所示为数控车床加工的工艺范围。

（7）数控车床操作安全守则及注意事项　操作者必须熟悉机床操作顺序和性能，熟练掌握机床数控系统的编程方法。执行"安全防护须知"。正确使用参数表。严禁超性能使用设备。

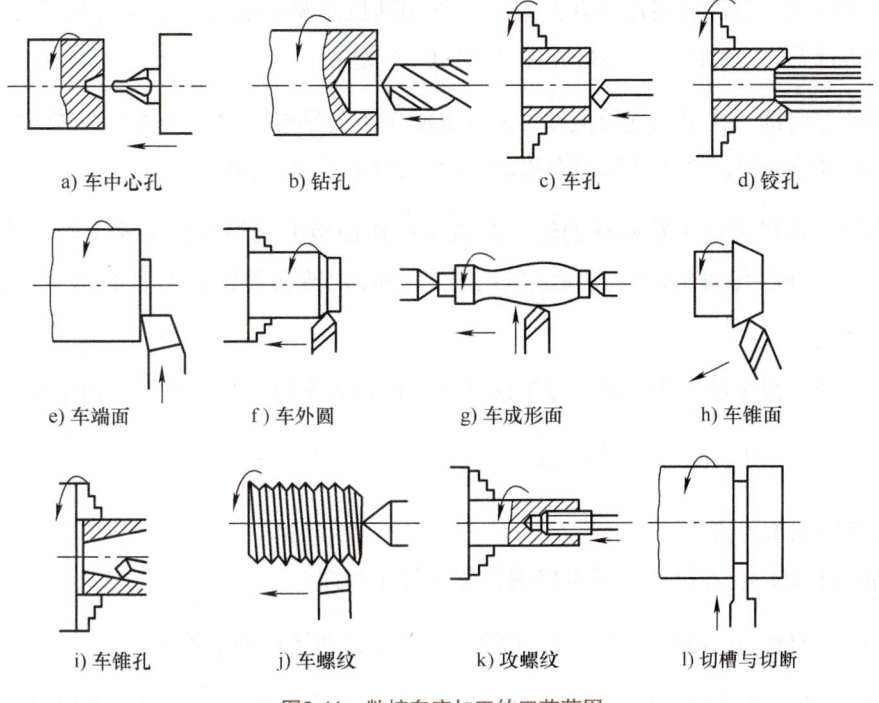

图3-11　数控车床加工的工艺范围

2. 数控车床的操作面板

通过操作面板可以完成数控系统的基本输入功能和数控加工操作的各种参数设定。对机床的操作另有机床操作面板，可实现机床的开、停，换刀，超程解除等功能。数控车床操作面板如图 3-12 所示。

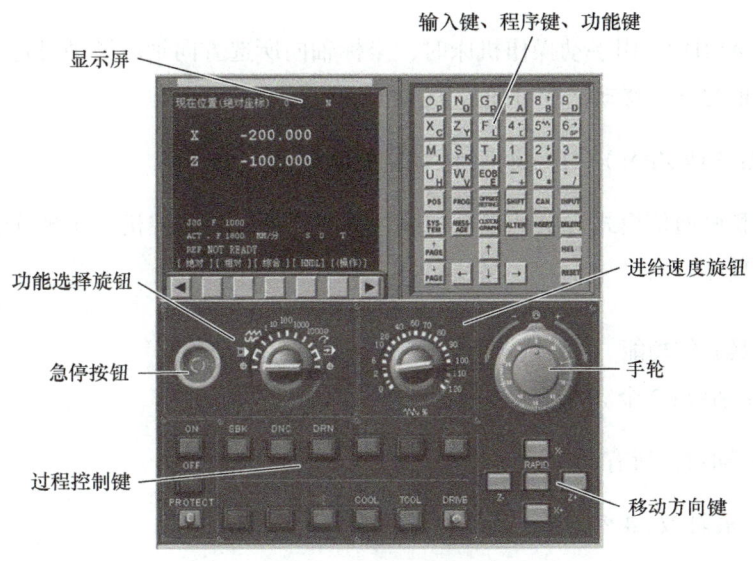

图3-12　数控车床操作面板

（1）急停按钮　急停按钮用于在紧急状态下切断机床驱动电源。正常状态下如果主轴在旋转或轴在移动时需要紧急停止，最好先用"RESET"键。

（2）移动方向键　在手动连续进给方式（JOG）下分别按"+X""-X""+Z""-Z"键，按下相应的手动进给按钮，所选择轴即会移动，松开按钮进给即停止。

（3）手轮　选择指定手轮移动的轴。在机床操作面板上选择按钮手轮1档，手轮10档或手轮100档来选择手轮每格的运动量。顺时针或逆时针转动手轮，轴将沿"+"或"-"方向移动。

（4）输入键、程序键、功能键　按下这些键可以输入字母、数字或者其他字符。

二、数控系统的工作方式及功能

1. 数控系统的工作方式

1）编辑（EDIT）：在该方式下可以编辑零件加工程序。

2）自动（AUTO）：用存储在CNC中的加工程序自动运行加工零件。

3）MDI：该方式可用于自动加工，也可用于单个指令或数据（参数、刀偏量、坐标系等）的输入。

4）手动（JOG）：用手动操作机床向所选方向轴的一个方向连续地移动，移动速度可利用倍率旋钮改变。

5）手轮（HWL）：用手摇轮（手摇脉冲发生器）手动控制坐标轴的运动，运动的速率可通过手摇轮操作面板上的倍率旋钮调整。

6）快速（RAPID）：用手动操作机床时，坐标轴向所选方向轴以该轴设定的最高速度向一个方向连续快速地移动，移动速度可通过快速倍率旋钮改变。

7）回零（REF或ZRN）：手动返回参考点方式。

8）DNC：联机通信模式。由计算机连续传输加工程序，数控机床实现连续加工，此功能适用于大型加工程序。

2. 数控系统具有的功能

1）基本控制轴数：2个。

2）基本联动轴数：所有轴。

3）最多可扩展轴数：4个。

4）编程单位：0.001mm～±99999.999%。

5）准备功能（G 功能）：82 个。

6）可使用增量编码器或绝对值编码器构成位置测量系统。

7）可以构成闭环或半闭环控制系统。

8）具有刀架碰撞检查功能。

9）可设置尾座、卡盘屏障，避免加工时刀具进入。

10）具有异常负载检测功能，超出设定数值会自动停止进给并返回。

11）手动干预及自动返回。自动运行中用"暂停键"停止加工，并手动移动主轴至需要位置，操作完成后按"循环启动"按钮，可以自动返回原来的坐标位置，继续之前的工作。

12）主轴的定向停止功能。

13）刀具位置补偿功能。

14）刀尖半径补偿功能。

15）刀具自动测量功能。

16）刀具寿命管理功能。

17）具有 B-样条差补功能（NURBS 差补）、极坐标差补、极坐标指令编程等高效、高精度加工功能。

3. 数控系统的特别功能

1）自动原点补偿。自动原点补偿功能是针对大型、重型零件加工开发的功能。

2）高阶曲线插补。

3）刀具磨损补偿值记忆。

4）区域加工功能。

5）切削异常检出功能及寿命控制。

三、数控车床对刀方法

1. 手动对刀

手动对刀是指在机床上利用相对位置确定刀具坐标值。刀具安装后，先移动刀具手动切削工件右端面，再沿 X 向退刀，将右端面与加工原点的距离 N 输入数控系统，即完成刀具 Z 向对刀过程。

手动对刀是基本对刀方法，但它还是没跳出传统车床"试切—测量—调整"的对刀模式。

2. 机外对刀

机外对刀的本质是测量出刀具假想刀尖点到刀具基准之间 X 及 Z 向的距离。利用机外对刀仪可将刀具预先在机床外校对好，装上机床后将对刀长度输入相应刀具补偿号即可使用。

3. 自动对刀

自动对刀是通过刀尖检测系统实现的，刀尖以设定的速度向接触式传感器接近，当刀尖与传感器接触并发出信号，数控系统立即记下该瞬间的坐标值，并自动修正刀具补偿值。

4. 对刀前的准备

（1）毛坯的准备　根据图样要求选择相应的毛坯。

（2）刀具的准备　针对工件的加工要求，选择相关的刀具。数控车床上常用的4种刀具为：第一号刀，主偏角为93°的外圆粗车刀；第二号刀，主偏角为93°的外圆精车刀；第三号刀，切断刀；第四号刀，60°外螺纹车刀。将它们分别装在1、2、3、4号刀位上。

（3）机床的准备　解除机床急停开关并回零，再将刀架移动到工件附近。

5. 对刀操作过程

以 HNC-21T 数控系统为例。HNC-21T 的操作界面如图3-13所示，其界面由如下几个部分组成。

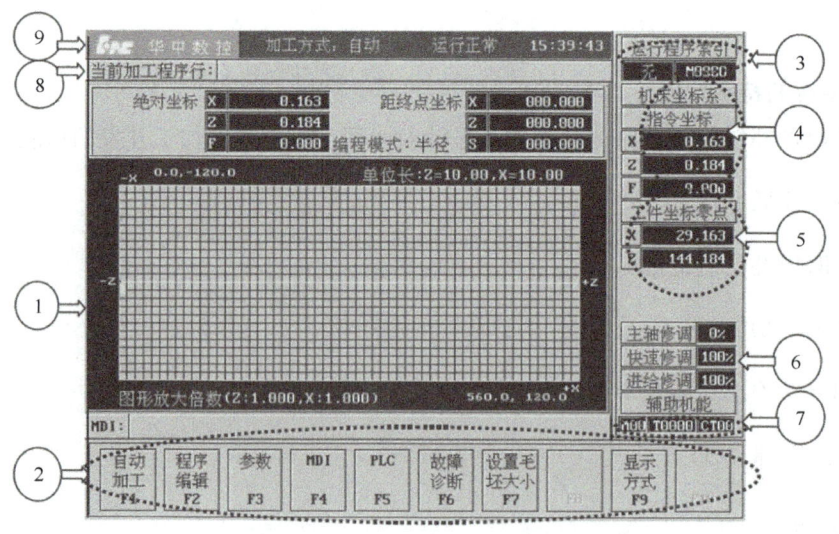

图3-13　HNC-21T的操作界面

1）图形显示窗口。主要有程序界面、坐标界面、刀偏界面、MDI 运行界面和图形界面。

2）菜单命令条。通过菜单命令条中的功能键 F1～F10 来完成系统功能的操作。

3）运行程序索引。显示自动加工中的程序名和当前程序段行号。

4）选定坐标系下的坐标值。坐标系可在机床坐标系/工件坐标系/相对坐标系之间切换；显示值可在指令位置/实际位置/剩余进给/跟踪误差/负载电流/补偿值之间切换。

5）工件坐标零点。工件坐标系零点在机床坐标系下的坐标。

6）倍率修调。

① 主轴修调：当前主轴修调倍率。

② 进给修调：当前进给修调倍率。

③ 快速修调：当前快进修调倍率。

7）辅助功能。自动加工中的 M、S、T 代码。

8）当前加工程序行。当前正在或将要加工程序段。

9）当前加工方式、系统运行状态及当前时间。根据机床控制面板上相应按键的状态，可在自动（运行）、单段（运行）、手动（运行）、增量（运行）、回零、急停、复位等之间切换。

① 运行状态：系统运行状态在运行正常和出错间切换。

② 系统时钟：当前系统时间。

对刀操作过程如下。

1）在主操作界面下，按"F4"键，进入 MDI 功能子菜单，按"F2"键，选择刀偏号为 #0001，移动蓝色亮条到试切长度栏。

2）按"Enter"键，输入切削端面到程序原点的长度（在此编程原点选在工件的前端面上，显然长度就是 0，应输入"0"），然后按"Enter"键；移动蓝色亮条到试切直径栏。

3）试切工件外圆 3～5mm，然后沿 Z 轴正向退刀，不得有 X 向位移；主轴停止，测量试切外圆的直径。

4）按"Enter"键，输入测得的直径值，然后按"Enter"键；移动蓝色亮条到刀偏号为 #0002 的试切长度栏。

注意：HNC-21T 系统输入参数时，先将光标移动到对应的参数栏（对应栏底色为绿色），然后按"Enter"键（此时底色变为白色），输入参数值，最后按"回车"键确认，则参数被输入系统。

5）按"刀位选择""刀位转换"，换第二号刀；主轴正转，用主切削刃接触工件右端面，要合理选用手摇进给的增量倍率，切削痕迹越小越好，同时也要注意工作的效率。接触后，沿 X 轴正向退刀，不得有 Z 向位移。

6）按"Enter"键，同样地，在试切长度栏输入"0"，然后按"Enter"键；移动蓝色亮条到试切直径栏。

7）试切工件外圆 3~5mm，然后沿 Z 轴正向退刀，不得有 X 向位移；主轴停止，测量试切外圆的直径。

8）按"Enter"键，在试切直径栏输入测量的直径值，然后按"Enter"键；移动蓝色亮条到刀偏号为 #0003 的试切长度栏。

9）按"刀位选择""刀位转换"，换第三号刀，测量刀宽，主轴正转，要合理选用手摇进给的增量倍率，用左刀尖接触工件右端面，同样要求切削痕迹越小越好。接触工件后，沿 X 轴正向退刀，不得有 Z 向位移。

10）按"Enter"键，此处不能直接输"0"（切断后的工件长度是从右刀尖算起，也就是说，刀位点在右刀尖）。输入刀宽值，然后按"Enter"键；移动蓝色亮条到试切直径栏。

11）选用手摇进给的增量倍率，接触第二号刀试切的工件外圆，沿 Z 轴正向退刀，不得有 X 向位移，主轴停止。

12）按"Enter"键，输入第二号刀试切的外圆直径值，然后按"Enter"键；移动蓝色亮条到刀偏号为 #0004 的试切长度栏。

13）按"刀位选择""刀位转换"，换第四号刀（螺纹车刀），手摇进给移动刀具，目测使刀尖与工件端面对齐（尽可能使刀尖接近工件，但不准接触工件）。

14）按"Enter"键，在试切长度栏输入"0"，然后按"Enter"键；移动蓝色亮条到试切直径栏。

15）主轴正转，刀尖接触工件外圆，然后沿 Z 轴正向退刀，不得有 X 向位移，主轴停止。

16）按"Enter"键，输入第二号刀试切的外圆直径值，然后按"Enter"键。

6. 工件安装

装工件时，要注意以下几方面：

1）若工件外表面有杂质，应去除干净之后方可装夹。

2）工件伸出卡爪外的部分必须略长于加工的最大长度，以免加工时刀具与卡爪发生碰撞。

3）工件装入卡爪内被夹持的部分应比较规整、无较大缺陷。

4）装夹工件时应根据具体加工要求进行找正。

5）在夹紧工件时，自定心卡盘的 3 个方向必须全部旋紧。

单元3　数控加工编程

一、程序编制的基本概念

1. 概述

程序编制（以下简称编程）就是将被加工零件的全部工艺过程、工艺参数和位移数据等，按规定的格式以数字信息的形式记录在控制介质（如穿孔带、磁带和磁盘等）上，然后输入数控装置，从而由数控系统控制机床对零件进行加工。

数控车床的基本操作

在现代数控机床上，可通过控制面板、磁盘或计算机直接通信的方式将零件加工程序输入数控系统。

2. 数控编程的内容

一般说来，数控编程包括以下内容。

（1）分析零件图，制订加工工艺方案　根据零件图样，对零件的形状、尺寸、材料、精度和热处理要求等进行工艺分析，合理选择加工方案，确定加工工艺路线、工序及切削用量等工艺参数，确定所用机床、刀具和夹具。

（2）数学处理　根据零件的几何尺寸、工艺要求及编程的方便，设定坐标系，计算工件粗、精加工的轮廓轨迹，获得刀位数据。数控系统一般具有直线和圆弧插补功能，所以对于由直线和圆弧组成的形状简单的零件轮廓加工，只需计算出几何元素的起点、终点、圆弧的圆心、两几何元素的交点或切点坐标值即可，有些要计算刀具中心的运动轨迹；对于由非圆曲线或曲面组成的形状复杂的零件，需要用直线段或圆弧段来逼近曲线，根据加工精度的要求，计算出节点坐标，这个工作一般利用计算机完成。

（3）编写零件加工程序　根据制订的加工工艺路线、切削用量、刀具补偿量、辅助动作及刀具路径等条件，按照机床数控系统规定的功能指令代码及程序格式，逐段编写加工程序。

（4）制备控制介质并输入到数控机床　把编制好的程序记录在控制介质上，并输入到数控机床中，这个工作可采用手工通过操作面板直接输入，或利用通信方式输入，由传输软件将计算机中的加工程序传输到数控机床。

（5）程序校验和试切　输入数控系统的加工程序在正式加工前需进行验证，以确保程序正确。通常可以采用机床空运行的方法，检查机床动作和运动轨迹是否正确；在有图形显示功能的数控机床上，可以利用模拟加工的图形显示来检查运行轨迹的正确性。需注意的是这些方法只能检验运动轨迹是否正确，不能检验被加工零件的精度。因此，需进行零件的首件试切，当发现加工的零件不符合加工技术要求时，分析产生加工误差的原因，找出问题，修改程序或采取尺寸补偿等措施。

二、编程的种类

1. 手工编程

手工编程就是指数控编程内容的工作全部由人工完成。加工形状较简单的工件时，计算量小，程序短，手工编程快捷、简便。形状复杂的工件采用手工编程有一定的难度，有时甚至无法实现。一般说来，由直线和圆弧组成的工件轮廓采用手工编程，非圆曲线、列表曲线组成的轮廓采用自动编程。

2. 自动编程

自动编程就是利用通用的微型计算机及专用的自动编程软件，以人机对话方式确定加工对象和加工条件，自动进行运算并生成指令。编程人员只需根据零件图样的要求，使用数控语言，由计算机进行数值计算和工艺参数处理，自动生成加工程序，再通过通信方式传入数控机床。

CAD/CAM 集成数控编程系统自动编程，即利用 CAD/CAM 系统进行零件的设计、分析及加工编程。

三、数控编程的内容和步骤

数控机床程序编制过程的主要内容包括：

1）零件图的分析。

2）数控加工工艺处理（包括确定加工方案、刀具和夹具的选择、确定加工路线和切削用量等）。

3）刀具路径计算。

4）编写加工程序单。

5）程序输入。

6）程序校验。

7）首件试切。

数控机床程序编制过程如图 3-14 所示。

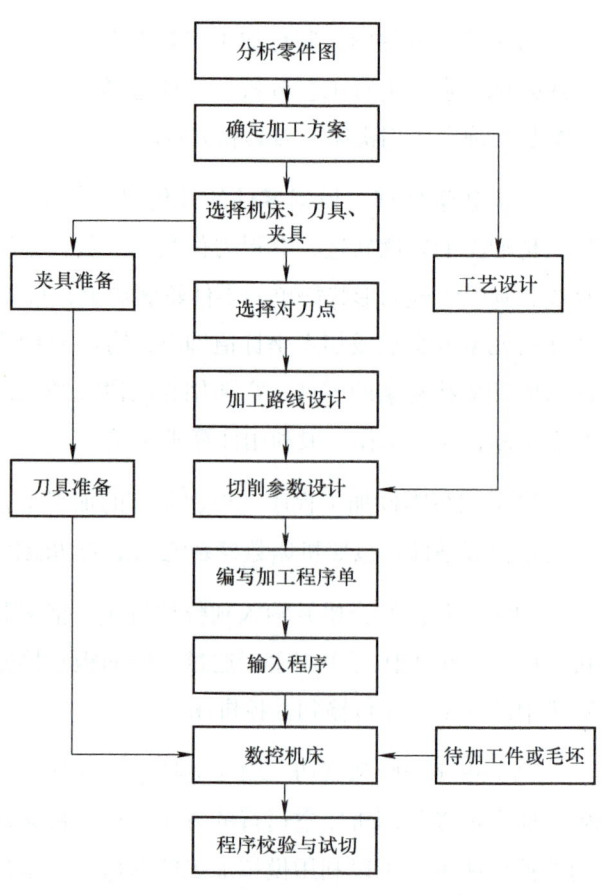

图3-14　数控机床程序编制过程

四、加工程序的结构与格式

1. 加工程序的结构

每一个程序都是由程序号、程序内容和程序结束三部分组成。字母和数字组成字，字组成程序段，程序段组成程序。

2. 加工程序的组成

（1）程序号　程序号为程序的开始部分，为了区别存储器中的程序，每个程序都要有程序编号。如 FANUC 系统中，采用英文字母"O"作为程序编号地址；华中数控系统采用"%"。

（2）程序内容　程序内容是整个程序的核心，由许多程序段组成，每个程序段由一个或多个指令组成。

（3）程序结束　以程序结束指令 M02 或 M30 作为整个程序结束的符号，结束整个程序。

3. 程序格式

（1）字符与代码　字符是用于组织、控制或表示数据的一些符号，进行信息交换。数字、字母、标点符号、数学运算符都可以用作字符，常规加工程序应用的四种字符为：英文字母、数字和小数点、正负号、功能字符。

（2）程序字（简称字或指令字）　字是一套可以作为一个信息单元进行存储、传递和操作的有规定次序的字符，字符的个数即为字长。常规加工程序中的字都是由英文字母及随后的数字组成，这个英文字母称为地址符，地址符与后续数字之间可有正负号，如 X30、Z-15。

（3）字的几种功能

1）语句号 N（也称为程序段号）。程序是一句一句编写的，一句程序称为程序段。程序段号字用以识别每一程序段，由地址码 N 和若干位数字组成。例如，N40 表示该程序段的语句号为 40。

2）准备功能字 G（又称 G 功能、G 指令、G 代码）。准备功能是用来建立机床或数控系统工作方式的一种命令，使数控机床做好某种操作准备，用地址码 G 和两位或三位数字表示。需要指出的是，不同生产厂家的数控系统的 G 指令的功能相差大，编程时必须遵照机床使用说明书。

G 指令分为模态指令（续效指令）和非模态指令，非模态指令只在本程序段中有效，模态指令可在连续几个程序段中有效，直到被相同组别的指令取代。指令表中标有相同字母或数字的为一组。如 G00、G01、G02、G03，其中 G00 为非模态指令，其余为模态指令。

3）尺寸字。尺寸字由地址码、符号（+、-）、绝对（或相对）数值组成。尺寸字的地址码有 X、Y、Z、U、V、W、P、Q、R、A、B、C、I、J、K、D、H 等。例如 X15 Y-20，其中"+"可省略。

4）进给功能字 F。表示加工时的进给速度，由地址码 F 和后面的若干位数字组成。

5) 主轴转速功能字 S。表示数控机床的主轴转速，由地址码 S 和后面的若干位数字组成。

6) 刀具功能字 T。由地址码 T 和后面的若干位数字组成。数字表示刀号，数字位数由数控系统决定。

7) 辅助功能字 M（又称 M 功能、M 指令、M 代码）。用来控制机床辅助动作或系统的开关功能，由地址码 M 和后面的两位数字组成。

4. 程序段格式

零件的加工程序由若干个程序段组成。程序段格式是指一个程序段中字、字符、数据的书写规则，目前使用最多的是"字 - 地址"程序段格式。

字 - 地址程序段格式由程序段号字、数据字和程序段结束字组成。各字后有地址，字的排列顺序要求不严格，数据的位数可多可少，不需要的字及与上一程序段相同的续效字可以不写。字段排列顺序见表 3-2。

表 3-2 字段排序表

N	G	X U A	Y V B	Z W C	F	S	T	M	LF

例：N30 G01 X50 Z-20 F100 S400 T01 M03。

字 - 地址程序段格式的优点是程序简短、直观、容易检查和修改。

需要说明的是：数控加工程序的内容、指令和程序段格式虽然在国际上有很多标准，实际上并不是完全统一。在编制加工程序前，必须详细查阅机床数控系统的编程说明书，了解具体指令格式和编程方法。

5. 加工程序示例

加工程序可分为主程序和子程序。但不论是主程序还是子程序，每一个程序都是由程序号、程序内容和程序结束符三部分组成。表 3-3 是 SINUMERIK 802S 数控车床的一个加工程序。

表 3-3 加工程序示例

程序	说明
SK01. MPF	程序名
N10 G54 G95 S500 M03 T01	程序内容
N20 G00 X18 Z2	
N30 G01 Z-15 F0.2	
X24	
Z-30	
X26	
N40 G00 X50 Z200	
N50 M05	
N60 M02	程序结束

五、数控机床的坐标系

数控机床的坐标系分为机床坐标系和编程坐标系。

1. 机床坐标系

机床坐标系的规定如下。

（1）机床相对运动的规定　数控机床的加工动作分刀具的动作和工件的动作两部分，在确定机床坐标系的方向时，始终认为工件静止，而刀具是运动的。这样编程人员在不考虑机床上工件与刀具具体运动的情况下，就可以依据零件图样，确定机床的加工过程。

（2）机床坐标系的规定　标准机床坐标系中，X、Y、Z 坐标轴的相互关系由右手笛卡儿直角坐标系决定，如图 3-15 所示。

1）伸出右手的大拇指、食指和中指，并互为 90°。大拇指代表 X 坐标轴，食指代表 Y 坐标轴，中指代表 Z 坐标轴。

2）大拇指的指向为 X 坐标轴的正方向，食指的指向为 Y 坐标轴的正方向，中指的指向为 Z 坐标轴的正方向。

3）围绕 X、Y、Z 坐标轴旋转的旋转坐标分别用 A、B、C 表示，根据右手螺旋定则，大拇指的指向为 X、Y、Z 坐标轴中任意轴的正向，则其余四指的旋转方向即为旋转坐标 A、B、C 的正向。

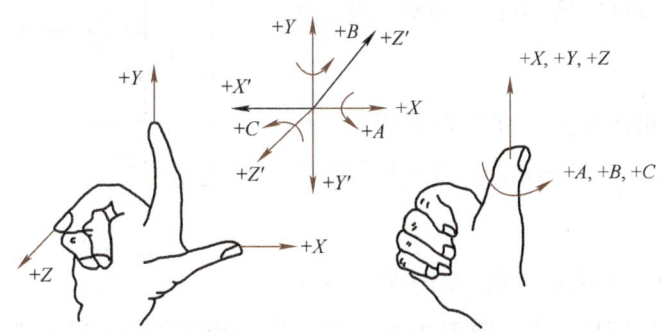

图3-15　右手笛卡儿直角坐标系

（3）运动方向的规定　对于机床坐标系的方向，均将增大刀具与工件距离的方向确定为各坐标轴的正方向，图 3-16 所示为数控车床上两个运动的方向。

（4）坐标轴方向的确定

1）Z 坐标轴。Z 坐标轴的运动方向是由传递切削动力的主轴所决定的，即平行于主轴轴线的坐标轴为 Z 坐标轴，Z 坐标轴的正向为刀具离开工件的方向。

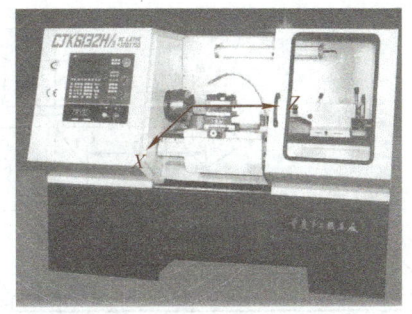

图3-16　数控车床的坐标系

2)X 坐标轴。X 坐标轴平行于工件的装夹平面，一般在水平面内。确定 X 坐标轴的方向时，要考虑两种情况：

① 如果工件做旋转运动，则刀具离开工件回转中心的方向为 X 坐标轴的正方向。如图 3-16 所示的数控车床的 X 坐标轴。

② 如果刀具做旋转运动，则又分为两种情况：Z 坐标轴水平时，观察者沿刀具主轴向工件看，+X 运动方向指向右方；Z 坐标轴垂直时，观察者面对刀具主轴向立柱看，+X 运动方向指向右方，如图 3-17 所示的立式数控铣床的 X 坐标轴。

3)Y 坐标轴。在确定 X、Z 坐标轴的正方向后，可以根据 X 和 Z 坐标轴的方向，按照右手直角坐标系来确定 Y 坐标轴的方向。

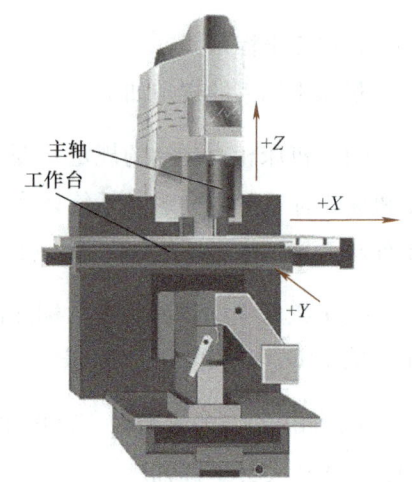

图3-17 立式数控铣床的坐标系

（5）机床原点　机床原点又称为机床零点，即机床坐标系的原点，是指在机床上设置的一个固定点，它在机床装配、调试时就已确定下来，是数控机床进行加工运动的基准参考点。

1）数控车床的机床原点。在数控车床上，机床原点一般设在卡盘端面与主轴中心线的交点处，如图 3-18 所示。

2）数控铣床的机床原点。在数控铣床上，机床原点一般设在 X、Y、Z 坐标轴的正方向极限位置上，如图 3-19 所示。

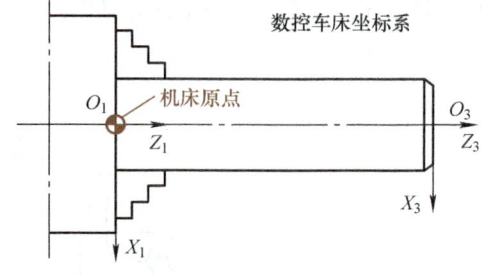

图3-18 数控车床的机床原点

（6）机床参考点　机床参考点是用于对机床运动进行检测和控制的固定位置点，图 3-20 所示为数控车床的参考点与机床原点。

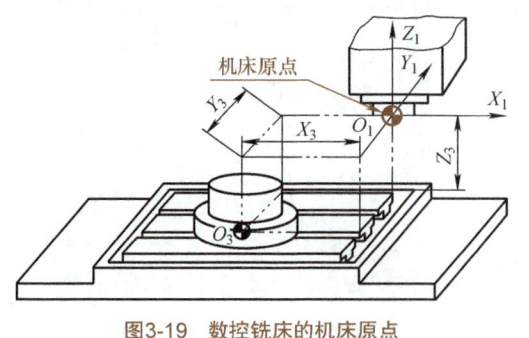

图3-19 数控铣床的机床原点

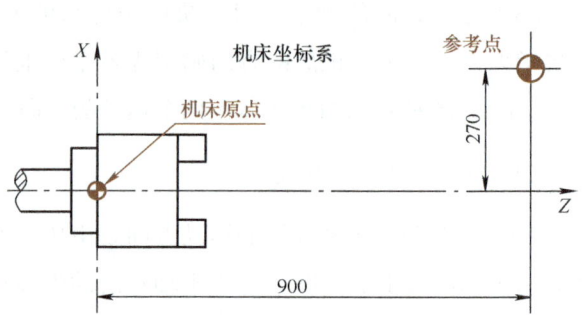

图3-20 数控车床的参考点

机床参考点在以下三种情况下必须重新设定：

① 机床关机以后重新接通电源开关时。

② 机床解除急停状态后。

③ 机床超程报警信号解除之后。

在上述三种情况下，数控系统失去了对机床参考点的记忆，因此必须进行返回机床参考点的操作。

2. 编程坐标系

编程坐标系也称为工件坐标系，是编程人员根据零件图样及加工工艺等建立的坐标系。

编程坐标系一般供编程使用，确定编程坐标系时不必考虑工件毛坯在机床上的实际装夹位置。

编程坐标系的原点（编程原点）应尽量选择在零件的设计基准或工艺基准上，编程坐标系中各轴的方向应与所使用的数控机床相应的坐标轴方向一致，图 3-21 所示为车削零件的编程坐标系及编程原点。

3. 对刀点与工件原点

对刀点是数控加工中刀具相对工件运动的起点，程序也是从这一点开始执行，所以对刀点也称为"起刀点"或"程序起点"。对刀点选择的原则如下：

1）找正容易。

2）编程方便。

3）对刀误差小。

4）加工时检查方便、可靠。

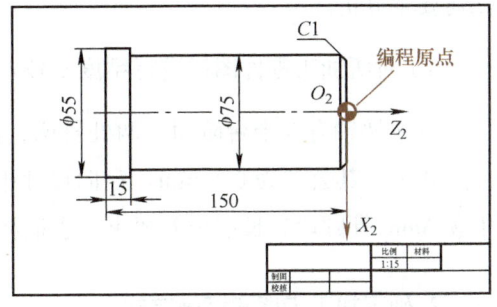

图3-21　车削零件的编程坐标系及编程原点

工件原点一般按如下原则选取：

1）工件原点应选在工件图样的尺寸基准上。这样可以直接用图样标注的尺寸，作为编程点的坐标值，减少数据换算的工作量。

2）能使工件方便地装夹、测量和检验。

3）尽量选在尺寸精度、质量比较高的工件表面上，这样可以提高工件的加工精度和同一批零件的一致性。

4）对于有对称几何形状的零件，工件原点最好选在对称中心点上。

单元4　典型零件的数控加工

典型零件的数控加工

一、阶梯轴的数控加工

图 3-22 所示为阶梯轴零件图，给定的毛坯为 $\phi 30\text{mm} \times 125\text{mm}$ 的棒料，材料为 45 钢。要求分析零件的加工工艺，填写工艺文件，编写零件的加工程序。

（一）加工工艺分析

1. 零件图分析

1）对所加工零件图样进行结构性工艺分析。

2）对所加工零件图样进行轮廓几何要素分析。

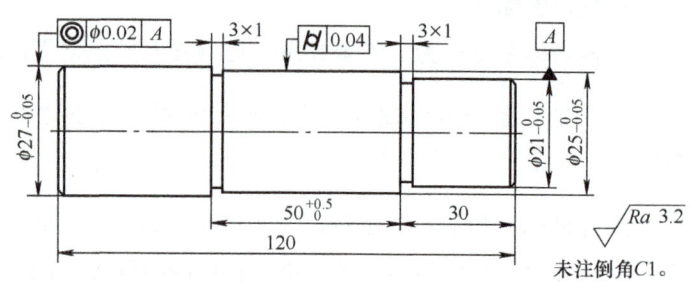

图3-22　阶梯轴零件图

3）对所加工零件图样进行精度及技术要求分析。

该阶梯轴有 3 个台阶面、两处直槽，前后两端台阶同轴度公差为 $\phi 0.02\text{mm}$，中段轴颈有圆柱度要求，其公差为 0.04mm。径向尺寸中 $\phi 27\text{mm}$、$\phi 25\text{mm}$、$\phi 21\text{mm}$ 精度要求较高。轴向尺寸中 $\phi 25\text{mm}$ 外圆段有长度公差要求，表面粗糙度值不大于 $Ra3.2\mu\text{m}$。

2. 确定加工工序和装夹方式

（1）确定零件加工工序的原则

1）按零件加工表面划分工序和装夹方式。

2）按粗、精加工划分工序和装夹方式。

（2）零件的装夹方式　装夹工件时要考虑以下两个原则：

1）应尽量减少装夹次数，尽可能做到一次装夹后加工出全部待加工表面，以充分发挥机床的效率。

2）当有些零件需要二次装夹时，也要尽可能利用统一基准，以减少安装误差。

本零件在加工 $\phi 27\text{mm}$ 圆柱面时，要先加工好中心孔，采取两顶尖定位，自定心卡盘辅助夹紧的方法来保证该圆柱面的轴线对基准 A 的同轴度要求。

（3）夹具的选用

1）夹具结构力求简单（如选用标准夹具、组合夹具等），以缩短生产准备周期。

2）装卸迅速方便，以缩短辅助时间。

3）加工部位要敞开，夹紧机构等不能影响走刀，要注意夹紧力作用点和方向。

4）夹具的安装要准确可靠，以保证正确加工工件。

5）夹具应具备足够的强度和刚度，尤其在切削用量较大时，应能保证工件的加工精度。

（4）确定零件的加工工序

工序一：第一次安装，夹毛坯外圆，车削零件右端轮廓至尺寸要求。

工步1：车右端面。

工步2：打中心孔，装顶尖。

工步3：粗、精加工外圆 $\phi21mm$、$\phi25mm$ 圆柱面至尺寸要求，倒角。

工步4：车宽3mm的沟槽。

工序二：第二次装夹，软爪夹 $\phi25mm$ 外圆柱面，数控车削零件左端轮廓至尺寸要求。

工步1：车左端面，保证工件长度；停机，测量工件的实际长度 L；Z 向对刀，输入刀具偏移量（$L_{零件长度} = 120mm$）。

工步2：打中心孔，装顶尖。

工步3：粗、精加工 $\phi27mm$ 轮廓至尺寸要求，倒角。

3. 确定加工顺序及刀具路径

（1）刀具切入、切出　在数控车床上进行加工时，尤其是精车时，要妥当考虑刀具的切入、切出路径，尽量使刀具沿轮廓的切线方向切入、切出。

一般采用完工轮廓连续切削进给路径。在精加工时，工件的完工轮廓由最后一刀连续加工而成，这样就可避免切入、切出或换刀及停顿时，因切削力突然变化而造成的轮廓表面划痕等缺陷。

（2）确定最短的空行程路径　在安排进给路径时，为缩短行程，还需考虑使刀具的空行程尽量缩短。通常通过合理选择起刀点，合理安排"回空路径"都能使空行程路径缩短。

（3）确定最短的切削进给路径　对于粗车时的几种不同切削进给路径，经分析和判断后，可知矩形循环进给路径的走刀长度总和为最短。

（4）确定切削余量　采用大余量毛坯的阶梯切削进给路径，并使每次切削余量相等；或者采用从轴向和径向进刀，沿工作毛坯轮廓进给。

4. 刀具及切削用量的选择

选择外圆车刀加工外圆柱面和端面，选用切槽刀切槽。

刀具和切削参数的选择见表 3-4。

表 3-4　刀具和切削参数

序号	刀具号	刀具类型	加工表面	切削用量	
				主轴转速 n/(r/min)	进给速度 v_f/(mm/min)
1	T0101	93°菱形外圆车刀	粗车外轮廓	800	180
2	T0101	93°菱形外圆车刀	精车外轮廓	1500	150
3	T0202	3mm切槽刀	车3mm槽	600	20
编制		审核		批准	

5. 填写工艺文件

阶梯轴的加工工序见表 3-5 和表 3-6。

表 3-5　阶梯轴的加工工序卡 1

数控加工工序卡			产品名称	零件名称	零件图号
				阶梯轴	01
工序号	程序编号	夹具名称	夹具编号	使用设备	车间
001	%2002	自定心卡盘		CAK6150DJ	数控实训中心
工步号	工步内容	切削用量			刀具		量具名称	备注
		主轴转速 n/(r/min)	进给速度 v_f/(mm/min)	背吃刀量 a_p/mm	编号	名称		
1	车右端面	800	180	1.5	T01	外圆车刀	游标卡尺	手动
2	钻中心孔	300				中心钻	游标卡尺	手动
3	粗车右端外轮廓，留余量 0.2mm	800	180	1.5	T01	外圆车刀	游标卡尺	自动
4	精车右端外轮廓	1500	150	0.2	T01	外圆车刀	游标卡尺	自动
5	车宽3mm槽	600	30	3	T02	切槽刀	游标卡尺	自动
编制		审核		批准			共　页	第　页

表 3-6　阶梯轴的加工工序卡 2

数控加工工序卡			产品名称		零件名称		零件图号	
					阶梯轴		01	
工序号	程序编号	夹具名称	夹具编号		使用设备		车间	
002	%2003	自定心卡盘			CAK6150DJ		数控实训中心	
工步号	工步内容	切削用量			刀具		量具名称	备注
		主轴转速 n /(r/min)	进给速度 $v_{\rm f}$ /(mm/min)	背吃刀量 $a_{\rm p}$/mm	编号	名称		
1	车左端面	800	180	1.5	T01	外圆车刀	游标卡尺	手动
2	钻中心孔	300				中心钻	游标卡尺	手动
3	粗车左端外轮廓，留余量 0.2mm	800	180	1.5	T01	外圆车刀	游标卡尺	自动
4	精车左端外轮廓	1500	150	0.2	T01	外圆车刀	游标卡尺	自动
编制		审核		批准			共　页	第　页

（二）编制加工程序

1. 程序一：第一次装夹加工右端

程序内容　　　　　　　　　　　　　简要说明

%2002　　　　　　　　　　　　　　；程序号

N10 T0101　　　　　　　　　　　　；设立工件坐标系，选 01 号刀

N20 G95 G97 G36 M04 S800　　　　；主轴以 800r/min 正转

N30 G00 X45.0 Z2.0　　　　　　　 ；刀具快速定位

N40 G80 X28 Z-80.0 F180

N50 G80 X25.2 Z-80.0 F180　　　　；粗车 ϕ25mm 外圆，进给速度为 180mm/min

N60 X21.2 Z-30.0　　　　　　　　　；粗车 ϕ21mm 外圆

N70 S1500

N80　G00 X15.0 Z2.0　　　　　　　；快速定位，准备精车

N90　G01 X19.0 Z0 F150　　　　　 ；倒角延长线上的点（15，2）

N100　X21.0 Z-1.0

N110　Z-30.0

N140　X25

N150 W-50.0

N160 X40
N170 G00 X100.0   ；快速移到换刀点
N180 Z100.0
N190 T0202   ；换切槽刀
N200 S600
N210 G00 X45.0 Z-30.0
N220 G01 X19.0 F30   ；切槽
N230 G04 P1.0   ；暂停 1s 光整槽底
N240 G01 X45.0 F180
N250 Z-80.0
N260 G01 X23.0 F30
N270 G04 P1.0
N280 X45.0 F180
N290 G00 X100.0   ；退刀
N300 Z100.0
N310 M05
N320 M30   ；程序结束并返回

2. 程序二：第二次安装，加工左端

程序内容   简要说明
%2003   ；程序号
N10 T0101   ；设立工件坐标系，选 01 号刀
N20 G97 G95 M04 S800   ；主轴正转，转速为 800r/min
N30 G00 X45.0 Z0   ；刀具快速定位
N40 G01 X0 F180   ；车左端面
N50 X27.2   ；粗车 ϕ27mm 外圆
N60 Z-40.0
N70 X45.0
N80 S1500
N90 G00 Z2
　　X21.0   ；倒角延长线
N120 G01 X27.0 Z-1.0 F80   ；倒角
N130 Z-41.0
N140 G00 X100.0   ；退刀

N150 Z100.0 M05

N160 M30   ;程序结束

二、螺纹轴的数控加工

螺纹轴的零件图如图 3-23 所示，已知毛坯规格为 φ32mm×105mm 的棒料，材料为 45 钢。要求制订正确的工艺方案，选择合理的刀具和工艺参数，并编制数控加工程序。

螺纹是轴套类零件上的常见结构，本例以典型轴类零件为载体，分析螺纹结构的数控加工工艺设计与程序编制，使学生具备使用螺纹加工指令编制常用零件的数控车削程序的能力。

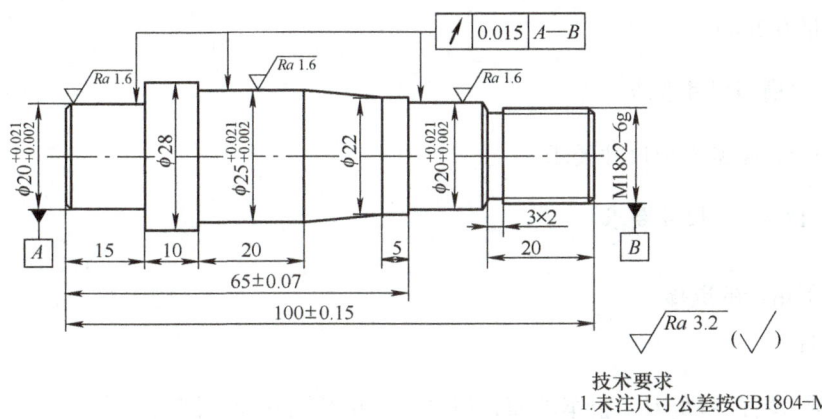

技术要求
1.未注尺寸公差按GB1804-M加工。
2.未注倒角C1。

图3-23 螺纹轴零件图

（一）加工工艺分析

1. 工艺分析

（1）零件图的工艺分析 如图 3-23 所示，螺纹轴由外圆柱面、外圆锥面、沟槽、普通三角螺纹构成。工件两端 φ20mm 和中间 φ25mm 等外圆尺寸精度要求较高，表面粗糙度 Ra1.6μm。为保证螺纹轴的传动平稳性，圆跳动误差需控制在公差范围 0.015mm 内。

（2）装夹方案确定 为了保证圆跳动公差要求，螺纹轴加工需两次装夹，分别采用自定心卡盘和一顶一夹的定位方式。采用设计基准作为定位基准，符合基准重合原则，且可避免因占机人工找正而浪费时间。

（3）加工顺序和进给路线的确定

1）工序一

① 自定心卡盘夹毛坯外圆，伸出约 40mm，车平端面，钻中心孔。

② 粗车 φ20mm、φ28mm 外圆，留精车余量 0.2mm。

③ 精车 φ20mm 外圆。

2）工序二

① 工件调头，用铜皮包 φ20mm 外圆，并用自定心卡盘夹持，工件伸出约 80mm，找正 φ20mm 外圆并夹紧工件。车平端面取总长，以工件右端面作为工件坐标系原点，重新设置 Z 坐标。

② 钻右端面中心孔。

③ 一夹一顶装夹工件，粗车 φ25mm、φ22mm、φ20mm 圆柱面、圆锥面、M18×2 螺纹大径等，各留精车余量 0.2mm。

④ 切螺纹退刀槽至尺寸要求。

⑤ 精车各外圆、圆锥面至尺寸要求。

⑥ 车螺纹 M18×2 至尺寸要求。

2. 刀具及切削用量的选择

（1）确定刀具

T01——外圆可转位粗车刀，粗车端面，粗车、半精车圆柱面、倒角。

T02——外圆可转位精车刀，精车端面，精车圆柱面、倒角。

T03——切槽刀（设定刀头宽度为 3mm），切槽。

T04——60° 可转位螺纹车刀，车螺纹。

（2）确定切削用量

1）主轴转速：粗车外圆时，确定主轴转速为 800r/min。精车外圆时，确定主轴转速为 1200r/min。车螺纹时，确定主轴转速为 500r/min。车槽时，确定主轴转速为 500r/min。

2）背吃刀量：粗车时，确定背吃刀量为 2mm。精车时，确定背吃刀量为 0.2mm。

3）进给量：粗车外圆时，确定进给量为 0.2mm/r。精车外圆时，确定进给量为 0.08mm/r。车槽时，确定进给量为 0.05mm/r。

（二）编制加工程序

1. 程序一：工序一，加工左端

程序内容　　　　　　　　　　　　简要说明

%4001

N010 T0101　　　　　　　　　　　；换 1 号刀，执行 1 号刀补

N020 G95 G00 X100 Z100	；快速定位到换刀点
N030 M03 S800	；主轴正转，主轴转速为 800r/min
N040 X40 Z2	；快速定位到循环起点（X=40，Z=2）
N050 G71 U2 R2 P90 Q140 X0.2 Z0 F0.2	；用 G71 粗加工外轮廓
N060 G00 X150 Z150	；粗加工后返回换刀点
N070 T0202 S1200	；换 2 号刀，主轴转速为 1200r/min
N080 G00 G42 X35 Z2	；快速定位到循环起点（X=35，Z=2）
N090 G01 X16 F0.08	；精加工轮廓程序段 N090～N140
N100 X20 Z-1	
N110 Z-15	
N120 X28	
N130 W-15	
N140 X40	
N150 G00 G40 X100 Z100	；返回换刀点并取消半径补偿
N160 M05	；主轴停止
N170 M30	；程序结束

2. 程序二：工序二，加工右端

程序内容	简要说明
%4002	
N010 T0101	；换 1 号刀，执行 1 号刀补
N020 G95 G00 X100 Z100	；快速定位到换刀点
N030 M03 S800	；主轴正转，转速为 800r/min
N040 X40 Z2	；快速定位到循环起点
N050 G71 U2 R1.5 P200 Q300 X0.2 Z0 F0.2	；用 G71 粗加工
N060 G00 X100 Z100	；返回换刀点
N070 T0303 S500	；换 3 号切槽刀，主轴转速为 500r/min
N080 X25 Z-20	；定位到车槽起刀点
N090 G01 X14 F0.05	；车 3mm×2mm 槽

三、压板的数控加工

（一）加工工艺分析

1. 零件图分析

压板的零件图如图 3-24 所示。该零件 4 个侧面及上下底面已符合加工要求，无需加工。从结构形状、尺寸及技术要求、定位基准及毛坯等方面对零件图进行分析,该零件的加工表面由平面、圆弧成形槽及 4 个 ϕ20mm、深 10mm 沉孔组成;各尺寸均标注有公差,最小表面粗糙度值为 $Ra1.6\mu m$;材料为 45 钢,无热处理要求。需要通过粗、精加工来完成。

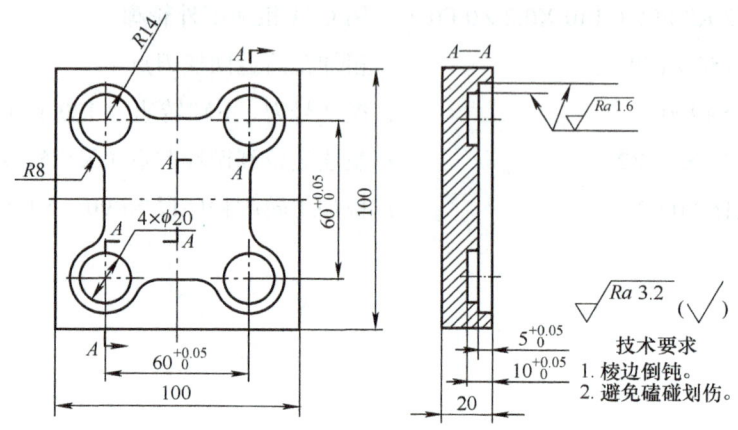

图3-24　压板零件图

2. 装夹方案

用平口钳装夹。在数控铣床上由底面及相邻两侧面定位,用压板压紧即可。

3. 刀具选择

铣平面时,在粗铣中为降低切削力,铣刀直径应小些,但又不能太小,以免影响加工效率;在精铣中为减小接刀痕迹,铣刀直径应大些。因为沉孔加工采用 ϕ20mm 的立铣刀,因此,压板采用数控铣床加工可以选用 ϕ20mm 的立铣刀。

4. 工件坐标系的确定及刀具路径

粗铣用环切法切去中间部分余量,再用环切法切出内凹成形面;精铣采用沿内凹成形面轮廓走刀的方法,切完全部余量,如图 3-25 所示。

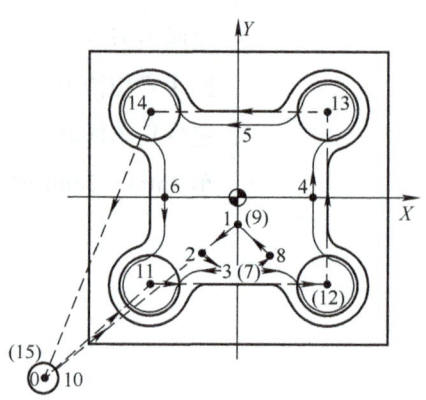

图3-25　精铣沿内凹成形面轮廓刀具路径

5. 填写工艺文件

压板的数控加工工序卡见表 3-7。

表 3-7 压板的数控加工工序卡

数控加工工序卡			产品名称		零件名称		零件图号	
					压板		01	
工序号	程序编号	夹具名称	夹具编号		使用设备		车间	
001		平口钳			XP200		数控实训中心	
			切削用量			刀具		
工步号	工步内容	主轴转速 n /(r/min)	进给速度 v_f /(mm/min)	背吃刀量 a_p/mm	编号	名称	量具名称	备注
1	粗铣轮廓	600	100	4.9	T01	ϕ20mm 立铣刀	游标卡尺	手动
2	精铣轮廓	1000	80	0.1	T01	ϕ20mm 立铣刀	游标卡尺	手动
3	精铣ϕ20mm沉孔	1000	80	4	T01	ϕ20mm 立铣刀	游标卡尺	手动
编制		审核		批准			共 页	第 页

（二）编制数控程序

1. 轮廓粗加工程序

1）使用 ϕ20mm 立铣刀。

2）刀具半径补偿 D_1 = 10.2mm（即通过刀补，留单边 0.2mm 的加工余量）。

3）程序如下：

程序内容

%_N_XM9Z1_MPF

N010 G17 G21 G40 G90 G94

N020 G54 G00 Z100 M03 S600

N030 X-80 Y-80

N040 Z2 M06 T1

N050 G01 Z0 F100

N060 G00 X-15 Y-15

N070 G01 Z-5 F100

N080　X15

N090　Y0

N100 X-15

N110 Y15

N120 X15

N130 G00 Z2

N140 X-12.990 Y-22.5 G41

N150 G01 Z-4.8

N160 G03 X0 Y-30 CR=15

N170 G01 X9.506

N180 G02 X16.958 Y-35.091 CR=8

N190 G03 X35.091 Y-16.958 CR=-14

N200 G02 X30 Y-9.506 CR=8

N210 G01 Y9.506

N220 G02 X35.091 Y16.958 CR=8

N230 G03 X16.958 Y35.091 CR=-14

N240 G02 X9.506 Y30 CR=8

N250 G01 X-9.506

N260 G02 X-16.958 Y35.091 CR=8

N270 G03 X-35.091 Y16.958 CR=-14

N280   G02 X-30 Y9.506 CR=8

N290 G01 Y-9.506

N300 G02 X-35.091 Y-16.958 CR=8

N310 G03 X-16.958 Y-35.091 CR=-14

N320 G02 X-9.506Y-30 CR=8

N330 G01 X0 Y-30

N340 G03 X12.990 Y-22.5 CR=15

N350 G00 Z10 G40

N360 G00 Z100

N370 G00 X-80 Y-80

N380   M05   ；主轴停止

N390   M30   ；程序结束

2. 轮廓精加工程序

轮廓精加工程序与轮廓粗加工程序相同，但要根据工序卡在加工时调整主轴及进给轴倍率开关。

习题

3-1 什么是数控？什么是数控机床？什么是数控系统？

3-2 数控系统主要由哪几部分组成？

3-3 简述 CNC 系统的工作流程。

3-4 CNC 机床有哪些特点？

3-5 数控机床按伺服系统的控制方式分为哪几类？

3-6 数控机床按控制系统的特点分为哪几类？

3-7 什么是 FMC？它由哪几部分组成？

3-8 什么是 FMS？它由哪几部分组成？

3-9 FMS 的效益体现在哪几方面？

3-10 数控加工中常用的坐标系有哪些？它们之间有什么关系？

3-11 数控机床采用的是什么坐标系统？

3-12 自己编制一个简单的数控加工程序。

模块四 特种加工

一、教学目标

（一）能力目标

通过完成塑料叶轮注塑模型腔的电火花加工，培养学生对物理、化学、电工、液压、机械等多门课程各种学科知识的综合应用能力，巩固并深化前期课程，使学生了解电火花加工、电化学加工、超声加工、激光加工、电子束和离子束加工，以及快速原型技术、高压水射流加工等特种加工方法的基本原理、基本设备、工艺规律、主要特点和适用范围，从而使学生具有能合理选择加工方法的基础知识，提高其解决工艺难题的能力，以适应当今社会制造业发展的需求。

（二）知识目标

1. 了解特种加工及其发展趋势。
2. 掌握特种加工的特点及分类。
3. 理解特种加工对材料可加工性和结构工艺性的影响。
4. 掌握电火花加工、电化学加工、超声加工的原理、分类、特点及应用。
5. 掌握激光加工、电子束和离子束加工的加工工艺过程、分类、特点及应用。
6. 掌握常用特种加工设备的操作。

（三）素质目标

1. 培养学生的职业素养与团队协作能力。
2. 培养学生敬业爱岗、扎根基层的品质。
3. 培养学生树立能够实现自主创新的信心，形成追求自主创新的原动力。
4. 培养学生具有终身学习新技术、新工艺、新设备的能力。

二、工作案例：叶轮的特种加工

现代制造技术是在传统制造技术基础上，不断吸收电子技术、信息技术、计算机控制技术、自动化技术、新材料技术、新能源与现代管理技术等多学科先进技术，并将其综合应用于产品设计、制造、检测、管理、销售、使用、服务的全过程，实现优质、高效、低耗、清洁、灵活的生产、服务，提高对动态多变市场的适应能力和竞争能力所形成的一个学科体系。

特种加工是直接利用电能、光能、声能、电化学能、热能、化学能等进行加工的方法。特种加工过程中，工件与工具之间不存在显著的机械切削力。特种加工的方法有电火花加工、电解加工、超声加工、激光加工等，本例的塑料叶轮注塑模型腔的加工就需要电火花加工。叶轮如图 4-1 所示，在 ϕ120mm 圆的范围内，以其轴心作为对称中心，均匀分布六片叶片的型槽，槽的最深处尺寸为 15mm；槽的上口宽 2.2mm；槽壁有 0.2mm 的脱模斜度（约 30′），工件的中心有一个 $\phi 10_{-0.03}^{-0.01}$ mm 的孔。

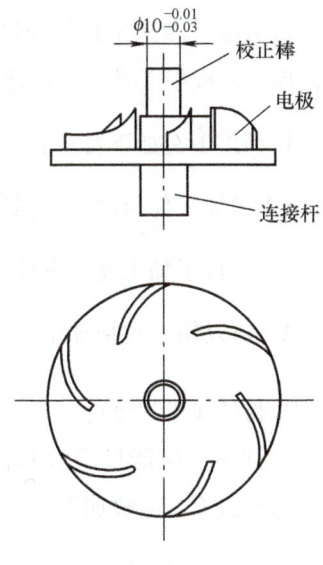

图4-1 叶轮

在实际生产中，有许多零件需要应用特种加工技术，如各种形状的冲模，需应用电火花线切割技术，不导电的非金属材料如玻璃、陶瓷加工需应用超声加工技术等。传统的切削加工方法都是"以硬克软"，即由"硬"的刀具对"软"的被加工材料施以外力，使被加工材料变形和分离，以达到加工的目的，但是有许多传统加工方法难以加工的材料，这些材料具有高硬度、高强度、高脆性、高熔点或高黏性等，如硬质合金、钛合金、淬火工具钢、陶瓷、玻璃等。有些结构难以加工，这些结构有复杂曲面，如涡轮机的叶片、成形模具的模腔。此外还有极小的尺寸，如栅网、喷丝嘴、喷油嘴；低刚度构件，如薄壁件、细长轴、弹性元件等。为解决以上加工难题，特种加工方法渐渐发展起来。

本案例中的塑料叶轮注塑模型腔采用电火花加工。主要加工任务有工件在电火花加工前的工艺路线规划、确定满足工具电极的技术要求、实施单电极平动修光法；同时要正确安装定位，包括装夹、校正、固定和加工参数的选择等。要求加工表面粗糙度 Ra 值在 1.5～2μm 范围内，这样可以直接使用，不需要钳工抛光。加工后，槽侧壁有 0.2mm 的脱模斜度，要符合设计要求。

单元1　概述、电火花加工与电火花线切割

一、概述

特种加工技术，即利用电能、热能、光能、化学能等，在不产生切削力的情况下，以低于工件硬度的工具去除工件上的多余材料，达到"以柔克刚"的目的。为了区别于原有的金属切削加工，这些新的加工方法统称为特种加工。

特种加工概论、电火花加工、线切割加工

1. 特种加工的特点

特种加工在加工机理和加工形式上与传统的切削加工有着本质的区别。特种加工不是主要依靠机械能，而是用其他能量来去除金属材料；特种加工工具的硬度可以低于被加工材料的硬度，加工过程中工具和工件之间不存在显著的机械切削力。

特种加工有如下特点：

1）可加工任何硬度、强度、韧性、脆性的金属和非金属材料。

2）专长于加工复杂零件、微细表面零件和低刚度零件。

3）可以用于超精加工、光整加工和纳米加工。

2. 特种加工的分类

特种加工按能量来源和作用形式及加工原理来分，有电火花加工、激光加工、电子束加工、超声加工、电解加工等。

二、电火花加工

电火花加工是利用工具和工件（阳、阴电极）之间脉冲放电时的电腐蚀现象对材料进行加工的方法。

1. 电火花加工的原理

电火花加工的原理如图 4-2 所示。一般情况下，工具电极 4 接脉冲电源 2 的负极，工件 1 接脉冲电源 2 的正极，两极间充满工作液 5（电解液）。工具电极 4 常用铸铁、黄铜或石墨与黄铜的混合物制成。工作液 5 通常为煤油或变压器油。当工具电极 4 与工件 1 在自动进给调节装置 3 的驱动下相互靠近时，工作液 5 被击穿而产生瞬时火花放电，由放电产生的瞬间高温使工件 1 和工具电极 4 表面的材料产生不同程度的熔化和汽化，并以爆炸的方式将熔化的金属抛出，达到蚀除金属材料的目的。工作液 5 以一定的压力通过工具电极 4 与工件 1 的间隙，将蚀除产物带走。随着工具电极 4 与工件 1 的不断接近，放电过程继续进行，工件表面材料不断被蚀除，最终在工件上形成工具电极轮廓的形状。

按工具电极和工件相对运动的方式和用途不同，电火花加工大致可分为电火花成形加工和电火花线切割加工。

2. 电火花加工的特点及应用

（1）特点

1）电火花加工精度较高。

2）在同一台电火花加工机床上通过调节放电脉冲的大小可实现粗、精加工。

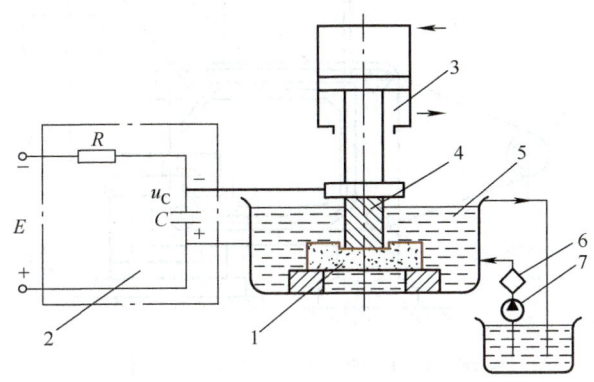

图4-2 电火花加工的原理
1—工件 2—脉冲电源 3—自动进给调节装置 4—工具电极 5—工作液 6—过滤器 7—工作液泵

3)经过电火花加工的钢件表面得到强化,硬度可达 62~68HRC。

4)生产率较低。由于电火花加工依靠放电蚀除金属,金属去除率远低于普通切削加工,故生产率较低。

(2)应用 电火花加工的应用很广,可以加工各种硬、脆、韧、软和高熔点的导电材料,也可以加工薄壁、曲面(如叶片)、曲线孔、各种型孔(如圆孔、方孔、异形孔)和微小孔(如拉丝模和喷头小孔),也可以加工各种立体曲面型腔,如锻模、压铸模、塑料模的型腔,还可以用来进行切割、表面强化、刻写、打印标记等。电火花加工主要用于工具、模具的制造及难加工材料的切割。

三、电火花线切割

1. 概述

电火花线切割自20世纪50年代末诞生以来,获得了极其迅速的发展,已逐步成为一种高精度和高自动化的电加工方法。在模具制造、成形刀具加工、难加工材料和精密复杂零件的制造等方面获得了广泛应用。目前电火花线切割机床已占电加工机床的60%以上。

电火花线切割是一种用线状电极作为工具的电火花加工,又称为线电极电火花加工,其特点是电极丝做双向高速的走丝运动,工件相对电极做 X、Y 方向的任意轨迹运动,直接利用电能、热能进行尺寸加工。电火花线切割加工原理如图4-3所示。

由于电火花线切割采用线状电极(钼丝/钨丝/铜丝),靠火花放电切割工件,简称为线切割加工。

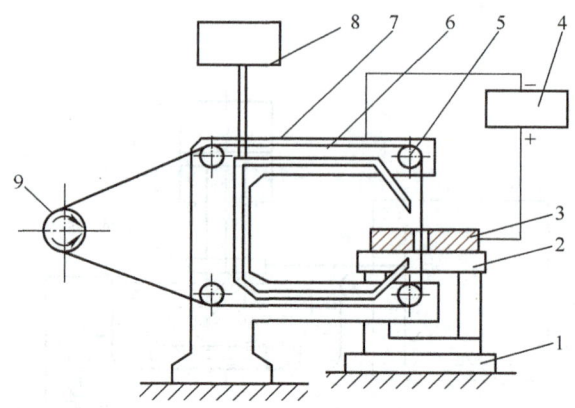

图4-3 电火花线切割加工原理示意图
1—坐标工作台 2—夹具 3—工件 4—脉冲电源 5—导轮
6—电极丝 7—丝架 8—工作液箱 9—储丝筒

2. 电火花线切割与电火花加工的区别

1）平均加工电流、脉冲宽度不能太大，加工工艺参数范围小，属于中、精加工，正极性加工（电极采用直径较小的细丝）。

2）采用水或水基工作液，有明显的电解电流，不会起火，易于实现无人运行，电解效应的存在有利于改善表面粗糙度。

3）一般没有稳定的电弧放电（有相对运动）。

4）省掉了成形的工具电极，大大降低了成形电极的设计和制造。电极丝较细，可以加工微细异形孔、窄缝和复杂形状的工件。

5）采用移动的长电极丝进行加工，单位长度上电极丝的损耗较低，对精度影响小（慢走丝的电极丝为一次性使用，不影响精度）。

3. 电火花线切割的特点

1）不需要制造复杂的成形电极。

2）能够方便快捷地加工薄壁、窄槽、异形孔等复杂结构零件。

3）一般采用精规准一次加工成形，在加工过程中大都不需要转换加工规准。

4）由于采用移动的长电极丝进行加工，单位长度电极丝的损耗较少，从而对加工精度的影响比较小，特别是在低速走丝线切割加工时，电极丝为一次性使用，电极丝的损耗对加工精度的影响更小。

5）工作液多采用水基乳化液，很少使用煤油，不易引燃起火，容易实现安全无人操作运行。

6)没有稳定的拉弧放电状态。

7)脉冲电源的加工电流较小,脉冲宽度较窄,属于中、精加工范畴,采用正极性加工方式。

4. 电火花线切割的应用

1)各种形式的冲裁模及挤压模、粉末冶金模、塑压模等通常带锥度的模具加工。

2)高硬度材料零件的加工。

3)特殊形状零件的加工。

4)加工电火花成形加工用的铜、铜钨、银钨合金等材料电极。

单元2 电解加工(电化学加工)

一、电解加工的原理

电解加工又称为电化学加工,是利用金属在电解液中发生阳极溶解的电化学反应原理,将金属材料加工成形的一种方法。

电化学加工

图4-4所示为电解加工装置示意图。工件接直流电源的正极,工具接负极,两极间保持较小的间隙,清洁电解液以一定的压力和速度从间隙流过,使两极间形成导电通路,并在电源电压下产生电流,于是工件被加工表面的金属材料将由于电化学反应而不断溶解到电解液中,电解的产物则被电解液带走。加工过程中,工具阴极不断地向工件恒速进给,工件金属不断溶解,使工件与工具各处的间隙趋于一致,工具阴极的形状尺寸将复制在工件上,从而得到所需要的零件形状。

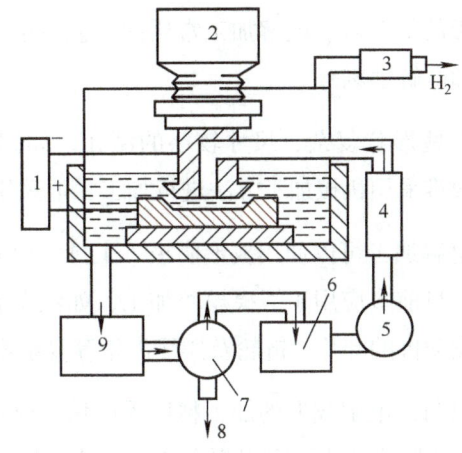

图4-4 电解加工装置示意图
1—直流电源 2—电极送进机构 3—风扇 4—过滤器 5—泵
6—清洁电解液 7—离心分离器 8—残液 9—脏电解液

二、电解加工的特点

1. 电解加工的优点

电解加工是利用电化学能而实现加工的,与其他加工方法相比,有如下优点。

1)电解加工不受材料本身强度、硬度和韧性限制,可以加工淬火钢、硬质合金、不锈钢和耐热合金等高强度、高硬度和高韧性的导电材料。

2)电解加工中不存在机械切削力,工件不会产生残余应力和变形,也没有飞边、毛刺。

3)电解加工可得到镜面加工,且加工速度越快,表面质量越好。

4)电解加工过程中,工具阴极理论上不会损耗,可长期使用。

5)电解加工的生产率较高,约为电火花加工的5~10倍,某些情况下甚至高于切削加工。

6)电解加工能以简单的进给运动一次加工出形状复杂的型腔与型面。

2. 电解加工的缺点

电解加工的缺点体现在以下几个方面。

1)电解加工设备投资较大,有污染。电解液一般都具有腐蚀性,因此要采取防腐措施。

2)电解加工的生成物最终形成淤渣,需要进行处理。

3)制造电解加工使用的工具电极需要熟练的技术。

4)电解加工的加工精度与工件的形状有关。对于简单形状及曲面零件,可以得到很高的加工精度;对于复杂、细小形状零件,加工精度低。

三、电解加工的应用

电解加工主要用在切削加工困难的领域,如难以加工的材料、形状复杂的表面和刚度较差的薄板的加工等。电解加工常用的工艺有电解穿孔、电解成形、电解去毛刺、电解切割、电解抛光和电解蚀刻等。

一些形状复杂、尺寸较小的型孔,如四方孔、六方孔、椭圆、半网等形状的通孔和不通孔,很难采用机械加工方法进行加工,但采用电解加工则既可保证加工质量,又可提高生产率。

电解加工可以使用成形阴极(工具)对复杂的工件型腔一次成形,生产率高,表面粗糙度值小,目前多应用于锻模模腔加工,如汽车和拖拉机的连杆、曲轴、十字轴等零件,以及汽轮机和发动机的叶片、链轮及摆线齿轮等复杂零件的加工。

目前,电解成形的加工精度受电场、磁场、电解液状态及进给速度等因素的影响,仍难掌握。在实际生产中,可以根据均匀间隙的理论初步设计工具的形状,然后通过多次试验、修正,直到加工精度满足要求。

单元3　激光加工与超声加工

一、激光加工

1. 激光加工的原理

激光加工是利用功率密度极高的激光束照射工件的加工部位,使其瞬间熔化或蒸发,并在冲击波作用下,将熔融物质喷射出去,从而对工件进行穿孔、蚀刻、切割的加工方法。激光加工具有加工速度快、变形小等优点,可以加工各种金属和非金属材料。

激光加工与超声加工

激光加工的原理如图4-5所示。激光器1吸收的特定波长的光通过光阑2和反射镜3后输出激光束,并通过透镜4将激光束聚焦到工件5的加工表面上,即可对工件进行特种加工。

激光加工大多数都是基于光对非透明体的热作用过程,激光加工的物理过程大致可分为材料对激光的吸收与能量转换,材料的加热熔化、汽化,蚀除产物的抛出等几个连续的阶段。

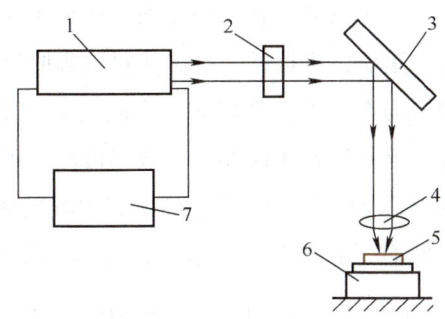

图4-5　激光加工的原理
1—激光器　2—光阑　3—反射镜　4—透镜
5—工件　6—工作台　7—电源

2. 激光加工的特点

（1）加工范围广　激光加工的功率密度是各种加工方法中最高的一种,几乎能加工任何金属和非金属材料,如高熔点材料、耐热合金、硬质合金、有机玻璃及陶瓷、宝石、金刚石等硬脆材料。激光加工不需要真空条件,可在各种环境中进行。

（2）加工质量好　由于激光具有能量密度高、瞬态性和非接触性等特点,工件热变形极小,且无机械变形,对精密小零件的加工非常有利。

（3）无工具损耗　激光加工不需要加工工具,是非接触加工,工件不受明显的切削力,可对刚度差的薄壁零件进行加工。

（4）加工效率高　激光加工的加工速度快、效率高,可减小热扩散带来的热变形。

（5）加工简单方便　激光加工可控性好,易于实现加工自动化。激光加工装置小巧简单,维修方便。

（6）能实现一机多能　在同一台激光加工装置上可分别进行切割、钻孔、焊接、表面处理等多种加工，既可分步加工，又可在几个工位同时加工。

激光加工无公害和污染。激光束不会产生 X 射线等有害射线，无加工污染，也无需安装射线防护装置。

激光加工虽然加工范围广，但必须按照工件的加工特性选择合适的激光器，对照射能量密度和照射时间实现最佳控制。如果激光器、能量密度和照射时间的条件选择不当，则很难得到理想的加工效果。

3. 激光加工的应用

近年来，激光加工被越来越多地应用在汽车、仪器仪表、模具制造等领域。目前，激光加工的应用主要有以下几个方面。

（1）激光打孔　激光加工领域中应用最广的是激光打孔。激光打孔是利用凸镜将激光在工件上聚焦，焦点处的高温使材料瞬时熔化、汽化、蒸发，汽化物质以超声速喷射出来，它的反冲击力在工件内部形成一个向后的冲击波，在此冲击波作用下将孔打出。激光打孔速度极快，打一个孔只需 0.1s 左右，效率极高，可用于微细孔加工与超硬材料打孔，孔的直径在 0.01 mm 以下，孔的深径比可达 50。利用激光加工微小型孔目前已应用在火箭发动机和柴油机的燃料喷嘴加工、化学纤维的喷丝头、仪表及钟表宝石轴承孔、金刚石拉丝模加工等方面。

（2）激光切割　激光切割的原理和激光打孔的原理基本相同，都是基于聚焦后的激光具有极高的功率密度而使工件材料瞬时汽化蚀除。所不同的是，激光切割时工件与激光束要相对移动，在生产实践中，一般都是移动工件。激光可以切割各种金属、陶瓷、玻璃、半导体材料，以及布、纸、橡胶、木材等各种材料，切割效率很高，切口很窄，并可十分方便地切割出各种曲线形状。

（3）激光焊接　激光焊接的原理与激光打孔的原理稍有不同，焊接时不需要那么高的能量密度使工件材料汽化腐蚀，而只要将工件的加工区"烧熔"，使其结合在一起。通常可以通过减小激光输出功率来实现激光焊接。

激光焊接一般无需焊料和焊剂，焊接过程迅速，热影响区小，焊缝质量高，既可以焊接同种材料，也可以焊接异种材料，还可以透过玻璃进行焊接。

（4）激光雕刻　激光雕刻的原理与激光切割的原理基本相同，只是工件的移动由两个坐标的数控系统传动。激光雕刻可在平板上蚀除出所需图样，一般多用于印染行业及美术作品。

（5）激光热处理　激光热处理的过程是用激光束扫射工件表面，其红外能量被工件表面吸收而迅速形成极高的温度，使金属产生相变甚至熔融；随着激光束离开工件表面，工件表面的热量迅速向内部传递而形成极高的冷却速度。用激光进行表面淬火，工件表面的加热速度极快，内部受热极少，工件不产生热变形，特别适合于对齿轮、气缸筒等复杂零件进行表面淬火，国外激光热处理已应用于自动生产线上对齿轮进行表面淬火。激光热处理由于不必用炉子加热，是敞开式的，故也适合于大型工件的表面淬火。但激光热处理硬化层较浅，一般小于1mm。

二、超声加工

1. 超声加工的原理

利用工具端面做超声频振动，使工作液中的悬浮磨粒对工件表面撞击、抛磨来实现加工的方法，称为超声加工。超声加工常用于穿孔、切割、焊接、套料和抛光。

超声加工的原理如图4-6所示。由超声波发生器3产生的高频电磁振荡信号（一般为16～30kHz），通过超声波换能器4转换成超声频振动。超声频振动通过变幅杆5、6放大振幅，并驱动以一定的静压力使压在工件1表面上的工具2产生相应频率的振动。工具2端部通过磨料不断地撞击工件，使加工区的工件1的表面材料粉碎成很细的微粒并被循环的磨料悬浮液7带走，工具2便逐渐进入到工件1中，从而加工出与工具相应的形状。

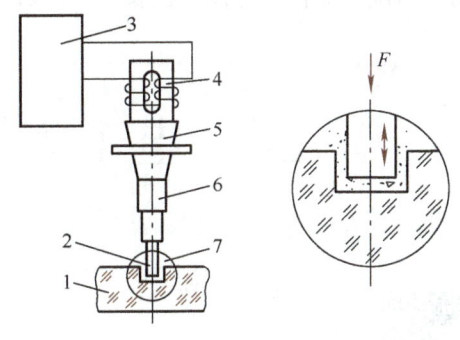

图4-6 超声加工的原理
1—工件 2—工具 3—超声波发生器 4—超声波换能器
5、6—变幅杆 7—磨料悬浮液

2. 超声加工的特点

（1）优点

1）超声加工不受材料是否导电的限制；工具对工件的作用力小、热影响小，因而可加工薄壁、窄缝和薄片工件；被加工材料的脆性越大，越容易加工，材料越硬或强度、韧性越大，则越难加工；由于工件材料的碎除主要是靠磨料的作用，磨料的硬度应比被加工材料的硬度高，而工具的硬度可以低于工件材料；可以与其他多种加工方法结合应用，如超声振动切削、超声电火花加工和超声电解加工等。

2）超声加工适合加工各种硬脆材料，尤其是玻璃、陶瓷、宝石、石英、锗、硅、石墨等不导电的非金属材料；也可加工淬火钢、硬质合金、不锈钢、钛合金等硬度高或耐热的金属材料。

3）由于去除工件材料主要依靠磨粒瞬时局部的冲击作用，故工件表面的宏观切削力很小，切削应力、切削热更小，不会产生变形及烧伤，加工的精度高，加工表面质量好，表面粗糙度值也较小。超声加工适于加工薄壁、窄缝、低刚度零件。

4）工具可用较软的材料做成较复杂的形状，且不需要工具和工件做比较复杂的相对运动便可加工各种复杂的型腔和型面。超声加工机床的结构简单，操作、维修方便。

5）超声加工属于无屑加工，无污染。

（2）缺点　超声加工的面积不够大，而且工具头磨损较大，故生产率较低。

3. 超声加工的应用

超声加工特别适合加工硬脆性半导体、非导体材料。虽然其生产率不如电火花、电解加工，但加工精度及工件表面质量优于电火花、电解加工。因此，电火花粗加工或半精加工后的淬火钢和硬质合金冲压模、拉丝模、塑料模等，最终常用超声抛磨、光整加工。超声加工还可用于清洗、探伤和焊接，在农业、国防、医疗（超声手术刀）等方面应用十分广泛。

单元4　电子束加工与离子束加工

电子束加工与离子束加工

一、电子束加工

1. 电子束加工原理

电子束加工是在真空条件下，利用电流加热阴极发射电子束，带负电荷的电子束高速飞向阳极，途中经加速极加速，并通过电磁透镜聚集，使能量高度集中，从而使材料被冲击部分的温度在瞬间升高到摄氏几千度，热量还来不及向周围扩散就已把局部材料瞬时熔化甚至汽化去除。

电子束加工时，控制电子束能量密度的大小和能量注入的时间就可以实现不同的加工目的。例如，使材料局部加热，可进行电子束热处理；使材料局部熔化，可进行电子束焊接；提高电子束能量密度，使材料熔化和汽化，可进行钻孔、切割等；利用较低能量密度的电子束轰击高分子材料时产生化学变化的原理，可进行电子束光刻加工等。

电子束加工的原理如图4-7所示。

2. 电子束加工的特点

（1）电子束能量密度高　电子束能量密度高，聚集点范围小，适合加工精微深孔和窄缝等，加工速度快，效率高。

（2）电子束加工的工件变形小　电子束加工是一种热加工，主要靠瞬时蒸发去除多余金属，工件很少产生应力和变形，而且不存在工具损耗等，适合于加工脆性、韧性导体、半导体、非导体及热敏性材料。

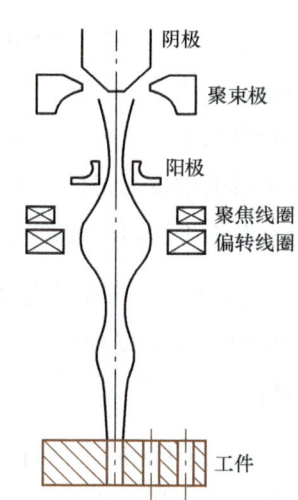

图4-7　电子束加工的原理

（3）电子束加工控制容易　在电子束加工过程中，可以通过电场或磁场对电子束的强度、位置、聚焦等直接进行控制，整个加工系统易实现自动化。

（4）电子束加工质量高　电子束加工在真空室中进行，故无杂质渗入，表面高温时也不易氧化，特别适于加工易氧化的金属材料及纯度要求极高的半导体材料。

3. 电子束加工的应用

（1）高速打孔　高速打孔的参数可以达到如下要求：

1）微细——最小直径达 3μm。

2）高速——0.1mm 厚不锈钢，ϕ0.2mm 孔，3000 个/s。

3）深度——深径比大于 10∶1。

（2）加工型孔和特殊表面　如用于加工弯孔和曲面。

（3）刻蚀　可在电子器件的硅片上刻槽、铜制印版滚筒上刻槽。

（4）焊接　可用于焊接难熔金属（钽、铌、钼）、活泼金属（钛、锆、铀），很薄、很厚（几百毫米）的异种金属（铜-不锈钢、钢-硬质合金）。

（5）热处理　由于加热、冷却速度很高，可获得常规不能达到的硬度；加热表面熔化后加入其他元素，可获得更好的物理力学性能。

（6）光刻　使电子抗蚀剂曝光，当可见光波长＞0.4μm 时，绘制的线条的分辨率难以小于 1μm，而电子束光刻的分辨率可达 10nm 以下。

二、离子束加工

1. 概述

离子束加工是利用惰性气体或其他元素的离子在电场中加速成高速离子束流，靠微观的机械撞击能量实现各种微细加工的一种新兴方法。离子束加工的加工分辨率在亚微米甚至纳米级。

离子束加工的原理和电子束加工基本类似，也是在真空条件下，将离子源产生的离子束经过加速、聚焦，使之撞击到工件表面。不同的是，离子带正电荷，其质量比电子大数千、数万倍，如氩离子的质量是电子的 7.2 万倍，所以一旦离子加速到较高速度时，离子束比电子束具有更大的撞击动能，它是靠微观的机械撞击能量来加工的，而电子束加工依靠动能转化为热能来加工。

离子束加工的原理如图 4-8 所示。

2. 分类

离子束加工主要有离子刻蚀、离子溅射沉积、离子镀、离子注入等。

3. 特点

1）离子束流的密度、能量可精确控制，可达纳米级加工精度，是特种加工方法中最精密、最微细的加工方法，是现代纳米加工技术的基础。

2）在真空下工作，对工件污染小，不会发生氧化。

3）依靠离子轰击材料表面原子的微观作用实现加工，宏观压力很小。

4）工件的加工应力和热变形极小，加工质量高，可用于加工各种材料。

5）设备昂贵、成本高、加工效率低。

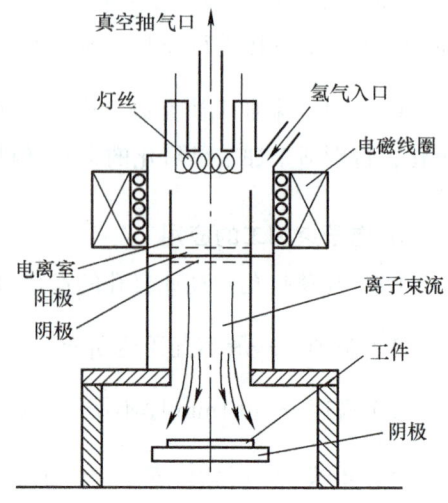

图4-8　离子束加工的原理

4. 应用

（1）刻蚀加工　当离子束轰击工件时，入射离子的动量传递到工件表面的原子，传递能量超过了原子间的键合力时，原子就从工件表面被撞击溅射出来，达到刻蚀的目的。为了避免入射离子与工件材料发生化学反应，必须用惰性元素的离子，通常用氩离子进行轰击刻蚀。具体应用如下。

1）加工陀螺仪空气轴承和动压马达上的沟槽，分辨率高，精度、重复一致性好。

2）刻蚀高精度的图形，如集成电路、声表面波器件、磁泡器件、光电器件和光集成器件等微电子学器件亚微米图形。

3）制作由波导、耦合器和调制器等小型光学元件组合而成的集成光路中的光栅和波导。

4）用离子束轰击的玻璃纤维可变为具有不同折射率的光导材料。

5）利用离子束加工使太阳能电池表面具有非反射纹理表面。

6）用于减薄材料，如减薄石英晶体振荡器、压电传感器和减薄探测器探头。

（2）镀膜加工　离子镀膜加工有溅射沉积和离子镀两种。离子镀时，工件不仅接受靶材溅射来的原子，还同时受到离子的轰击，这使离子镀具有附着力强、膜层不易脱落等独特的优点。离子镀技术已用于镀制润滑膜、耐热膜、耐蚀膜、耐磨膜、装饰膜和电气膜等。

单元5 快速原型(快速成型)技术

一、概述

传统的零件加工过程是先制造毛坯,然后经切削加工,从毛坯上去除多余的材料得到零件的形状和尺寸,这种方法统称为材料去除制造。

快速原型技术彻底摆脱了传统的"去除"加工法,而基于"材料逐层堆积"的制造理念,将复杂的三维加工分解为简单的材料二维添加的组合,它能在CAD模型的直接驱动下,快速制造任意复杂形状的三维实体,是一种全新的制造技术。其成型过程为:

1)建立零件的三维CAD模型。

2)模型Z向离散(分层)。

3)逐层堆积制造。

快速原型技术将计算机辅助设计(CAD)、计算机辅助制造(CAM)、计算机数控(CNC)、激光、新材料等先进技术融于一体,实现从CAD三维模型到实际原型或零件的加工。

快速原型工艺流程如图4-9所示。

快速成型技术

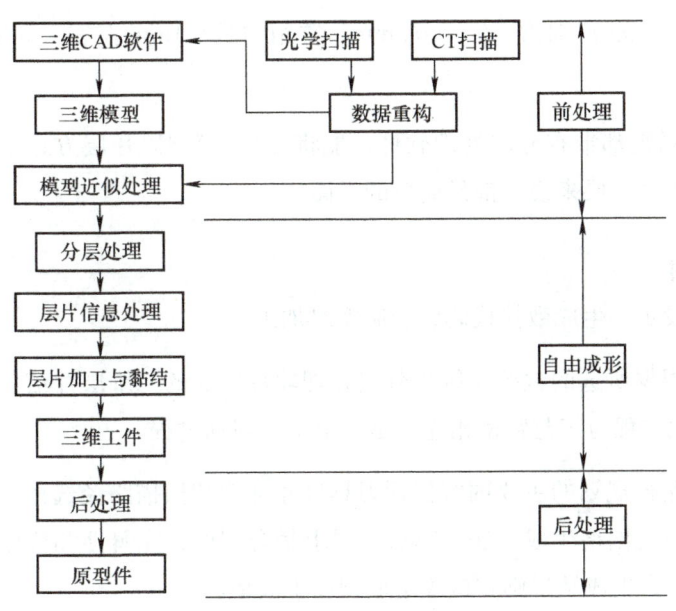

图4-9 快速原型工艺流程图

二、分类

主要成型方法有激光固化树脂材料的光造型法、纸张叠层造型法、热可塑造型法等。

三、特点

1）快速性。

2）高度集成化。

3）与工件复杂程度无关。

4）高度柔性。

5）自动化程度高。

四、快速原型的软件系统

快速原型的软件系统主要有 CAD 造型软件、分层处理软件和成型控制软件。

1. CAD造型软件

用于零件的三维设计，主要工作是根据产品的要求在 CAD 软件平台设计三维模型、根据二维图样构建三维模型、采用逆向工程技术构建三维模型。

2. 分层处理软件

用于分层计算以获取层片信息。由于快速原型是按一层层截面轮廓来进行成型，因此，加工前必须从三维模型上，沿成型的高度方向，每隔一定的间隔进行分层切片处理，以获得截面的轮廓。分层间隔选取的范围为 0.05~0.5mm，常用的是 0.1mm 左右。间隔越小，精度越高，但成型时间越长。

各种快速原型系统都带有分层处理软件，能将 CAD 模型以片层方式来描述，这样，无论零件多么复杂，对于每一层来说，都是简单的平面。

3. 成型控制软件

用于加工参数设定、生成数控代码、控制实时加工。

成型控制软件根据所选的数控系统将分层处理软件生成的二维层片信息即轮廓与填充的路径生成 NC 代码，此过程与工艺紧密相连，是一个工艺规划过程。

快速原型扫描路径规划的主要内容包括刀具尺寸补偿和扫描路径选择，其核心算法包括二维轮廓偏置算法和填充网格生成算法。算法的要求是合理性、完善性和鲁棒性，算法的好坏直接影响数据处理效率，生成结果则直接决定成型加工效率。

五、快速原型技术的应用

快速原型技术是一种新颖的、与传统制造方式迥然不同的制造技术，尽管因问世时间不长，目前还不够成熟，但其发展却异常迅猛，受到人们的广泛重视。这一新型制造技术对制造业的影响完全可与数控技术的影响相媲美。快速原型技术属于先进制造技术的范畴，该技术在制造思想的实现方式上具有革命性的突破，它可以自动、快捷地将设计思想物化为具有一定结构和功能的原型产品，从而可以对产品设计进行快速评价、修改及功能实验，有效地缩短了产品的研制周期。

快速原型技术的出现，开辟了不使用刀具、模具等传统工具而制作各类零部件的新途径，并为目前尚不能制作或难以制作的零件和模型提供了一种新的制造手段。快速原型技术可为CAD/CAM系统提供极具实用价值的技术支持，使通过CAD获得的几何图形实体化。毫无疑问，这一具有革命性的制造技术的出现和发展，必将为科学研究、医疗、机械制造、模具制造等各个领域的技术创新带来突破性进展。

单元6　高压水射流加工

一、概述

1. 加工原理

高压水射流加工技术是利用具有很高动能的高速射流（有时又称为高速水射流）进行的加工，与激光、离子束、电子束一样属于高能束加工范畴。

高压水射流切割原理如图4-10所示。

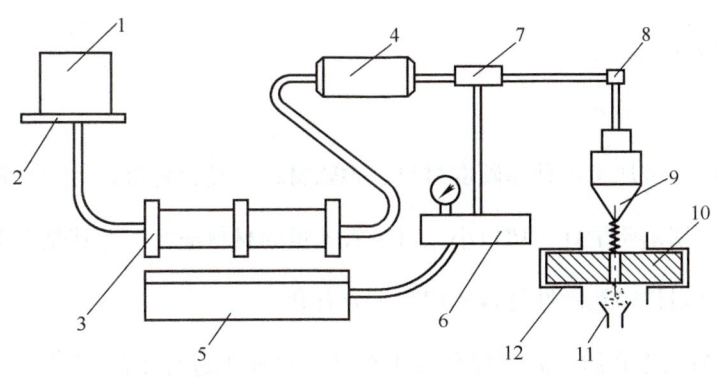

图4-10　高压水射流切割原理图

1—水箱　2—过滤器　3—水泵　4—蓄能器　5—液压机构　6—增压器
7—控制器　8—阀门　9—喷嘴　10—工件　11—水槽　12—夹具

与传统的火焰切割工艺相比，高压水射流切割具有切缝窄（0.8～1.22mm）、切口平整、无热变形、无边缘毛刺、切割速度快、效率高、加工成本低、无尘、无味、无毒、无火花、振动小、噪声低等特点，尤其适合于恶劣的工作环境和有防爆要求的危险环境下加工。与机械切削加工（如锯切、铣削等）相比，可以方便地获得复杂形状的二维切割轨迹，并且高压水射流永不变钝，无刀具损耗。与冲压工艺相比，加工柔性高，可节省模具设计及制造的费用。

2. 系统组成

主要由超高压泵、水刀切割头装置、水刀 X-Y 平面切割台、CNC 控制器和 CAD/CAM 软件包组成。

工件的切割形状及尺寸精度主要受喷嘴运动轨迹精度及喷嘴内孔直径的影响。在采用了滚珠丝杠驱动装置、线性导轨和 CNC 数控系统之后，喷嘴的运动轨迹精度可得到严格控制，工件的尺寸精度可控制在 ±0.1mm 以内。

在进行高压水射流切割时，对工业用水进行必要的处理和过滤具有重要意义。提高水介质的过滤精度，可以有效延长增压器密封装置、宝石喷嘴等的寿命，提高切割质量，提高设备的运行可靠性。

二、分类

（1）按照加砂情况来分　有无砂切割和加砂切割两种方式。

（2）按照设备来分　有大型水切割和小型水切割。

（3）按照压力来分　有高压型和低压型，一般以 100MPa 为界限，100MPa 以上为高压型，100MPa 以下为低压型，而 200MPa 以上为超高压型。

（4）按照技术原理来分　有前混式和后混式。

（5）按照安全切割来分　有安全切割类和非安全切割类。

三、特点与应用

1. 特点

1）切割范围广，可加工各种高硬度材料、柔软材料、复合材料、易碎材料。

2）切割力强，切割质量好，切口小，可节省大量的材料消耗，尤其是贵重材料。

3）无热加工，对许多热敏性材料的切割十分有利。

4）采用水作为工作介质，属于绿色加工范畴，且加工过程中的切屑与水一起排出，无粉尘污染。

5）无需更换刀具，一个喷嘴就可以加工不同类型的材料和形状。

6）可减少毛刺，切口光滑、无熔渣，无需二次加工。

7）可采用数控技术成型各种复杂图案。

8）可实现加工过程自动控制。

9）与其他设备组合，可以进行分别操作。可一次完成钻孔、切割、成形工作。

10）可减少调整次数。

11）生产成本低。

12）可 24h 连续工作。

2. 应用

高压水射流切割技术在国内外许多工业部门得到了广泛应用。例如在建材工业及建筑装潢业，具有其他切割技术缺少的技术优势，可用于切割大理石、花岗岩、陶瓷、玻璃纤维、石棉等材料，可切割出复杂形状的石材拼花，切割尺寸精确，无粉尘污染，使陶瓷地砖一改过去的单调呆板，呈现出五彩缤纷的装饰效果，使破损的陶瓷地砖、石材边角料经过深加工升值数十倍，成为精美的花鸟虫鱼、生肖艺术拼花图案而进入千家万户。

习题

4-1 特种加工技术与传统的切削加工相比有何特点？常用的特种加工方法有哪几种？

4-2 试述电火花加工的原理。

4-3 电火花加工有哪些特点？

4-4 何谓超声加工？试述超声加工的工作原理。

4-5 何谓激光加工？试述激光加工的工作原理。

4-6 简述电子束加工的特点。

4-7 什么是离子束加工？离子束加工可分为哪几类？

4-8 什么是快速原型？它有什么特点？

4-9 简述高压水射流加工的原理和应用。

模块五 先进制造技术

一、教学目标

（一）能力目标

掌握先进制造方法，了解先进制造技术的特点和发展趋势；了解机械制造系统的常用自动化技术，了解有关自动化生产线、智能制造单元运行管理、维护和调试的基本知识，具备一定的智能制造产线集成能力，为以后的工作打下良好的基础。

（二）知识目标

1. 了解先进技术的特点和发展趋势。
2. 认识机械制造系统的常用自动化技术。
3. 了解常见精密加工与超高速加工等先进加工技术的原理及应用。

（三）素质目标

1. 培养学生具有质量意识、环保意识、安全意识。
2. 使学生具有一定的系统思维、设计思维和工程理念。
3. 培养学生具有一定的创意、创新和创业能力。
4. 培养学生实事求是、与时俱进等精神。
5. 培养学生树立正确的社会主义核心价值观。

二、工作案例：型腔零件的加工

型腔零件是目前常用的零件之一，如图 5-1 所示，该零件为模具型腔，一般为单件、小批量生产，其材料为 CrWMn，为低合金工具钢，热处理硬度为 58～62HRC，外形尺寸为 160mm×125mm×20mm，毛坯尺寸为 170mm×145mm×40mm。要加工的部位有上下表面、四周侧面、内腔与 6 个孔（含螺纹）。要求上下表面的表面粗糙度 Ra 值为 0.8μm，内腔表面的表面粗糙度 Ra 值为 0.4μm，公差等级为 IT7，上下表面有平行度要求。要完成该零件的加工，需采用先进制造技术。通过本模块的学习，使学生掌握先进制造方法的原理及应用，了解先进制造技术的特点和发展趋势，认识机械制造系统的常用自动化技术。

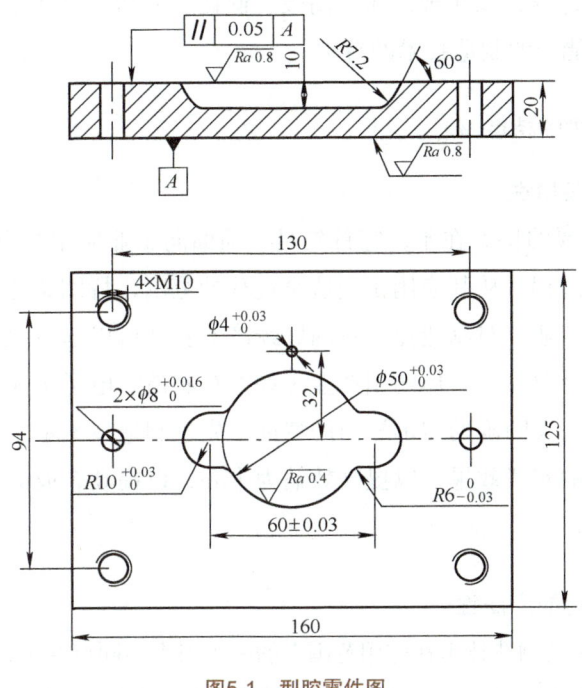

图5-1　型腔零件图

单元1　先进制造技术概述

先进制造技术是传统制造技术、信息技术、自动化技术与先进的管理科学、材料科学的结合。从其技术实质来说，先进制造技术主要体现在精密与特种加工技术和制造自动化技术两大领域，两者相辅相成，是先进制造技术的两大支柱。许多精密、超精密加工需要依靠自动化才得以达到预期的目标，制造自动化通过精密加工才能准确可靠地实现。

先进制造技术概述和高速加工技术

一、先进制造技术的内涵及特点

随着社会需求个性化、多样化的发展，生产规模沿小批量—大批量—多品种变批量的方向发展，同时以计算机为代表的高技术和现代化管理技术的引入、渗透与融化，不断地改变着传统制造技术的面貌和内涵，从而形成了先进制造技术。

（一）先进制造技术的内涵

目前对先进制造技术尚没有一个明确的、一致公认的定义，经过近年来对发展先进制造技术方面开展的工作，通过对其特征的分析研究，可以认为：先进制造技术是制造业不断吸收信息技术和现代管理技术的成果，并将其综合应用于产品设计、加工、检测、管理、销售、使用、服务乃至回收的制造全过程，以实现优质、高效、低耗、清洁、灵活生产，提高对动态多变的市场的适应能力和竞争能力的制造技术的总称。

（二）先进制造技术的特点

1. 先进制造技术的实用性

先进制造技术最重要的特点在于，它首先是一项面向工业应用具有很强实用性的新技术。从先进制造技术的发展过程，从其应用于制造全过程的范围，特别是达到的目标与效果，无不反映这是一项应用于制造业，对制造业、对国民经济的发展可以起重大作用的实用技术。先进制造技术的发展往往是针对某一具体的制造业（如汽车制造、电子工业）的需求而发展起来的先进、适用的制造技术，有明确的需求导向的特征。先进制造技术不是以追求技术的高新为目的，而是注重产生最好的实践效果，以提高效益为中心，以提高企业的竞争力和促进国家经济增长和综合实力为目标。

2. 先进制造技术应用的广泛性

先进制造技术相对传统制造技术在应用范围上的一个很大不同点在于，传统制造技术通常只是指各种将原材料变成成品的加工工艺，而先进制造技术虽然仍大量应用于加工和装配过程，但由于其组成中包括了设计技术、自动化技术、系统管理技术，因而则将其综合应用于制造的全过程，覆盖了产品设计、生产准备、加工与装配、销售、使用、维修服务甚至回收再生的整个过程。

3. 先进制造技术的动态特征

由于先进制造技术本身是在针对一定的应用目标，不断地吸收各种高新技术而逐渐形成、不断发展的新技术，因而其内涵不是绝对的和一成不变的。反映在不同的时期，先进制造技术有其自身的特点；反映在不同的国家和地区，先进制造技术有其本身重点发展的目标和内容，通过重点内容的发展以实现这个国家和地区制造技术的跨越式发展。

4. 先进制造技术的集成性

传统制造技术的学科、专业单一独立，相互间的界限分明；先进制造技术由于专业和学科间的不断渗透、交叉、融合，其界线逐渐淡化甚至消失，技术趋于系统化、集成化，已发展成为集机械、电子、信息、材料和管理技术为一体的新型交叉学科，因此可以称其为"制造工程"。

5. 先进制造技术的系统性

传统制造技术一般只能驾驭生产过程中的物质流和能量流。随着微电子、信息技术的引入，使先进制造技术还能驾驭信息生成、采集、传递、反馈、调整的信息流动过程。先进制造技术是可以驾驭生产过程的物质流、能量流和信息流的系统工程。

一种先进的制造模式除了考虑产品的设计、制造全过程，还需要更好地考虑整个的制造组织。一项先进制造技术的产生往往要系统地考虑制造的全过程，如并行工程就是集成地、并行地设计产品及其零部件和相关各种生产过程的一种系统方法。这种方法要求产品开发人员与其他人员共同工作，在设计的开始就考虑产品全生命周期中从概念形成到产品报废处理等所有因素，包括质量、成本、进度计划和用户要求等。

6. 先进制造技术强调的是实现优质、高效、低耗、清洁、灵活的生产

先进制造技术的核心是优质、高效、低耗、清洁等基础制造技术，它是从传统的制造工艺发展起来的，并与新技术实现了局部或系统集成，其重要的特征是实现优质、高效、低耗、清洁、灵活的生产。这意味着先进制造技术除了通常追求的优质、高效，还要针对人类面临的有限资源与日益增长的环保压力的挑战，实现可持续发展，要求实现低耗、清洁。此外，先进制造技术也必须面临消费观念变革的挑战，满足对日益"挑剔"的市场的需求，实现灵活生产。

7. 先进制造技术最终的目标是要提高对动态多变的产品市场的适应能力和竞争能力

为确保生产和经济效益持续稳步地提高，能对市场变化做出更灵捷的反应，以及对最佳技术效益的追求，提高企业的竞争力，先进制造技术比传统的制造技术更加重视技术与管理的结合，更加重视制造过程组织和管理体制的简化及合理化，从而产生了一系列先进的制造模式。随着世界自由贸易体制的进一步完善，以及全球交通运输体系和通信网络的建立，制造业将形成全球化与一体化的格局，新的先进制造技术也必将是全球化的模式。

二、先进制造技术的体系结构

对先进制造技术体系结构的认识，目前很不统一。在此提供两种先进制造体系结构以供参考。美国机械科学研究院（AMST）提出的先进制造技术由多层次技术群构成，强调了先进制造技术从基础制造技术、新型制造单元技术到先进制造集成技术的发展过程，也表明了在新型产业及市场需求的带动之下，在各种高新技术（如能源技术、材料技术、微电子技术和计算机技术、系统工程和管理科学）的推动下，先进制造技术的发展过程。美国联邦科学、工程和技术协调委员会（FCCSET）下属的工业和技术委员会先进制造技术工作组提出了先进制造技术由主体技术群、支撑技术群、制造基础设施组成的三位一体的体系结构。这种体系不是从技术学科内涵的角度来描绘先进制造技术，而是着重从比较宏观组成的角度描绘了先进制造技术的组成以及各个部分在制造技术发展过程中的作用。

图 5-2 所示为美国机械科学研究院（AMST）提出的先进制造技术体系图。由图可见，它由多层次技术群构成，并以优质、高效、低耗、清洁、灵活的基础制造技术为核心。该体系主要包括以下三个层次。

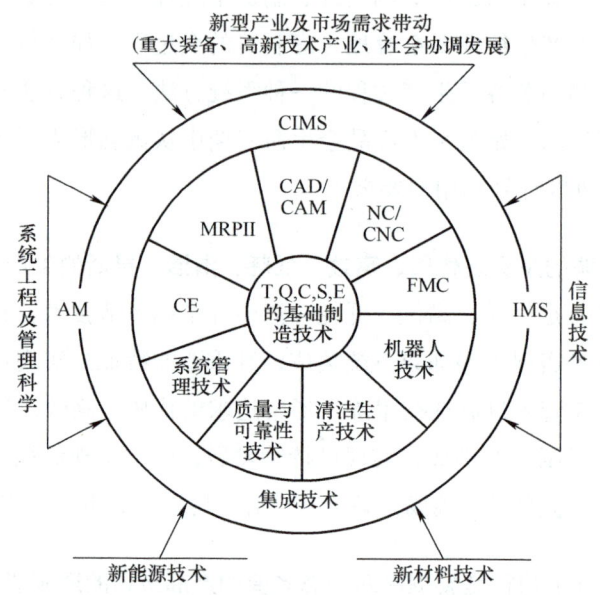

图5-2 AMST提出的先进制造技术体系图

1. 现代设计、制造工艺基础技术

现代设计、制造工艺基础技术包括CAD（Computer Aided Design，计算机辅助设计）、CAPP（Computer Aided Process Planning，计算机辅助工艺过程设计）、NCP（Numerical Control Programming，数控程序编制）、精密下料、精密塑性成形、精密铸造、精密加工、精密测量、毛坯强韧化、精密热处理、优质高效连接技术、功能性防护涂层等。

2. 制造单元技术

制造单元技术包括制造自动化单元技术、极限加工技术、质量与可靠性技术、系统管理技术、CAD/CAE/CAPP/CAM、清洁生产技术、新材料成形加工技术、激光与高密度能源加工技术、工艺模拟及工艺设计优化技术等。

3. 系统集成技术

系统集成技术包括网络与数据库、系统管理技术、FMS（Flexible Manufacturing System，柔性制造系统）、CIMS（Computer/contemporary Integrated Manufacturing System，计算机集成制造系统）、IMS（Intelligent Manufacturing System，智能制造系统）及虚拟制造技术等。

以上三个层次都是先进制造技术的组成部分，但其中每一个层次都不等于先进制造技术的全部。

三、先进制造技术的发展趋势

质量、成本和效率是推动现代机械制造基础发展的三个永恒主题，同时，环保和服务业渐渐成为人们关注的目标。为实现这些目标，现代机械制造基础的总趋势是向全球化、网络化、虚拟化、自动化、绿色化方向发展。

1. 全球化

由于国际和国内市场上的竞争越来越激烈，例如在机械制造业中，国内外的不少企业，甚至是知名度很高的企业，不得不扩展新的市场。另一方面，网络通信技术的快速成长推动了企业向着既竞争又合作的方向发展，这种发展进一步激化了国际市场的竞争。这两个趋势的相互作用，已成为全球化制造业发展的动力。全球化制造的第一个技术基础是网络化，网络通信技术使制造的全球化得以实现。

2. 网络化

网络通信技术的迅速发展和普及，给企业的生产和经营活动带来了革命性的变革。产品设计、物料选择、零件制造、市场开拓与产品销售都可以异地或跨越国界开展。此外，网络通信技术的快速成长，加速了技术资讯的交流、加强了产品开发的合作和经营管理，推动了企业向着既竞争又合作的方向发展。

3. 虚拟化

制造过程中的虚拟化是指面向产品生产过程的模拟和检验。通过检验产品的可加工性、加工方法和工艺的合理性，以优化产品的制造工艺、保证产品品质、生产周期和最低成本为目标，开展生产过程计划、组织管理、车间调度、供应链及物流设计的建模和仿真。虚拟化的核心是计算机仿真，通过仿真软件来模拟真实系统，以保证产品设计和产品工艺的合理性，保证产品制造过程顺利进行，发现设计、生产中不可避免的缺陷和错误。

4. 自动化

自动化是一个动态概念，目前其研究主要表现在制造系统中的集成技术和系统技术、人机一体化制造系统、制造单元技术、制造过程的计划和调度、柔性制造技术和适应现化生产模式的制造环境等方面。制造自动化技术的发展趋势是制造全球化、制造敏捷化、制造网络化、制造虚拟化、制造智能化。

5. 绿色化

绿色制造指通过绿色生产过程、绿色设计、绿色材料、绿色设备、绿色工艺、绿色包装、绿色管理等生产出绿色产品，产品使用以后再通过绿色处理加以回收利用。采用绿色制造能最大限度地减少制造对环境的负面影响，同时使原材料和能源的利用效率达到最高。

单元2　机械制造系统的自动化技术

一、成组技术

随着传统的单一品种的大批量生产方式在制造业中比重的逐步下降，多品种小批量生产不断增加，产生了新的生产模式——大批量定制生产（简称 MCP）。成组技术（简称 GT）可作为一种有效的工具，在小批量生产中获得了大批量生产的良好效果。

成组技术是一门生产技术科学和管理科学，它研究如何识别和开发生产过程中有关事物的相似性，并充分利用各种问题的相似性，将其归类集合成组，然后寻求解决这一组问题的相对统一的最优方案，以取得所期望的经济效果。

成组技术用于机械制造领域，就是利用零件的相似性，将其分类成组，并以这些零件组为基础组织生产，以实现多品种、中小批量生产的产品设计、制造工艺和生产管理的合理化。

由上述定义可见，机械制造中成组技术的基本原理是将零件按其相似性分类成组，使同一类零件分散的小批量生产，汇合成较大批量的成组生产（图5-3），从而使多品种、中小批量生产可以获得接近大批量生产的经济效果。

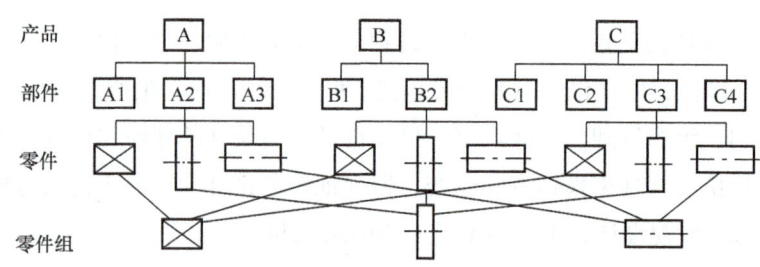

图5-3　成组技术基本原理

在机械制造中实施成组技术有其客观基础，主要包括以下两方面：

（1）机械零件之间存在着相似性　这种相似性主要表现在零件结构特征（零件形状、形状要素及其布置、尺寸、精度等）的相似性、零件材料特征（零件材质、毛坯、热处理等）的相似性和零件制造工艺（加工方法、加工过程、加工设备等）的相似性三个方面。前两者是零件所固有的，因此又称为"一次相似性"，后者取决于前两者，因此又称为"二次相似性"。

（2）机械产品中零件的出现频率有明显的规律性和稳定性　机械零件按其复杂程度可分为简单件、复杂件和相似件三类，大量调查统计表明，这三类零件在机械产品中出现的频率有明显的规律性和稳定性（图 5-4）。机械产品中 5%～10% 的零件属于复杂件，例如机床中的床身、主轴箱、溜板箱等，这类零件为数不多，但复杂程度较高，制造难度较大，再现性低。此类零件多为决定机械产品性能的重要零件，故又称为关键件。机械产品中 20%～25% 的零件属于简单件和标准件，如螺钉、螺母、销、键等，这类零件的特点是结构简单，再用性高，多数已标准化和已形成大批量生产。机械产品中约占 70% 的零件属于中等复杂程度的零件，如轴、齿轮、法兰盘、盖板、支座等，这类零件数量较大，彼此之间存在着显著的相似性，故称为相似件。正是由于机械产品中大多数零件是相似件，成组技术才有可能得以实施。

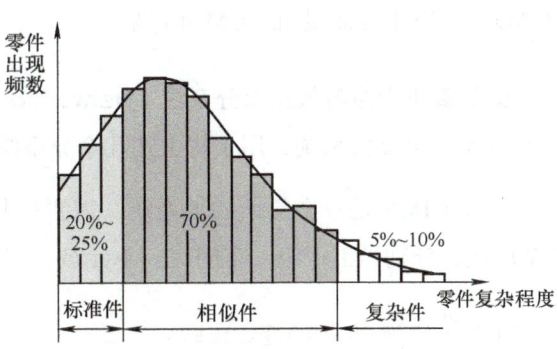

图5-4 不同复杂程度的零件在机械产品中出现的规律

二、计算机集成制造（CIM）

CIM（计算机集成制造）是信息技术和生产技术的综合应用，旨在提高制造型企业的生产率和响应能力。企业所有的功能、信息、组织管理等方面都是集成起来的整体的各个部分。CIM 是一种制造哲理，是一种思想；CIMS 是 CIM 制造哲理的具体体现。也有人将 CIMS 定义为一个计算机控制的闭环反馈系统，其输入是产品的需求和概念，输出的是合格的产品。

（一）CIMS的体系结构

作为一个系统，CIMS 由若干个相互联系的部分（分系统）组成，通常 CIMS 可划分为 5 个分系统（图 5-5）。

1. 工程技术信息分系统（EIS或TIS）

EIS 包括计算机辅助设计（CAD），计算机辅助工程分析（CAE），计算机辅助工艺过程设计（CAPP），计算机辅助工装设计（CATD），数控程序编制（NCP）等。

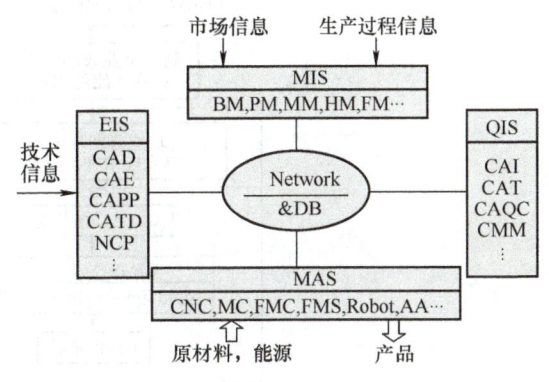

图5-5 CIMS的体系结构

2. 管理信息分系统（MIS）

MIS 包括经营管理（BM），生产管理（PM），物料管理（MM），人事管理（HM），财务管理（FM）等。

3. 制造自动化分系统（MAS）

MAS 包括各种自动化设备和系统，如计算机数控（CNC），加工中心（MC），柔性制造单元（FMC），柔性制造系统（FMS），工业机器人（Robot），自动装配（AA）等。

4. 质量信息分析系统（QIS）

QIS 包括计算机辅助检验（CAI），计算机辅助测试（CAT），计算机辅助质量控制（CAQC），三坐标测量机（CMM）等。

5. 计算机网络与数据库分系统（Network & DB）

这是一个支持系统，用于将上述几个分系统联系起来，以实现各分系统信息的集成。

由于 CIMS 是一个复杂的大系统，需要将其分成几个层次进行控制。通常可将 CIMS 分为 5 个层次，分别是工厂级、车间级、单元级、工作站级和设备级。

（二）实施CIMS的基本步骤

由于 CIMS 是一项庞大、高投资、高风险的工程，为减小风险，提高成功率，实施 CIMS 应分阶段进行。通常分为以下 5 个阶段：① 可行性论证；② 系统初步设计；③ 系统详细设计；④ 系统实施；⑤ 系统运行与维护。CIMS 设计的逻辑步骤一般从功能需求分析开始，在此基础上确定实施 CIMS 的技术方案，如图 5-6 所示。

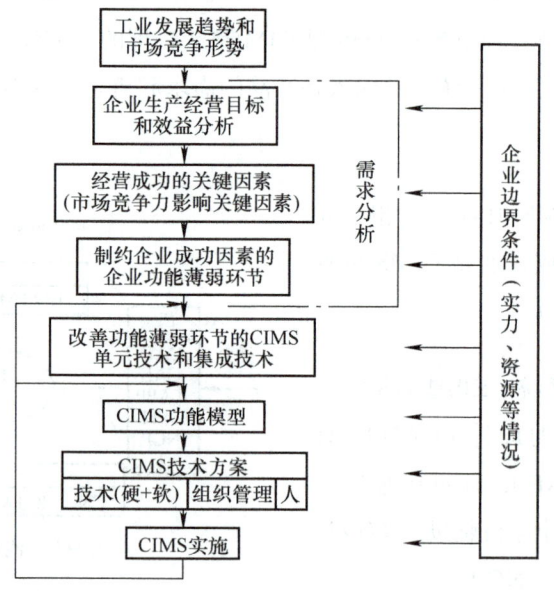

图5-6　CIMS设计的逻辑步骤

三、并行工程

并行工程（CE）与计算机集成制造（CIM）具有相同的历史背景，都是在激烈的市场竞争中，企业为了求得生存和发展而采取的有效方法。

并行工程（CE）是对产品及其相关过程（包括制造过程和支持过程）进行并行、一体化设计的一种系统化的工作模式。这种工作模式力图使开发者从一开始就考虑产品整个生命周期（从概念形成到产品报废）中所有的因素，包括质量、成本、进度与用户需求。

这里所说的支持过程包括对制造过程的支持（如原材料的获取、中间产品库存、工艺过程设计、生产计划等）和对使用过程的支持（如产品销售、使用维护、售后服务、产品报废后的处理等）。

并行工程的核心是实现产品及其相关过程设计的集成。顺序设计方法与并行设计方法的比较如图 5-7 所示。由图可见，所谓并行设计不可能实现完全的并行，而只能是在一定程度上的并行，但这足以使新产品开发时间大大缩短。

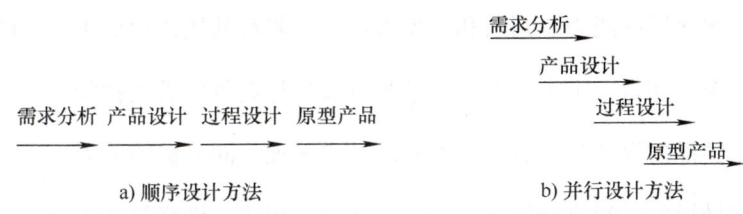

图5-7　顺序设计方法与并行设计方法的比较

并行工程的基本方法是依赖于产品开发中各学科、各职能部门人员的相互合作、相互信任和共享信息，通过彼此间有效地通信和交流，尽早考虑产品全生命周期中的各种因素，尽早发现和解决问题，以达到各项工作协调一致。

实施并行工程可以获得明显的经济效益。据统计，实施并行工程可以使新产品开发周期缩短 40%～60%，早期生产中工程变更次数减少一半以上，产品报废及返修工作量减少 75%，产品制造成本下降 30%～40%。

图 5-8 所示为支持并行运营的企业矩阵式组织形式。在这种组织形式中，基本的管理单元是项目小组。项目小组由项目经理直接领导，项目经理直接对总经理负责。这种矩阵式组织形式是在吸收了建筑业管理模式的基础上发展起来的，它的特点是管理层次少，管理工作直接、简单、有效。

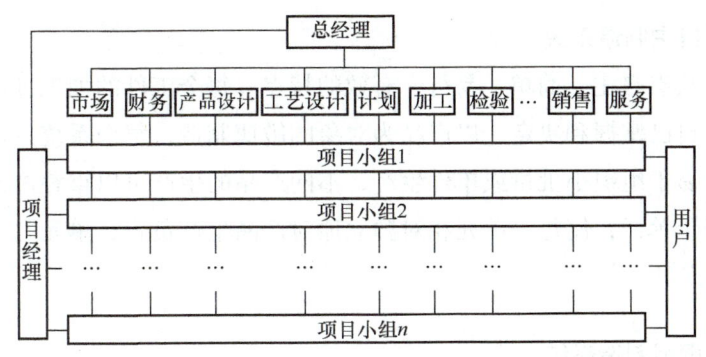

图5-8　支持并行运营的企业矩阵式组织形式

为使项目小组有效地工作，小组人数一般以 8~12 人为宜。对于复杂的任务，可由若干个项目小组联合完成，也可采取"组中有组"的方式，或将任务分解，每一部分由一个小组负责，而每一部分又可再进行细分。

四、敏捷制造

（一）敏捷制造的含义

敏捷制造就是指制造系统在满足低成本和高质量的同时，对变幻莫测的市场需求的快速反应。因此，敏捷制造企业的敏捷能力应当反映在以下六个方面：

（1）对市场的快速反应能力　判断和预见市场变化并对其快速地做出反应的能力。

（2）竞争力　企业获得一定生产力、效率和有效参与竞争所需的技能。

（3）柔性　以同样的设备与人员生产不同产品或实现不同目标的能力。

（4）快速　以最短的时间执行任务，如产品开发、制造、借贷等的能力。

（5）企业策略上的敏捷性　企业针对竞争规则及手段变化、新竞争对手出现、国家政策法规变化、社会形态变化等做出快速反应的能力。

（6）企业日常运行的敏捷性　针对影响企业日常运行的各种变化，如用户对产品规格、配置及售后要求的变化，定货量、供货时间变化，原料供货出现问题及设备出现故障等做出快速反应的能力。

敏捷制造的基本思想是通过把动态灵活的虚拟组织结构、先进的柔性生产技术和高素质的人员进行全方位集成，从而使企业能够从容地应对快速变化和不可预测的市场需求。它是一种提高企业竞争能力的全新制造组织模式。

（二）敏捷制造的特点

敏捷制造有以下基本特点：

1. 敏捷制造是自主制造系统

敏捷制造系统具有自主、简单、易行、有效的特点。每个工件的加工过程、设备利用及人员投入都由本单元自己掌握和决定。以产品为对象的敏捷制造，每个系统只负责一个或若干个同类产品的生产，易于组织小批量或单件生产，不同产品的生产可以重叠进行。可将产品较复杂的项目组分成若干单元，使每一单元相对独立地对产品生产负责，单元之间分工明确，协调完成一个项目组的产品。

2. 敏捷制造是虚拟制造系统

敏捷制造系统是一种以适应不同产品为目标构造的虚拟制造系统，它能够随环境变化迅速地动态重构，对市场变化做出快速的反应，实现生产的柔性自动化。实现产品目标的主要途径是组建虚拟企业。虚拟企业的主要特点是：功能、机构虚拟化，动态组织柔性虚拟化，地域虚拟化，产品开发、加工、装配、营销分布在不同地点，通过计算机网络加以协调和连接。

3. 敏捷制造是可重构的制造系统

敏捷制造系统的设计过程不是预先按规定需求范围建立的过程，而是使制造系统从组织结构上具有可重构、可重用和可扩充三方面的能力。通过对制造系统硬件的重构和扩充，适应新的生产过程，完成预计变化的活动，同时要求软件可重用，能对新的制造活动进行指挥、调度与控制。

单元3　精密加工与超精密加工

一、概述

（一）精密与超精密加工的范畴

精密和超精密加工主要是根据加工精度和表面质量两项指标来划分的。精密加工是指某一历史时期，零件的加工精度和表面质量达到最高程度的加工工艺。超精密加工是指加工精度和表面质量超过当前所用公差标准中最高程度的加工工艺。精密加工和超精密加工的界限不是固定不变的，随着科学技术的进步而逐渐向前推移。当前，零件加工的精密程度可划分为普通加工、精密加工和超精密加工。

1. 普通加工

普通加工指加工精度为 10μm 左右，尺寸公差等级为 IT5～IT7，表面粗糙度 Ra 值为 0.2～0.8μm 的加工方法，如车、铣、刨、磨、铰、拉等工艺方法，适用于汽车制造、拖拉机制造和机床制造等制造行业。

2. 精密加工

精密加工指加工精度为 1～0.1μm，尺寸公差等级为 IT3～IT5，表面粗糙度 Ra 值为 0.1μm 以下的加工方法，如金刚石车削、金刚镗、珩磨、研磨、超精加工、砂带磨削和镜面磨削等。精密加工在机械制造业中具有十分重要的地位，常用于精密丝杠、精密齿轮、精密蜗轮、精密导轨和精密轴承等关键零件的加工。

3. 超精密加工

超精密加工指工件的加工精度高于 0.1μm，表面粗糙度 Ra 值小于 0.025μm 的加工方法，如金刚石精密切削、超精密磨料加工和原子、分子加工单位的加工等。超精密加工多用于精密元件制造、大规模和超大规模集成电路制造和计量标准元件的制造等。当前，超精密加工的水平已达到纳米级，它是国家制造工业水平的重要标志之一。

（二）加工精度与年代之间的关系

传统的机械加工方法（普通加工）与精密和超精密加工方法一样，随着新技术、新工艺、新设备、新的测试技术和仪器的采用，其加工精度都在不断地提高。加工精度的不断提高，反映了加工工件时材料的分割水平不断由宏观进入微观世界的发展趋势。随着时间的推进，原来认为是难以达到的加工精度会变得相对容易。因此，普通加工、精密加工和超精密加工只是一个相对概念，其间的界限随着时间的推移不断变化。已有资料显示：普通加工所达到的精度是 1μm（称为微米加工），精密加工所达到的精度是 0.1~0.01μm（称为亚微米加工），而超精密加工所达到的精度是 0.001μm（称为纳米加工）。

（三）提高机械加工精度的技术基础

加工精度的提高主要有两种表现形式：一是机械加工精度的不断改进，二是各种非传统（非机械）加工方法的使用。机械加工精度的提高有赖于下面技术的发展：

1）新的机械加工工艺方法的研究与应用，如现在已创造出单刃金刚石刀具精密、超精密车削及铣削的新工艺，砂带磨削工艺等。

2）新型刀具材料的研制和采用，如应用涂层硬质合金、聚晶立方氮化硼、人造金刚石材料和单晶金刚石刀具等。

3）新型超精密加工机床的使用，该类机床多采用空气轴承，一般具备低速进给机构和微量进给机构，并具有优越的耐热、抗振特性。

4）新的测量手段和测量方法的应用，精密加工和超精密加工的实现有赖于相应测量手段和测量方法的使用。例如，应用光学的或电磁的计量方法，可在加工过程中对加工精度进行自动监控。而以亚微米级加工精度为计量对象的非接触测量系统的研制和实用，是近些年来实现自动化精密加工的重大研究课题。

图 5-9 所示为采用激光高速扫描的尺寸计量系统。它采用平行光管透镜将激光准确地调整到多角形旋转扫描镜上聚焦。通过激光扫描被测工件的两端，根据扫描镜旋转角、扫描镜旋转速度、扫描镜和透镜之间的间隔即透镜焦点距离等数据计算出被测工件的尺寸。

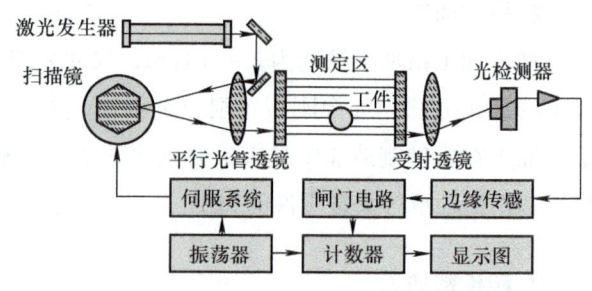

图5-9 激光高速扫描的尺寸计量系统

二、精密和超精密切削加工

1. 精密和超精密切削加工工作原理

精密和超精密切削加工的工作原理与普通切削加工一样,都是通过一个或有次序的多个切削刃在被加工表面的切削形成工件形状。但不同的是:加工所用的刀具不一样,加工使用的机床性能不一样,从而切削用量也不一样。

2. 精密和超精密切削加工刀具

在精密加工中,常用的刀具材料有硬质合金和涂层硬质合金、立方氮化硼(CBN)和人造聚晶金刚石。在超精密切削加工中,最常用的刀具材料是天然或人造单晶金刚石。

金刚石车削主要用于铜、铝及其合金等软金属零件的精密加工。例如,用于车削铝合金磁盘基片,表面粗糙度可达 $Ra0.003\mu m$,平面度公差可达 $0.2\mu m$;金刚石数控车削可加工非球面光学金属反射镜;金刚石镜面铣削可加工多棱体光学金属反射镜等。

3. 精密和超精密切削加工机床

实现金刚石超精密切削,对机床的要求主要是具有很高的主轴回转精度、导轨运动精度和精细进给的平稳性,对环境的要求是恒温、净化和防振、隔振。

图 5-10 所示为美国 Moore 公司的 Moore 金刚石车床,采用卧式主轴、空气轴承,有很高的动、静刚度。金刚石刀具装在回转工作台上,加工各种曲面时,刀具始终垂直于加工表面,提高了加工精度和表面质量。

表 5-1 所列为当前一种有代表性的金刚石车床的技术参数。

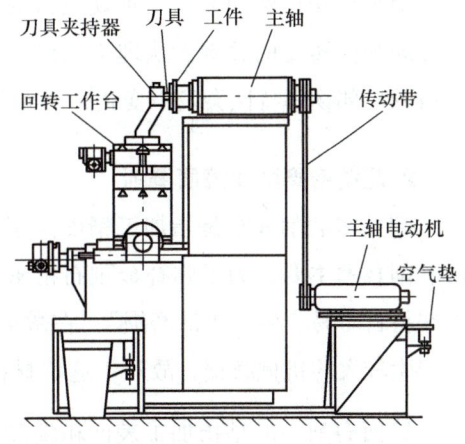

图5-10 Moore金刚石车床

表 5-1 某金刚石车床技术参数

最大车削直径 /mm	400	主轴轴向圆跳动公差 /μm		<0.1
最大车削长度 /mm	100	滑台运动的直线度公差 /(mm/mm)		<0.001/150
最高转速 / (r/min)	3000 ~ 20000	滑台对主轴的垂直度公差 /(mm/mm)		<0.002/100
最大进给速度 / (mm/min)	5000	主轴前静压轴承刚度 (ϕ100mm) / (N/μm)	径向	1140
数控系统分辨率 /μm	0.1 ~ 0.05		轴向	1020
重复精度(±2σ) /mm	<0.0002/100	主轴后静压轴承刚度(ϕ80mm) / (N/μm)		640
主轴径向圆跳动公差 /μm	<0.1	纵、横滑台的静压支承刚度 / (N/μm)		720

三、精密磨料加工

精密磨料加工主要用于钢铁材料及玻璃、陶瓷等脆性材料的精密加工和超精密加工。在精密磨料加工中，除常规的研磨、珩磨、超精研磨及抛光外，近年来相继推出了两种新的工艺：塑性磨削和镜面磨削。

1. 塑性磨削

塑性磨削主要是针对脆性材料而言，其命名出自该种工艺的切屑形成机理，即磨削脆性材料时，切屑的形成与塑性材料相似，切屑通过剪切的形式被磨粒从基体上切除。磨削后的表面呈有规则的纹理，没有裂纹形成，也没有脆性剥落时的凹凸不平现象产生。

塑性磨削的机理至今仍不十分清楚，在切屑形成由脆断向塑性剪切转变的理论上存在各种看法。大多数研究者认为，当磨粒的切削深度小到一定程度时，切屑就由脆断转变为塑断，这一切削深度被称为临界切削深度，它与工件材料的特性和磨粒的几何形状有关。一般来说，临界切削深度在 1μm 以下，因而这种磨削方法也称为纳米磨削。

对形成塑性磨削的另一种观点认为，切削深度不是唯一的因素，只有磨削温度才是切屑由脆性向塑性转变的关键。从理论上讲，当磨粒与工件的接触点的温度升高到一定程度时，工件材料的局部物理特性会发生变化，导致了切屑形成机理的变化。

2. 超精密磨削和镜面磨削

超精密磨削通常是指加工精度高于 0.1μm，表面粗糙度低于 Ra0.025μm 的磨削方法。超精密磨削技术主要是为了弥补金刚石精密车削技术的不足而发展起来的。因为金刚石刀具在切削钢铁材料时易产生"扩散磨损"；在微量切削陶瓷、玻璃等硬脆材料时，由于巨大的切应力又易于产生较大的机械磨损，故对于这些材料，超精密磨削成为一种理想的加工方法。

镜面磨削一般是指加工表面粗糙度达到 Ra0.02～0.01μm，磨削表面光泽如镜的磨削方法。镜面磨削对加工精度要求不很明确，主要强调表面粗糙度要求。从精度和表面粗糙度统一的观点理解，镜面磨削应属于超精密磨削的范畴。

超精密磨削除需要使用超精密磨床和严格控制工作环境外，砂轮的选用和修整也是十分重要的。通常采用超硬磨料（如金刚石或 CBN）和微细粒度的砂轮，并采用金属结合剂。金刚石或 CBN 砂轮的修整与一般砂轮修整不同，分为整形和修锐两步进行：① 整形——使砂轮获得所要求的几何形状。可采用碳化硅砂轮进行整形，也可以使用金刚石笔进行整形。② 修锐——目的是去除部分结合剂，使磨粒凸出结合剂一定的高度，一般为磨粒尺寸的 1/3 左右。

砂轮修整的方法有很多种，其中在线电解修整（ELID）效果突出。

图 5-11 所示为 ELID 磨削原理示意图。

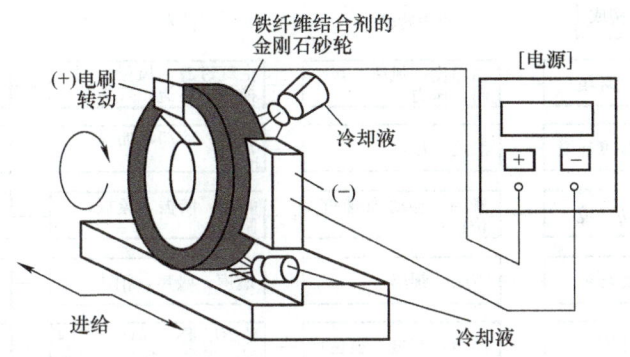

图5-11 ELID磨削原理示意图

在使用 ELID 磨削时，冷却润滑液为一种特殊的电解液。电极与砂轮之间接通电压时，砂轮的结合剂发生氧化，氧化层会阻止电解的进一步进行。在切削力的作用下，氧化层脱落，从而露出了新的锋利的磨粒。由于电解修整在整个磨削过程中是连续进行的，所以能保证砂轮在整个磨削过程中保持同一锋利状态。

3. 精密砂带抛光

模具是现代制造业使用越来越多的一种工具，模具型腔表面的加工精度直接影响工件的精度。特别是各种塑料模具，模具型腔表面的表面粗糙度将直接影响工件的外观质量。为进行模具型腔等复杂曲面的超精抛光加工，多采用精密砂带抛光机进行终加工。用细粒度磨料制成的砂带加工出的表面粗糙度可达 $Ra0.02\mu m$。目前砂带的带基用聚氨酯薄膜材料，有极高的强度，用静电植砂法制作的砂带，砂粒的等高性和切削性能更好。精密砂带抛光一般采用开式砂带加工方式。与闭合环形砂带高速循环磨削不同，砂带由卷带轮低速卷绕，始终有新砂带缓慢进入加工区，砂带经一次性使用即报废。这种开式砂带加工方法保持了加工工况的一致性，从而提高了生产过程中加工表面质量的稳定性。

四、超精密加工设备

1. 超精密加工设备的种类

1）利用轨迹可控的刀具（如单晶金刚石刀具、砂轮等），以极高的空间运动精度完成具有光学元部件的加工，典型的设备如单点金刚石超精密车床、超精密铣床、超精密磨床等，这类超精密加工设备的主轴及导轨均采用液体静压或空气静压轴承。

2）基于计算机控制光学表面成形技术的超精密加工设备。

超精密加工机床的主要功能部件有主轴及其驱动装置、导轨及进给驱动装置和微量进给装置。超精密加工必须在超稳定的环境下进行，即恒温、超净和防振。图 5-12 所示为超精密加工的环境要求。

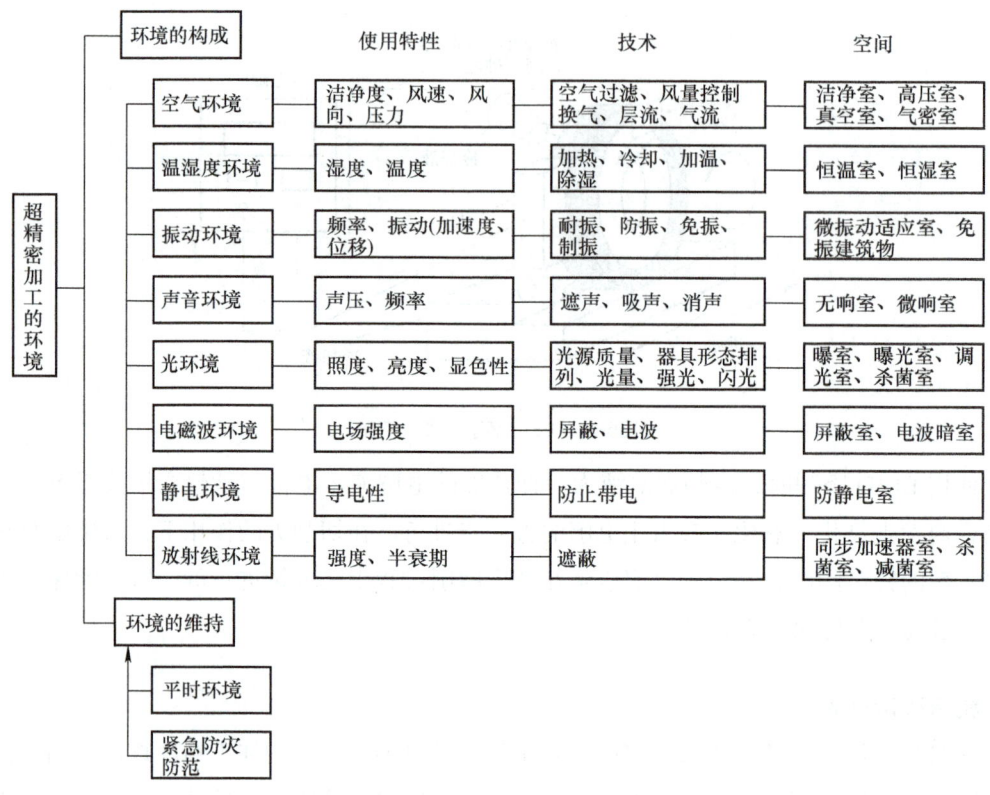

图5-12 超精密加工的环境要求

2. 超精密加工精度的在线检测及计量测试

对加工误差进行在线检测，实时建模与动态分析预报，再根据预报数据对误差源进行补偿，从而消除或减少加工误差。超精密加工在线检测及测试装置如图 5-13 所示。

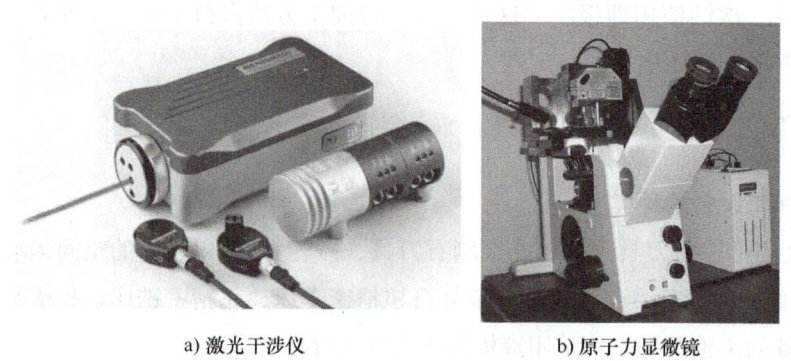

a) 激光干涉仪　　　　b) 原子力显微镜

图5-13 超精密加工在线检测及测试装置

五、超精密加工发展趋势

1. 高精度、高效率

高精度与高效率是超精密加工永恒的主题。总的来说，固着磨粒加工不断追求着游离磨粒的加工精度，而游离磨粒加工不断追求的是固着磨粒加工的效率。当前超精密加工技术（如 CMP、EEM 等）虽能获得极高的表面质量和表面完整性，但以牺牲加工效率为保证。超精密切削、磨削技术虽然加工效率高，但无法获得如 CMP（化学机械抛光）、EEM（弹性发射加工）的加工精度。探索能兼顾效率与精度的加工方法，成为超精密加工领域研究的目标。目前的一些加工方法已经体现出了这一趋势，例如半固着磨粒加工方法的出现，电解磁力研磨、磁流变磨料流加工等复合加工方法的诞生。

2. 工艺整合化

当今企业间的竞争日益加剧，高生产率越来越成为企业赖以生存的条件。在这样的背景下，出现了"以磨代研"甚至"以磨代抛"的呼声。另一方面，使用一台设备完成多种加工（如车削、钻削、铣削、磨削、光整）的趋势越来越明显。

3. 大型化、微型化

为加工航空、航天、宇航等领域需要的大型光电子器件（如大型天体望远镜上的反射镜），需要大型超精密加工设备。为加工微型电子机械、光电信息等领域需要的微型器件（如微型传感器、微型驱动元件等），需要微型超精密加工设备（但这并不是说加工微小型工件一定需要微小型加工设备）。

4. 在线检测

尽管现在超精密加工方法多种多样，但都尚未发展成熟。例如，虽然 CMP 等加工方法已成功应用于工业生产，但其加工机理尚未明确。主要原因之一是超精密加工检测技术还不完善，特别是在线检测技术。从实际生产角度讲，开发加工精度在线测量技术是保证产品质量和提高生产率的重要手段。

5. 智能化

超精密加工中的工艺过程控制策略与控制方法也是目前的研究热点之一。以智能化设备降低加工结果对人工经验的依赖性一直是制造领域追求的目标。加工设备的智能化程度直接关系到加工的稳定性与加工效率，这一点在超精密加工中的体现更为明显。

6. 绿色化

磨料加工是超精密加工的主要手段，磨料本身的制造、磨料在加工中的消耗、加工中造成的能源及材料的消耗，以及加工中大量使用的加工液等对环境造成了极大的负担。我国是磨料、磨具产量及消耗的第一大国，大幅度提高磨削加工的绿色化程度已成为当务之急，各国研究人员对 CMP 加工产生的废液、废气回收处理展开了研究。绿色化的超精密加工技术在降低环境负担的同时，提高了自身的生命力。

单元4 超高速加工技术

一、概述

超高速加工技术是指采用超硬材料的刀具和磨具,利用能可靠地实现高速运动的自动化制造设备,通过提高切削速度极大地提高材料的切除率,并保证加工精度和加工质量的现代制造加工技术。

工件材料均有一个临界切削速度,在该速度下有最高切削温度。不同材料的高速切削速度是不一样的,如对于铝合金,为 1000~7000m/min;对于灰铸铁,为 800~3000m/min;对于铜,为 900~5000m/min;对于钢,为 500~2000m/min;对于钛,为 100~1000m/min。切削速度与切削温度的关系如图 5-14 所示。

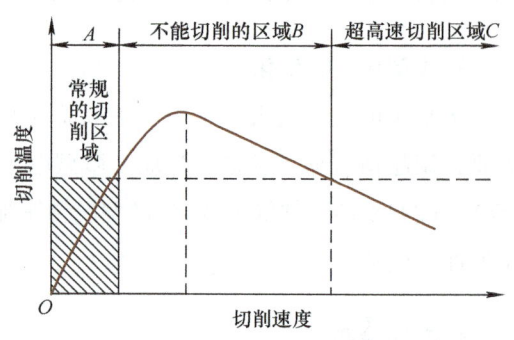

图5-14 切削速度与切削温度的关系

二、超高速切削的原理和特点

1. 原理

超高速切削的原理如图 5-15 所示。

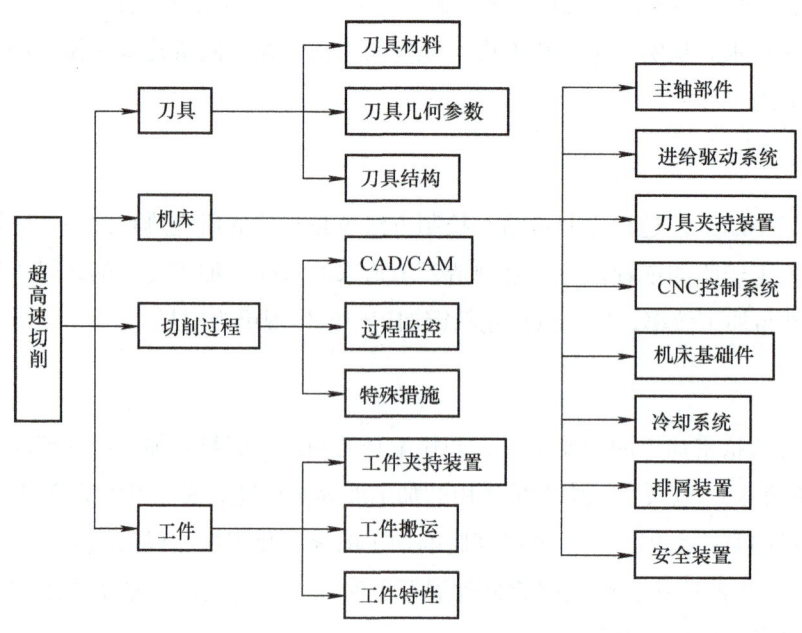

图5-15 超高速切削的原理

2. 特点

（1）切削力低　切削变形小，切屑流出速度加快，切削力比常规条件下减小30%～90%，可高质量地加工出薄壁零件。

（2）材料切除率高　单位时间内材料切除率可提高3～5倍。

（3）高精度　在保证生产率的同时，可采用较小的进给量，从而减小了加工表面的粗糙度值。又由于切削力小且变化幅度小，机床的激振频率远大于工艺系统的固有频率，故振动对表面质量的影响很小，加工过程平稳、振动小，可实现高精度、高表面质量加工，非常适合于光学领域的加工。

（4）热变形小　温升不超过3℃，90%切削热被切屑带走，热变形小，有利于加工精度的提高，刀具寿命也能提高70%。如大型的框架件、薄板件、薄壁槽形件的高精度高效率加工，超高速铣削是目前唯一有效的加工方法。

（5）工序少　许多零件在常规加工时需要分粗加工、半精加工、精加工工序，有时机加工后还需进行费时、费力的手工研磨，而使用超高速切削可使工件加工集中在一道工序中完成。这种粗、精加工同时完成的综合加工技术，称为"一次过"技术。"一次过"技术可使机动时间和辅助时间大幅度减少，而且机床结构也大大简化，机床零件的数量减少了25%，有利于设备的维护。

应当指出的是，超高速加工的切削速度不仅是一个技术指标，而且是一个经济指标。也就是说，它不仅仅是一个技术上可实现的切削速度，而且必须是一个可由此获得较大经济效益的切削速度。没有经济效益的超高切削速度是没有工程意义的。目前定位的经济效益指标是：在保证加工精度和加工质量的前提下，将通常切削速度加工的加工时间减少90%，同时将加工费用减少50%，即以此来衡量超高切削速度的合理性。

三、超高速加工的发展与应用

自20世纪30年代提出高速切削概念以来，经过50年代的机理与可行性研究，70年代的工艺技术研究，80年代全面系统的高速切削技术研究，到20世纪90年代后期，商品化高速切削机床大量涌现；21世纪初，高速加工技术在工业发达国家得到普遍应用，正成为切削加工的主流技术。工业发达国家对超高速加工的研究起步早，水平高。在此项技术中，处于领先地位的国家主要有德国、日本、美国、意大利等。

1. 发展方向

1）超高速切削、磨削机理研究。包括对超高速切削和磨削加工过程、各种切削和磨削现象、各种被加工材料和各种刀具、磨具材料的超高速切削和磨削性能，以及超高速切削和磨削的工艺参数优化等进行系统研究。

2）超高速主轴单元制造技术研究。包括主轴材料、结构、轴承的研究与开发；主轴系统动态特性及热态性研究；柔性主轴及其轴承的弹性支承技术研究；主轴系统的润滑与冷却技术研究；主轴的多目标优化设计技术、虚拟设计技术研究；主轴换刀技术研究等。

3）超精密微细切削加工领域。

2. 应用

（1）航空工业　飞机铝合金零件、薄层腹板件等直接超高速切削加工，不再铆接。

（2）汽车制造　高速加工中心将柔性生产线效率提高到组合机床生产线水平。

（3）模具制造　对淬硬钢模具型腔直接加工，省略电加工和手工研磨等工序。

（4）难加工材料领域　在硬金属材料（硬度为 55～62HRC）的加工中，可代替磨削，尺寸公差等级可达 IT5～IT6，表面粗糙度可达 Ra0.2～1μm。

3. 超高速切削加工关键技术

在超高速加工技术中，超硬材料工具是实现超高速加工的前提和先决条件。超高速切削和磨削技术是现代超高速加工的工艺方法，而高速数控机床和加工中心则是实现超高速加工的关键设备。超高速切削加工的关键技术还有高速主轴、快速进给系统、高性能 CNC、先进机床结构等。

四、超高速铣削和磨削的技术特点

1. 超高速铣削的技术特点

（1）超高速铣削刀具几何角度　超高速铣削高硬度钢时，刀具的主要失效形式为刀尖破损，设计时应着重考虑提高刀尖的抗冲击强度。

（2）超高速铣削刀具材料　有整体硬质合金、涂层硬质合金、陶瓷和立方氮化硼等。

2. 超高速磨削的技术特点

1）大幅度提高磨削效率，设备使用台数少。

2）磨削力小、磨削温度低、加工表面完整性好。

3）砂轮使用寿命长，有助于实现磨削加工的自动化。

4）实现对难加工材料的磨削加工。

单元5　增材制造技术

一、增材制造技术概述

1. 基本概念

增材制造即 Additive Manufacturing，简称 AM，是一种与传统的材料去除型加工方法截然相反的、通过增加材料、基于三维 CAD 模型数据，采用逐层制造方式，直接制造与相应数学模型完全一致的三维物理实体模型的制造方法。

目前增材制造技术有广义和狭义之分，如图 5-16 所示。

增材制造技术

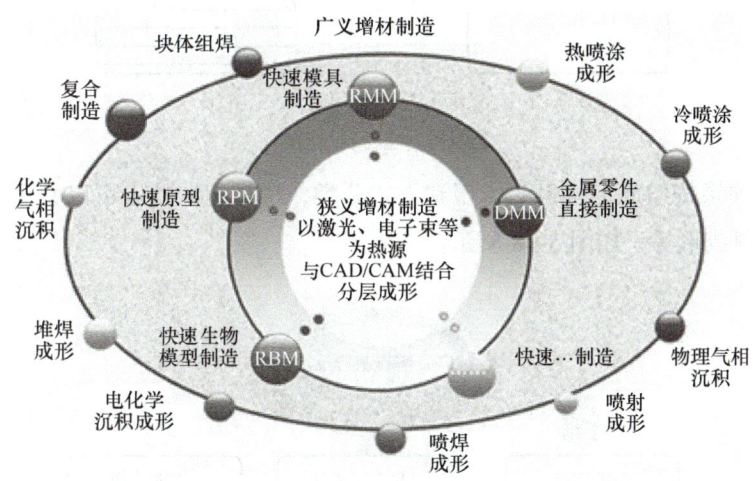

图5-16　广义和狭义增材制造技术

（1）广义增材制造技术　以材料叠加为基本特征，以直接制造零件为目标的大范畴技术群。

（2）狭义增材制造技术　指不同的能量源与 CAD/CAM 技术结合、分层叠加材料的技术体系。

2. 优点

1）增材制造技术不需要传统的刀具、夹具、模具及多道加工工序。

2）增材制造技术能够满足航空武器等装备研制的低成本、短周期需求。

3）增材制造技术有助于促进设计与生产过程从平面思维向立体思维的转变。

4）增材制造技术能够改造现有的技术形态，促进制造技术提升。

5）增材制造技术特别适合于传统方法无法加工的极端复杂几何结构的制造。

6）增材制造技术非常适合于小批量复杂零件或个性化产品的快速制造。

7）增材制造技术特别适合各种设备备件的生产与制造。

3. 原理与分类

（1）原理　首先将三维 CAD 模型模拟切成一系列二维的薄片状平面层，然后利用相关设备分别制造各类薄片层，与此同时将各类薄片层逐层堆积，最终制造出所需的三维零件，如图 5-17 所示。

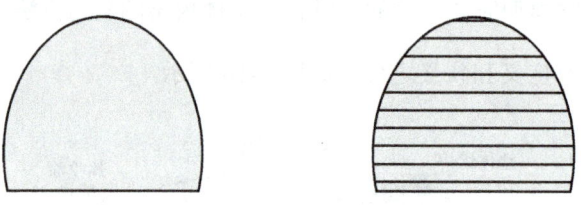

图5-17　增材制造原理

（2）分类　如果按照加工材料的类型和方式分类，增材制造技术可以分为金属成形、非金属成形、生物材料成形等，如图 5-18 所示。

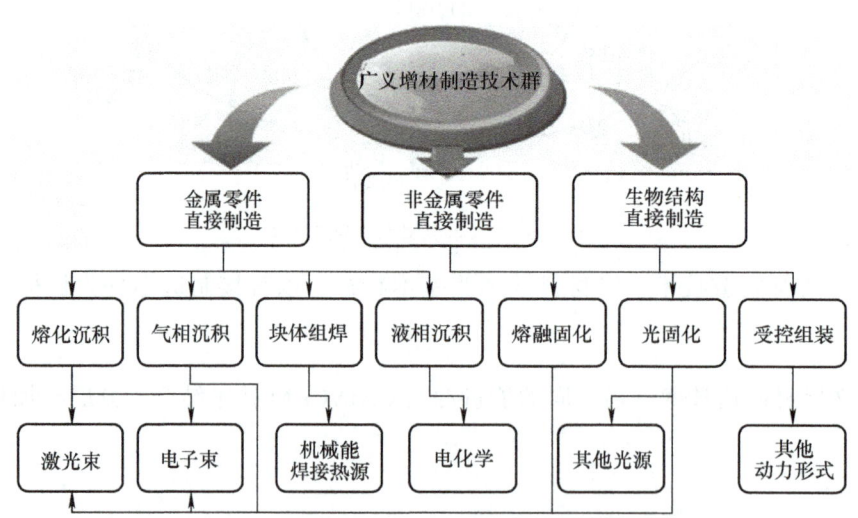

图5-18　增材制造技术分类

1）激光增材制造。激光增材制造，又称为激光 3D 打印技术，是在计算机辅助下，把三维实体模型切片处理为二维层片，二维层片再离散为一维线条，采用激光熔覆技术进行逐点堆积，最终实现三维实体零件成形的激光制造技术，金属零件实例如图 5-19 所示。通过计算机控制，以高功率或高亮度激光为热源，用激光熔化金属合金粉末或丝材，并跟随激光有规则地在金属材料上游走，逐层堆积直接"生长"，直接制造出任意复杂形状的零件，其实质就是 CAD 软件驱动下的激光三维熔覆过程。

同传统制造技术相比，该技术具有柔性化、易于实现智能化、生产周期短、能生产出具有很高力学性能的零件等特点。该技术已经在航空、国防、交通、能源、冶金、采矿等领域得到了广泛的应用，并展现出诱人前景。

2）电弧增材制造。采用电弧送丝增材制造方法进行每层环形件焊接，即送丝装置送焊丝，焊枪熔化焊丝进行焊接，由内至外的环形焊道间依次搭接形成一层环形件；然后焊枪提高一个层厚，重复上述焊接方式再形成另一层环形件，如此往复，最终由若干层环形件叠加形成金属结构件。

图5-19　金属零件激光增材制造

4. 增材制造技术的关键技术

增材制造技术的成熟度还远不能同传统的金属切削、铸造、锻造、焊接、粉末冶金等制造技术相比，还有涉及从科学基础、工程应用到产业化生产的质量，诸如激光成形专用合金体系、零件的组织与性能控制、应力变形控制、缺陷的检测与控制、先进装备的研发等大量研究工作。

（1）材料单元的控制技术　增材制造的精度取决于材料增加的层厚和增材单元的尺寸和精度控制。未来将发展两个关键技术：

1）金属直接制造中控制激光光斑更细小，逐点扫描方式使增材单元能达到微纳米级，提高制件精度。

2）光固化成形技术的平面投影技术，投影控制单元随着液晶技术的发展，分辨率逐步提高，增材单元更小，可实现高精度和高效率制造。

发展目标是实现增材层厚和增材单元尺寸减小 10 ~ 100 倍，从现有的 0.1mm 级向 0.01 ~ 0.001mm 发展，制造精度达到微纳米级。

（2）设备的再涂层技术　由于再涂层的工艺方法直接决定了零件在叠加方向的精度和质量，因此，增材制造的自动化涂层是材料累加的必要工序之一。

目前，分层厚度向 0.01mm 发展，而如何控制更小的层厚及其稳定性是提高制件精度和降低表面粗糙度值的关键。

（3）高效制造技术　增材制造正在向大尺寸构件制造技术发展，需要高效、高质量的制造技术支撑。如金属激光直接制造飞机上的钛合金框梁结构件，框梁结构件长度可达 6m，目前制作时间过长，如何实现多激光束同步制造、提高制造效率、保证同步增材组织之间的一致性和制造结合区域质量是发展的关键技术。

为实现大尺寸零件的高效制造，发展了增材制造多加工单元的集成技术。如对于大尺寸金属零件，采用多激光束（4~6个激光源）同步加工，提高制造效率，成形效率提高10倍。对于大尺寸零件，研究增材制造与切削制造结合的复合关键技术，通过发挥各工艺方法的优势，提高制造效率。例如已经出现了一种增材制造适配器，与相关的控制软件相结合，可以把一台数控铣床变成3D打印机。用户可以在同一台机器上完成从图样到塑料原型再到金属零部件成品的整个过程，无需反复设置调校，也不用浪费昂贵的金属和原材料制作多个原型。

（4）复合制造技术　　现阶段增材制造主要是制造单一材料的零件，如单一高分子材料和单一金属材料，并正在向单一陶瓷材料发展。随着零件性能要求的提高，复合材料或梯度材料零件成为迫切需要发展的产品。如人工关节未来需要 Ti 合金和 CoCrMo 合金的复合，既要保证人工关节具有良好的耐磨界面（CoCrMo 合金保证），又要与骨组织有良好的生物相容界面（Ti 合金），这就需要制造的人工关节具有复合材料结构。由于增材制造具有微量单元的堆积过程，每个堆积单元可通过不断变化材料实现一个零件中不同材料的复合，实现控形和控性的制造。

二、3D打印技术

1. 概述

3D 打印技术是一种以数字模型文件为基础，运用粉末状金属或塑料等可黏合材料，通过逐层打印的方式来构造物体的技术。之所以称为"打印"，是因为它与普通打印机工作原理基本相同，借鉴了打印机的喷墨技术，只不过，普通的打印机是在纸上喷一层墨粉，形成二维（2D）文字或图形，而 3D 打印喷出的不是墨粉，而是融化的树脂、金属或者陶瓷等"打印材料"，打印机内装有液体或粉末等，与计算机连接后，通过计算机控制把"打印材料"一层层叠加起来，则能"打印"出三维的立体实物。

一般情况下，每一层的打印过程分为两步，首先在需要成形的区域喷洒一层特殊胶水，胶水液滴本身很小，且不易扩散。然后喷洒一层均匀的粉末，粉末遇到胶水会迅速固化黏结，而没有胶水的区域仍保持松散状态。

打印耗材由传统的墨水、纸张转变为胶水、粉末。胶水和粉末都是经过处理的特殊材料，不仅对固化反应速度有要求，对模型强度及"打印"分辨率都有直接影响。

3D 打印技术除了可以用于表现出外形曲线上的设计，还可用于结构及运动部件的制作。打印的机械装配结构，如齿轮、轴承、拉杆等，都可以正常活动，而腔体、沟槽等形态特征位置准确，甚至可以满足装配要求，打印出的实体还可通过打磨、钻孔、电镀等方式进一步加工。

2. 3D打印技术的应用

（1）军事领域　3D打印技术在军事战略方面拥有巨大的潜能，许多军用产品是高价值、复杂和少量生产或定制的，需要持续更换零件，如无人驾驶飞行器（无人机）、轻重量装备和盔甲、便携式电源设备、通信设备、地面机器人等，这些部件将最有机会转化为采用3D打印制造方式。在武器装备研发生产中，工程师可以利用3D打印技术根据实际要求进行创意验证和模具制作，对一些特殊、复杂的结构件可以直接打印，同时能有效地实现结构件的轻量化。另外，3D打印数字化可以缩短新型武器的设计研发周期，大幅度节省国防开支，并将从本质上提升武器装备的性能与生产效率。

（2）航空航天领域　例如在航空发动机领域，从购买原材料到最终加工成零部件，如采用传统制造技术，材料的利用率有的仅为10%~20%，很多贵重金属材料都被切成废屑，浪费了原材料、刀具、工时和能源；如采用增材制造技术，理论上可以实现材料100%的利用。3D打印技术可以加工复杂零部件，且更省材料、时间和能源，因此在航空航天、大型船舰维护等"高精尖"领域很有优势。

3D打印的固体火箭发动机点火装置如图5-20所示。

图5-20　固体火箭发动机点火装置

（3）医疗领域　现代的医疗行业，存在大量的个性化需求，难以进行标准化、批量化生产，而这恰恰是3D打印技术的优势所在。3D打印技术可以根据病人的实际需求，为病人量身定制专属的医疗辅助器械，如术后修复护具、拐杖等；另外，还可以辅助医生进行救治，如术前模型、打印高精密的医疗器械等。高精度3D打印机可应用于骨科、整复外科、外科等临床手术，还可应用在口腔齿科方面，如牙齿矫正、牙齿修复。

（4）教育领域　在教育领域，3D打印的应用可能性近几年越发受到关注。将3D打印技术和设备应用于语文、英语学科，可把课文中有代表性的人物、建筑物打印出来；应用于数学学科，可将立体几何模型打印出来，帮助学生理解三维空间结构；应用于物理学科，可将抽象的电力线结构图、磁力线打印出来，把无形抽象的知识有形化；应用于化学学科，可打印3D分子、原子模型，把微观粒子结构实体化。

从学校实践来看，3D打印教育装备在教学中之所以能够蓬勃发展，一个十分重要的原因是3D打印体现出的现代性、综合性、实践性和创新性的教育价值，有利于培养学生的创新能力和动手能力，从而更好地适应信息化、数字化时代的发展需要。

（5）电子产品领域　3D打印技术在电子产品领域主要用于设计沟通、设计展示、装配测试、功能测试、模具原型等方面。此外，3D 打印在快速制造塑料、绝缘材料等方面的应用也日趋成熟，尤其是在微电子产品的制造、电子器件的组件制造等方面取得了令人瞩目的成绩。

将传感器嵌入 3D 打印部件中，可以实现设备和设备之间的单向和双向通信，这种创建智能设备的方法对于需要远程监控的各种行业具有巨大的潜力。

3D 电路已经被证明可以实现传统印制电路板的类似功能。这种环绕在电子产品轮廓外围的 3D 电路结构，有助于设计产品的最佳造型，不需要再像传统印制电路板那样为了适应产品的外观而在形状和大小上受限。3D 电路如图 5-21 所示。

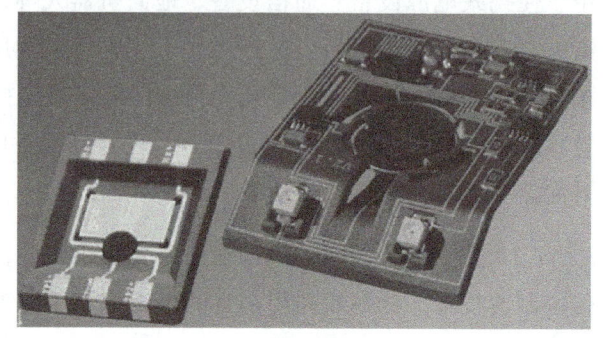

图5-21　3D电路

（6）车辆制造领域　3D 打印技术在交通工具零部件制造中的应用机会巨大，尤其适用于生产高端的专业级小型汽车零部件。由于可以免去模具等工装制作成本、缩短开发周期，3D 打印技术也非常适合汽车零部件研发过程中小批量产品的制作。

（7）建筑领域　目前 3D 打印技术在建筑行业的应用越来越广泛，例如全球第一座 3D 打印建筑——莫比乌斯屋，全球首个 3D 打印商业别墅式酒店——刘易斯大酒店等。经过检测，这些建筑都已达到建筑要求。3D 打印在工程上的应用将会逐步取代传统施工工艺，而且 3D 打印在建筑行业可以应用在设计建筑模型及按照模型进行施工等多个方面。

3D 打印技术在建筑领域的应用主要分为两个方面：建筑设计阶段和工程施工阶段。建筑设计阶段主要是制作建筑模型，在这个阶段设计师可以将虚拟模型直接打印成建筑模型；工程施工阶段主要是利用 3D 打印技术建造建筑物，可快速完成工作，这样节省能耗，有利于推进城市化进程和城镇化建设。图 5-22 所示为 3D 打印建筑。

图5-22　3D打印建筑

单元6　微细加工技术

一、概述

1. 微细加工技术的概念

微细加工技术

微细加工技术是指加工微小尺寸零件的生产加工技术。从广义的角度来讲，微细加工包括各种传统精密加工方法和与传统精密加工方法完全不同的方法，如切削技术、磨料加工技术、电解加工、化学加工、超声加工、微波加工、等离子体加工、外延生产、激光加工、电子束加工、离子束加工、光刻加工、电铸加工等。

一般把尺寸在微米至毫米范围内的零件的加工都归属为微细加工。由于尺寸微小，相应的尺寸公差和几何公差都很小，通常在100nm范围内，而表面粗糙度值更是小于Ra10nm。因此，微细加工同时具备精密和超精密加工的特征。

从狭义的角度来讲，微细加工主要是指半导体集成电路制造技术，因为微细加工和超微细加工是在半导体集成电路制造技术的基础上发展起来的，特别是大规模集成电路和计算机技术的技术基础，是信息时代、微电子时代，光电子时代的关键技术之一。

微细加工起源于半导体制造工艺，是指加工尺度在微米级的加工方式，在微机械研究领域中，它是微米级、亚微米级乃至纳米级加工的通称。

2. 微细加工方法

目前使用的微细加工方法主要有以下几种：

1）采用微型化的定形整体刀具或非定形磨料工具进行机械加工，如微细车削、钻削、铣削和磨削。由于刀具具有清晰明显的界限，因此可以方便地定义刀具路径，加工出各种三维形状的轮廓。

2）采用电加工或在其基础上的复合加工，如微细电火花加工（MEDM）、线放电磨削加工（WEDG）、电化学加工（ECM，又称为电解液射流或微细喷射制模）等。

3）采用光、声等能量进行加工，如微细激光束加工（MLBM）、微细超声加工等。

4）采用光化掩膜法加工，如光刻法、LIGA（Lithographie Galvanoformung Abformung，X射线蚀刻和电铸制模成形）技术等。

5）采用层积增生法加工，如曲面的磁膜镀覆、多层薄膜镀覆（用于SMA微型线圈制造）和液滴层积等。

3. 微细加工技术的特点

微细加工与一般尺寸加工有许多不同,主要表现在如下。

(1) 精度表示方法不同　一般尺寸加工的精度用其加工误差与加工尺寸的比值来表示,这就是精度等级的概念。微细加工时,由于加工尺寸很小,需要用误差尺寸的绝对值来表示加工精度,即用去除一块材料的大小来表示,从而引入了"加工单位"的概念。在微细加工中,加工单位可以小到分子级和原子级。

(2) 加工机理不同　微细加工时,由于切屑很小,切削在晶粒内进行,晶粒作为一个个不连续体而被切削。这与一般尺寸加工完全不同,一般尺寸加工时,由于吃刀量较大,晶粒大小可以忽略而作为一个连续体来看待。因而常规的切削理论对微细加工不适用。

(3) 加工特征不同　一般尺寸加工时,以获得一定的尺寸、形状、位置精度为加工特征,而微细加工时,则以分离或结合分子或原子为特征,并常以能量束加工为基础,采用许多有别于传统机械加工的方法进行加工。

微细加工和超微细加工以分离或结合的原子、分子为加工对象,以电子束、离子束为加工基础,采用沉积、刻蚀、溅射、蒸镀等手段进行各种处理。

二、几种常见的微细加工技术

1. 分子装配技术

分子装配技术也可以称为分子操纵技术或原子操纵技术,是一种纳米级微细加工技术,是一种从物质的微观入手并以此为基础构造微结构、制造微机械的方法。分子装配技术是分子电子学的重要组成部分,在生物技术和生命科学中,也具有广阔的应用前景。目前分子装配技术在生命科学中的主要应用有:基因分析、染色体和细胞膜分析、蛋白质和核酸聚合分析、新物种产生等领域。

2. 微细切削加工

微细切削加工的主要方法有微细车削、微细磨削、微细钻孔等,均为微量切削,又可称之为极薄切削。

3. 掩膜微细电化学蚀刻加工技术

在有掩膜电解蚀刻中,常用光刻胶在待加工材料上制成特定图案的遮蔽层,未被保护的材料在电解作用下逐渐腐蚀直到所需的深度。目前,微细结构的加工很多都采用化学刻蚀。

由于化学刻蚀具有等方向性,很难获得较直的加工侧壁和较大的深宽比,且加工速度也较慢,而有掩膜的微细电解加工通过控制电解液的流速和电流密度的分布,能很好地克服化学刻蚀存在的缺点。掩膜法的优点是:可以使用腐蚀性小的中性盐电解质,对环境污染小,适用面广,刻蚀速度快。

4. 电子束微加工技术

电子束微加工是近年来得到较大发展的一种新兴特种微细加工技术。电子束微加工技术主要用于穿孔、刻槽、焊接和大规模集成电路的光刻化学加工，在微细精密加工，尤其是在微电子学领域中得到广泛应用。电子束微加工的特点是：束径微小，可加工材料范围广，加工效率高，控制性能好，电子束加工温度容易控制，污染小等。

5. 激光微细加工技术

激光作为一种新型光源，和普通光源的区别在于发光的微观机制不同。普通光源的发光是以自发辐射为主，各个发光中心发出的光波无论方向、相位或者偏振态是各不相同的。激光的光发射则是以受激辐射为主，各个发光中心发出的光波都具有相同的频率、方向、偏振态和严格的相位关系。由于这种基本差别，激光具有强度或亮度高、单色性好、相干性好和方向性好等突出优点。激光微细加工的主要特点是：加工精度高，加工材料范围广泛，加工性能好，加工速度快、热影响区小、效率高。

6. 硅的体微加工技术

硅的体微加工技术是指利用腐蚀工艺对块状硅进行准三维结构的微加工，以形成所需要的硅微结构，主要包括腐蚀和停止腐蚀两项关键技术。

腐蚀又称蚀刻，是微加工中的重要工艺之一。它是指在需要的地方通过物理或化学的方法对原有材料进行去除。主要有干法和湿法两种腐蚀方式。

当腐蚀液对硅的腐蚀在掺杂浓度小于 $1 \times 10^{19} cm^{-3}$ 时基本为常数，超过该浓度时，腐蚀速率与掺杂浓度的 4 次方成反比，达到一定的浓度时，腐蚀速率很小，甚至可以认为腐蚀"停止"。

7. 微细机械加工工艺

对于工件的平面、内腔、孔或相对较大直径外圆的加工，由于工件尺寸相对较大，有一定的刚度，因此可用切削加工的方法进行加工，包括铣、钻和车三种形式。车或铣多用单晶金刚石车刀或铣刀。对于孔加工，孔的直径取决于钻头的直径。现在用于微细加工的麻花钻的直径可小到 50μm，如加工更小直径的孔，可采用自制的扁钻。

8. 微细电加工工艺

对于一些刚度小的工件和特别微小的工件，用机械加工的方法很难实现。必须采用电加工、光刻化学加工或生物加工的方法。例如线放电磨削（WEDG）和线电化磨削（WECG）。图 5-23 所示为用 WEDG 方法加工微型轴的原理图。用作加工工具的电极丝在导丝器导向槽的夹持下靠近工件，在工件和电极丝之间加有放电介质。加工时，电极

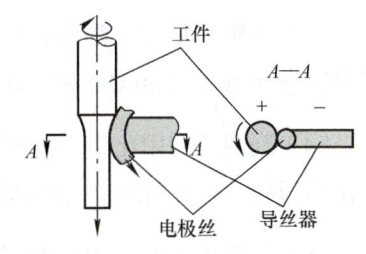

图5-23 线放电磨削（WEDG）工作原理

丝一面在导向槽中低速滑动（0.1～0.2mm/s），通过脉冲电源使电极丝和工件之间不断放电，去除工件的加工余量。利用数字控制导丝器和工件之间的相对运动，可加工出不同的工件形状。

9. 光刻加工

光刻加工是微细加工中广泛使用的一种加工方法，主要用于制作半导体集成电路，其工作原理见图 5-24。

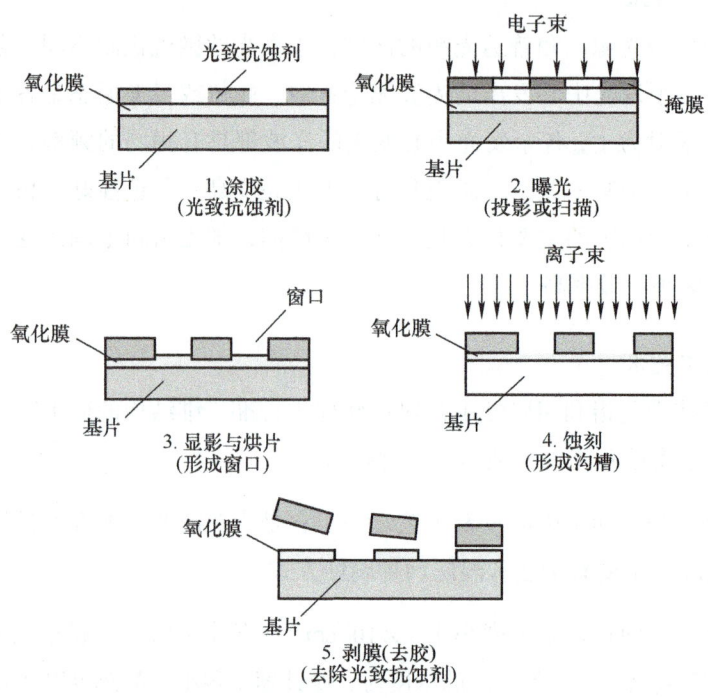

图5-24　电子束光刻大规模集成电路加工过程

光刻加工的主要过程如下：

（1）涂胶　把光致抗蚀剂涂敷在已镀有氧化膜的半导体基片上。

（2）曝光　曝光通常有两种方法：①由光源发出的光束，经掩膜在光致抗蚀剂涂层上成像，称为投影曝光；②将光束聚焦形成细小束斑，通过扫描在光致抗蚀剂涂层上绘制图形，称为扫描曝光。常用的光源有电子束、离子束等。

（3）显影与烘片　曝光后的光致抗蚀剂在一定的溶剂中将曝光图形显示出来，称为显影。显影后进行200～250℃的高温处理，以提高光致抗蚀剂的强度，称为烘片。

（4）刻蚀　利用化学或物理方法，将没有光致抗蚀剂部分的氧化膜除去。常用的刻蚀方法有化学刻蚀、离子刻蚀、电解刻蚀等。

（5）剥膜（去胶）　用剥膜液去除光致抗蚀剂。剥膜后需进行水洗和干燥处理。

三、微细加工技术的应用

微电子机械系统（MEMS）给国民经济、人民生活和国防、军事等带来了深远的影响，被列为 21 世纪关键技术之一。随着微/纳米科学与技术的发展，以形状尺寸微小或操作尺度极小为特征的微机械已成为人们在微观领域认识和改造客观世界的一种高新技术。微机械由于具有能够在狭小空间内进行作业而又不扰乱工作环境和对象的特点，在航空航天、精密仪器、生物医疗等领域有着广阔的应用潜力。

四、微细加工设备

1. 分类

微机械大致分为以下两大类：

1）微机械电子系统（MEMS），侧重于用集成电路可兼容技术加工制造的元器件。

2）微缩后的传统机械，如微型机床、微型汽车、微型飞机、微型机器人等。

2. 特点

微细加工机床的结构有以下特点：

1）微小位移机构。为达到很小的单位去除率（UR），需要各轴能实现足够小的微量移动，微量移动应可小至几十个纳米。电加工的 UR 最小极限取决于脉冲放电的能量。

2）高灵敏的伺服进给系统。它要求低摩擦的传动系统和导轨支承系统，以及高跟踪精度的伺服系统。

3）高平稳性的进给运动，尽量减少由于制造和装配误差而引起各轴的运动误差。

4）高的定位精度和重复定位精度。

5）低热变形结构设计。

6）刀具的稳固夹持和高的安装精度。

7）高的主轴转速及动平衡。

8）稳固的床身构件并隔绝外界的振动干扰。

9）具有刀具破损检测的监控系统。

图 5-25 所示为某种能进行车、铣、磨和电火花加工的多功能微型超精密加工机床的结构示意图。该机床有 X、Z、C、B 四个轴，在 B 轴回转工作台上增加 A 轴转台后，可实现 5 轴控制，数控系统的最小设定单位为 1nm。

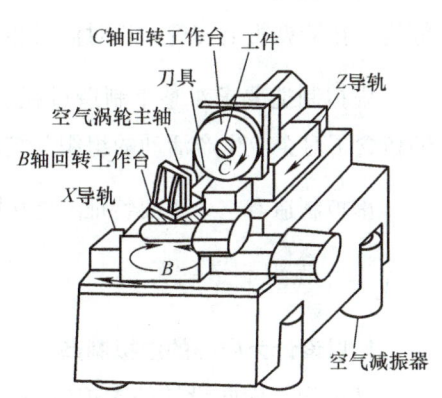

图 5-25　某种微型超精密加工机床

五、微细加工技术的发展趋势

1）随着 MEMS 应用范围的拓宽，对微细加工材料的要求也趋于多样化，需建立微尺度下的各种材料性能数据库。

2）微结构趋于复杂化，功能要求越来越高，随着材料和加工工艺的日益发展，从二维到三维、从微米到纳米，运动部件不断增多，以扩大其使用功能。

3）针对微尺度下器件质量和产品的功能性测量与评定，制订出一系列有关器件的尺寸、形状、表面粗糙度等的计量方法。

4）研发更新、更适用于现代科技需求的微细加工技术。

5）基于微型装备、微型工厂及微加工系统，发挥微细加工方法复合化的优势。

6）能在短期内实现大批量微细加工，降低成本，及时开发出需要的微型结构及系统，实现商业化发展。

单元7　虚拟制造技术

一、概述

虚拟制造技术就是利用仿真与虚拟现实技术，在高性能计算机及高速网络的支持下，采用群组协同工作，通过模型来模拟和预测产品功能、性能及可加工性等各方面可能存在的问题，实现产品制造的本质过程，包括产品的设计、工艺规划、加工制造、性能分析、质量检测等，并进行过程管理和控制。

虚拟制造最终提供的是一个强有力的建模与仿真环境，使得产品规划、设计、制造、装配等均可在计算机上实现，且对涉及生产过程的各个方面（从车间加工到企业经营）提供支持。

虚拟制造要求对整个制造过程进行统一建模，一个广义的制造过程不仅包括设计和制造，还包含了对企业生产活动的组织与控制。

虚拟制造有三个重要特征：交互性、沉浸性和想象力。

二、虚拟制造的分类

1. 以设计为中心的虚拟制造

又称为"面向设计的虚拟制造"，它把制造信息引入到产品设计全过程，利用仿真技术优化产品设计，从而在设计阶段就可以对所设计的零件甚至整机进行可制造性分析，包括加工过程的工艺分析、铸造过程的热力学分析、运动部件的运动学分析和动力学分析,甚至包括加工时间、加工费用、加工精度等的分析等。

以设计为中心的虚拟制造一般是在三维环境下设计产品,模拟装配过程,实现产品的虚拟开发,如图 5-26 所示。

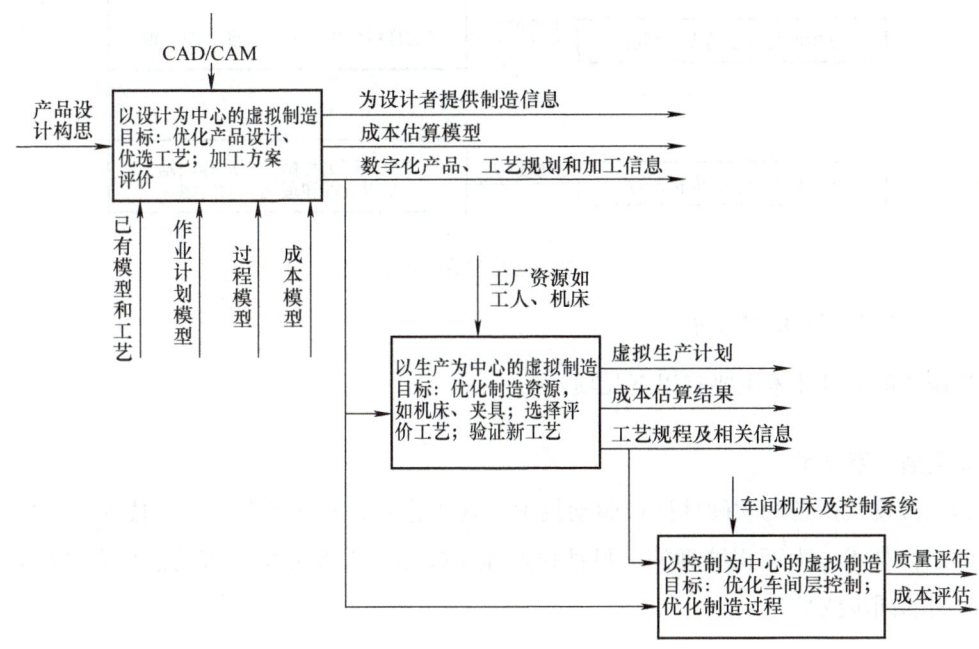

图5-26　虚拟制造的分类及相互关系

2. 以生产为中心的虚拟制造

又称为"面向生产的虚拟制造",它是在生产过程模型中融入仿真技术,以此来评估和优化生产过程,以便低费用、快速地评价不同的工艺方案、资源需求规划和生产计划等,其主要目标是对产品的"可生产性"进行评价,对制造资源和环境进行优化组合,从而提供更为精确的生产成本信息,对组织生产进行合理化决策。

3. 以控制为中心的虚拟制造

又称为"面向控制的虚拟制造",它将仿真技术加到控制模型和实际生产过程中,实现虚拟制造系统的组织、调度和控制策略的优化,以及人工现实环境下虚拟制造过程中的人机智能交互与协同,达到优化制造过程的目的,其支持技术主要包括基于仿真的实时动态调度(对于离散系统)、基于仿真的最优控制(对于连续制造)等,其具体的实现工具是虚拟仪器,它利用计算机软硬件的强大功能,将传统的各种控制仪表、检测仪表的功能数字化,并可灵活地进行各种功能的组合。

面向控制的虚拟制造偏重于现实制造系统的状态、行为、控制模式和人机界面。

以上三种类型的特点如图 5-27 所示。

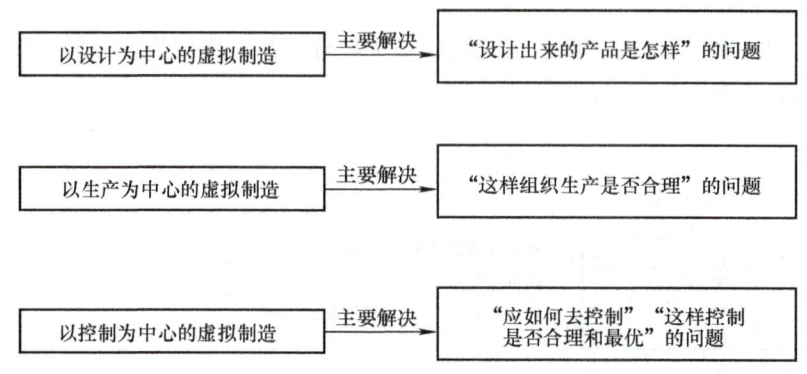

图5-27　虚拟制造的特点

三、虚拟制造的关键技术

虚拟制造的关键技术主要有以下几项：

1. 多通道交互技术

包括虚拟现实设备的软硬件接口驱动技术、真实感渲染的三维图形加速技术、三维定位跟踪设备的定标技术、大面积纹理的可见性快速显示技术、人像分离与多传感信息的融合技术、信息与时间的同步技术等。

2. 虚拟环境建模技术

包括图像图形混合建模技术、多细节层次建模技术、智能化视区裁剪技术、场景预处理技术、基于图像的绘制技术、虚拟声的生成与增强技术等。

3. 虚拟产品建模技术

虚拟产品建模技术是指建立产品的虚拟原型或虚拟样机的过程，包括零部件的物理建模方法、基于物理的工程行为特征建模方法、工程对象的单元化划分方法、工程分析的有限元计算方法、工程分析结果的多准则图示方法等。

4. 数据转换与处理技术

包括数据文件格式转换技术、产品数据管理技术等。

5. 网络环境下知识获取与建库技术

包括网络化异构知识与数据信息的统一表达，分布式虚拟仿真节点的协同与自治，虚拟场景的快速漫游、绘制与网络传输，基于 VR 的产品设计与制造集成过程链，基于多 Agent 的虚拟企业信息重组与集成，网络环境下虚拟产品数据与指令的传输与共享等。

6. 基于VR的科学计算可视化技术

包括多通道技术与可视化技术的映射机理与操纵方法、分布式的计算与可视化环境的协同、特征可视化与拓扑结构分析、基于VR的可视化与驾驭计算。

四、虚拟制造的作用

1）运用软件对制造系统中的五大要素（人、组织管理、物流、信息流、能量流）进行全面仿真，使之达到前所未有的高度集成，为先进制造技术的进一步发展提供了更广大的空间，同时也推动了相关技术的不断发展和进步。

2）可加深人们对生产过程和制造系统的认识和理解，有利于更好地指导实际生产，即对生产过程、制造系统整体进行优化配置，推动生产力的巨大跃升。

3）在虚拟制造与现实制造的相互影响和作用过程中，可以全面改进企业的组织管理工作，而且对正确做出决策有不可估量的影响。

4）虚拟制造技术的应用将加快企业人才的培养速度。

单元8　工业机器人技术

一、概述

（一）机器人概述

1. 机器人的诞生

近年，随着劳动力成本不断上涨，工业领域"机器换人"现象普遍，工业机器人市场与产业也因此逐渐发展起来。

"机器人"是20世纪才出现的新名词。20世纪50年代，出现了有名的"机器人三定律"：

1）机器人必须不危害人类，也不允许它眼看着人类将受到伤害而袖手旁观。

2）机器人必须绝对服从人类，除非这种服从有害于人类。

3）机器人必须保护自身不受伤害，除非为了保护人类或者是人类命令它做出牺牲。

"机器人三定律"后来成为机器人学术界默认的研发原则。但在当时，"机器人"一词也仅仅具有科幻意义，并不具备现实意义，真正使机器人成为现实是在工业机器人出现以后。

2. 工业机器人概述

工业机器人是在工业生产中应用的机器人，是一种可重复编程的、多功能的、多自由度的自动控制操作机，如图 5-28 所示。

在工业机器人问世的最初十年，机器人技术的发展较为缓慢，主要停留在大学和研究所的实验室里。20 世纪 70 年代，随着人工智能、自动控制理论、电子计算机等技术的发展，机器人技术进入了一个新的发展阶段，机器人进入工业生产实用化时代。

3. 工业机器人的定义

工业机器人多种多样，不仅仅是用途多样、驱动方式多样，还有智能化程度不同、控制方式不同等。工业机器人问世已有几十年，但是机器人的定义仍然仁者见仁，智者见智，没有一个统一的意见。下面是目前国际上比较认可的一些关于工业机器人的定义。

图5-28　工业机器人

（1）美国机器人协会（RIA）对机器人的定义　所谓工业机器人，是为了完成不同的作业，根据种种程序化的运动来实现材料、零部件、工具或特殊装置的移动并可重新编程的多功能操作机。

（2）国际机器人联合会（IFR）给出的定义　工业机器人是一种自动控制的、可重复编程的（至少具有三个可重复编程轴）、具有多种用途的操作机。

（3）日本产业机器人协会（JIRA）的定义　工业机器人是一种装备有记忆装置和末端执行装置的、能够完成各种移动来代替人类劳动的通用机器。它又分以下两种情况来定义：

1）工业机器人是一种能够执行与人的上肢类似动作的多功能机器。

2）智能机器人是一种具有感觉和识别能力，并能够控制自身行为的机器。

（4）国际标准化组织（ISO）对工业机器人的定义　工业机器人是一种具有自动控制的操作和移动功能，能够完成各种作业的可编程操作机。

（5）我国科学家对工业机器人的定义　工业机器人是面向工业领域的多关节机械手或多自由度的机器人，是一种自动化的机器，所不同的是这种机器具备一些与人或生物相似的智能能力，如感知能力、规划能力、动作能力和协同能力，是一种具有高级灵活性的自动化机器。

4. 工业机器人的特点

一般情况下，工业机器人具有以下四个特点：

1）具有特定的机械结构，其动作具有类似于人或其他生物的某些器官，如具有类似人的手、腰、大臂、小臂、手腕等肢体的功能。

2）具有通用性，可完成多种工作、任务，可灵活改变动作程序；可根据工作要求，更换末端操作器与动作程序，从事多种工作。

3）具有不同程度的智能，如记忆、感知、推理、决策、学习等。

4）相对独立。完整的机器人系统可以在不依赖人的干预下，独立完成工作任务。

5. 工业机器人的发展现状

工业机器人技术作为 20 世纪人类最伟大的发明之一，自 20 世纪 60 年代初问世以来，经历几十年的发展已取得长足的进步。工业机器人在经历了诞生—成长—成熟期后，已成为制造业中必不可少的装备，据统计世界上有近 90 万台工业机器人正与工人共同工作在各条工业战线上。

工业机器人技术日趋成熟，基本沿着两条路径发展：一是模仿人的手臂，实现多维运动，在应用上比较典型的是点焊机器人、弧焊机器人；二是模仿人的下肢运动，实现物料输送、传递等搬运功能，如搬运机器人。

工业机器人的发展有以下几种模式。

（1）日本模式　各司其职，分层面完成交钥匙工程。即机器人制造厂商以开发新型机器人和批量生产优质产品为主要目标，并由其子公司或社会上的工程公司来设计制造各行各业所需要的机器人成套系统。

（2）欧洲模式　一揽子交钥匙工程。即机器人的生产和用户所需要的系统设计制造，全部由机器人制造商自己完成。

（3）美国模式　采购与成套设计相结合。即国内基本上不生产普通的工业机器人，企业需要的机器人通常由工程公司进口，再自行设计、制造配套的外围设备。

目前，国际上比较有影响力的工业机器人品牌有日本的发那科（FANUC）、德国的库卡（KUKA）、瑞典的 ABB、日本的川崎（Kawasaki）和日本的安川（Yaskawa）等。

6. 工业机器人的发展趋势

随着工业机器人向更深更广的方向发展，以及机器人智能化水平的提高，工业机器人的应用范围还在不断地扩大，目前国际机器人行业都在加大科研力度，进行机器人共性技术的研究，主要集中在以下几方面。

（1）工业机器人的智能化　工业机器人的智能化指机器人具有感觉、知觉等，即有很强的检测功能和判断功能。为此，必须开发类似人类感觉器官的传感器，如触觉传感器、视觉传感器、测距传感器等。对于"聪明"的工业机器人，首先考虑的是提高产品的质量，其次才是大大降低成本。

（2）工业机器人的协作控制　工业机器人是与人共同工作的，人与机器人之间的通信系统也需要更加高效和直观。工业机器人不仅有机器人与人的集成、多机器人的集成，还有机器人与生产线、周边设备及生产管理系统的集成和协调，因此，研究工业机器人的协作控制还需要大量的理论和实践工作。

（3）标准化和模块化　工业机器人功能部件的标准化与模块化是提高机器人的运动精度、运动速度、降低成本和提高可靠性的重要途径。模块化指机械模块、信息检测模块、控制模块等。

（二）工业机器人的分类

工业机器人的分类，国际上没有制订统一的标准，通常按照以下方式分类。

1. 按照结构坐标特性分类

（1）直角坐标机器人　直角坐标机器人具有空间上相互垂直的多个直线移动轴，通常为3个轴，通过直角坐标方向的3个独立自由度确定机器人手部的空间位置，其动作空间为一长方体。

（2）柱面坐标机器人　柱面坐标机器人具有旋转基座、垂直移动轴和水平移动轴，R、θ和Z为坐标系的3个坐标，具有1个回转和2个平移自由度，其动作空间呈圆柱形。

（3）球面坐标机器人　球面坐标机器人又称为极坐标型机器人，R、θ和β为坐标系的3个坐标，具有平移、旋转和摆动3个自由度，动作空间形成球面的一部分。机械手能够做前后伸缩移动、在垂直平面内摆动及绕底座在水平面内转动。

（4）多关节型机器人　多关节型机器人由多个旋转和摆动机构组合而成。这类机器人结构紧凑、工作空间大、动作最接近人的动作，对涂装、装配、焊接等多种作业都有良好的适应性，应用范围越来越广。摆动方向主要有铅垂方向和水平方向两种，因此这类机器人又可分为垂直多关节机器人和水平多关节机器人。

1）垂直多关节机器人。垂直多关节机器人模拟了人类的手臂功能，是以其各相邻运动构件的相对角位移建立坐标系的，θ、α和Φ为坐标系的3个坐标。这种机器人的动作空间近似一个球体，所能到达区域的行程取决于两个臂的长度比例，因此也称为多关节球面机器人。

垂直多关节机器人的优点是可以自由地实现三维空间的各种姿势，可以生成各种复杂形状的轨迹，且动作范围很宽，缺点是结构刚度较低，动作的绝对位置精度较低。

2）水平多关节机器人。水平多关节机器人在结构上具有串联配置的两个能够在水平面内旋转的手臂，其自由度可以根据用途选择 2～4 个，ω_1、ω_2、ω_3 是绕各轴做旋转运动的坐标，Z 是在垂直方向做上下移动的坐标，其动作空间为一圆柱体。

水平多关节机器人的优点是在垂直方向上的刚性好，能方便地实现二维平面上的动作，在装配作业中得到普遍应用。

2. 按照控制方式分类

按照控制方式可分为非伺服控制机器人和伺服控制机器人两种。

（1）非伺服控制机器人　机器人按照预先编好的程序顺序进行工作，工作能力比较有限，使用限位开关、制动器、插销板和定序器来控制机器人的运动。

非伺服控制机器人的驱动装置接通能源后，就可带动机器人的手臂、腕部和手部等装置运动。当它们移动到由限位开关所规定的位置时，限位开关切换工作状态，给定序器送去一个工作任务已完成的信息，并使终端制动器动作，切断驱动能源，使机器人停止运动。

（2）伺服控制机器人　此类机器人有更强的工作能力，价格更贵，在某些情况下不如简单的机器人可靠。伺服系统的被控制量可为机器人手部执行装置的位置、速度、加速度和力等。

伺服控制机器人通过传感器取得的反馈信号与来自给定装置的综合信号，经比较器加以比较后，得到误差信号，再经过放大后用以激发机器人的驱动装置，进而带动末端执行器以一定的规律运动，到达规定的位置和速度等，这是一个反馈控制系统。

3. 按照拓扑结构分类

按照拓扑结构可分为并联机器人、串联机器人和混联机器人。

（1）并联机器人　其一个轴的运动不影响另一个轴的坐标原点。并联机器人的特点如下：

1）动态性能优越，适合高速、高加速场合。

2）运动空间相对较小。

3）采用并联闭环结构，机构具有较大的承载能力。

4）并联机构各个关节的误差可以相互抵消，相互弥补，运动精度高。

（2）串联机器人　其一个轴的运动会改变另一个轴的坐标原点。串联机器人的特点如下：

1）结构简单。因其结构简单、易操作、灵活性强、工作空间大等特点而得到广泛的应用。

2）运动链较长。串联机器人的不足之处在于运动链较长，系统的刚度和运动精度较低。

3）不宜高速操作。串联机器人各手臂的运动惯量相对较大，因而不宜实现高速或超高速操作。

（3）混联机器人　具有至少一个并联机构和一个或多个串联机构。混联机器人的特点如下：

1）既有串联机器人工作空间大、运动灵活的特点，又有并联机器人刚度大、承载能力强的特点。

2）因其精度高的特点，可以高精度、高效率地实现物料的高速分拣，进而可大大地提高效率和准确度。

3）可在大范围工作空间中高速、高效率地完成大型物体的抓取和搬运工作，如码垛机器人。

4. 按照智能程度分类

按照智能程度可分为示教机器人、感知机器人和智能机器人。

（1）示教机器人　第一代机器人，主要指只能以示教再现方式工作的工业机器人。示教指由人教机器人运动的轨迹、停留的点位、停留的时间等。机器人依照教给的行为、顺序和速度重复运动，即所谓的再现。

（2）感知机器人　第二代机器人，又称为传感机器人或感觉机器人，它带有一些可感知环境的装置，对外界环境有一定的感知能力。工作时，根据感觉器官（传感器）获得的信息，通过反馈控制，使机器人能在一定程度上灵活调整自己的工作状态，保证在适应环境的情况下完成工作。

（3）智能机器人　第三代机器人，它不仅具有感觉能力，而且还具有独立判断和行动的能力，并具有记忆、推理和决策能力，因而能完成更加复杂的动作。它具有与外部世界——作业对象、环境和人相适应、相协调的工作机能，从控制方式看，是以"认知 - 适应"的方式自律地进行操作。

5. 按照驱动方式分类

按照驱动方式可分为电力驱动机器人、气压驱动机器人、液压驱动机器人和新型驱动机器人。

（1）电力驱动机器人　利用电动机产生的力或力矩驱动执行机构。电力驱动具有无污染、易于控制、运动精度高、成本低、驱动效率高等优点，其应用最广泛。

（2）气压驱动机器人　以压缩空气来驱动执行机构。优点是空气来源方便，动作迅速，结构简单，造价低；缺点是空气具有可压缩性，工作速度的稳定性较差。因气源的压力较低，所以此类机器人适用于对抓举力要求小的场合。

（3）液压驱动机器人　使用液体油液来驱动执行机构。相对于气压驱动，液压驱动机器人具有大得多的抓举力，抓举质量可高达上百千克。液压驱动机器人结构紧凑，传动平稳且动作灵敏,但对密封的要求较高,且不宜在高温或低温的场合工作,要求的制造精度较高,成本较高。

(4)新型驱动机器人　伴随着机器人技术的大发展,出现了利用新的工作原理制造的新型驱动器,如静电驱动器、压电驱动器、形状记忆合金驱动器、人工肌肉及光驱动器等。

6. 按照作业任务分类

按照作业任务可分为装配机器人、焊接机器人、喷涂机器人、搬运机器人和处理机器人。

(1)装配机器人　主要有包装机器人和拆卸机器人。

(2)焊接机器人　主要有点焊机器人和弧焊机器人。

(3)喷涂机器人　主要有喷漆机器人和涂胶机器人。

(4)搬运机器人　主要有移动小车(AGV)、码垛机器人、分拣机器人和冲压锻造机器人。

(5)处理机器人　主要有切割机器人、研磨抛光机器人。

二、工业机器人的基本组成

工业机器人是一种可以模拟人的手臂、手腕及其功能的机电一体化装置。从体系结构看,一台通用的工业机器人,可分为机器人本体、控制器与控制系统和示教器三大部分。

(一)机器人本体

机器人本体也称为操作机。它是用来完成各种作业任务的执行机构,主要由机械臂、驱动与传动装置、传感器三大部分组成,如图5-29所示。

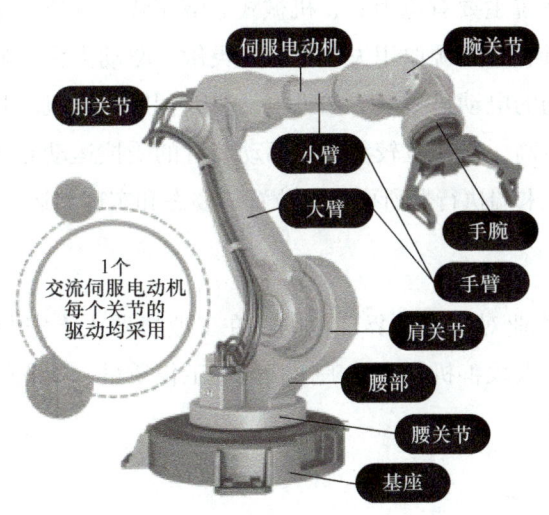

图5-29　机器人本体

1. 机械臂

大部分工业机器人为关节型机器人。关节型机器人的机械臂是由关节连在一起的许多机械连杆的集合体，它本质上是一个拟人手臂的空间开链式机构，一端固定在基座上，另一端可自由运动。关节通常是移动关节和旋转关节，移动关节允许连杆做直线移动，旋转关节仅允许连杆之间发生旋转运动。

1）基座。机器人的基础部分，起支撑作用，整个执行机构和驱动装置都安装在基座上。固定式机器人的基座直接连接在地面基础上；移动式机器人的基座安装在移动机构上，又可分为有轨和无轨两种。

2）腰部。机器人手臂的支撑部分。根据执行机构坐标系不同，腰部可以在基座上转动，也可以和基座制成一体；有时腰部也可以通过导杆或导槽在基座上移动，从而增大工作空间。

3）手臂。连接机身和手腕的部分，由操作机的动力关节和连接杆件等构成。它是执行机构中的主要运动部件，也称为主轴，主要用于改变手腕和末端执行器的空间位置，以满足机器人的作业空间，并将各种载荷传递到基座。

4）腕部。连接末端执行器和手臂的部分，将作业载荷传递到臂部，也称为次轴，主要用于改变末端执行器的空间姿态。

2. 驱动与传动装置

工业机器人在运动时，每个关节的运动都是通过驱动装置和传动机构实现的。驱动装置是向机器人各机械臂提供动力和运动的装置，不同的机器人，驱动采用的动力源不同，驱动系统的传动方式也不同。

工业机器人的驱动系统主要有电力式、机械式、液压式、气压式等。电力式驱动是现代工业上用得最多的一种，具有电力源取用方便、反应灵敏、驱动力大、监控方便、控制方式灵活等特点。驱动机器人所用的电动机一般为步进电动机或伺服电动机，目前也有部分机器人采用力矩电动机，但是成本较高，操作也较复杂。驱动装置的受控运动必须通过传动单元带动机械臂产生运动，以精确保证末端执行器所要求的位置、姿态和实现其运动。

3. 传感器

传感器是用来检测作业对象及外界环境的。在工业机器人上安装各类传感器，可以帮助机器人完成工作，可以大大改善机器人的工作状况和工作质量，使它们能够高效地完成复杂的任务。

（二）控制器与控制系统

控制系统是工业机器人的神经中枢或控制中心，由计算机硬件、软件和一些专用电路、控制器、驱动器等构成，如图5-30所示。控制器主要用来处理工作的全部信息，它根据工程师编写的指令及传感器得到的信息来控制机器人本体完成一定的动作。

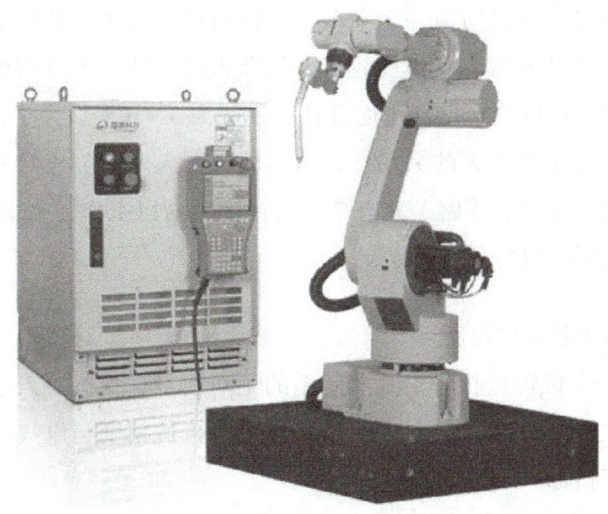

图5-30　工业机器人和控制系统

（三）示教器

示教器上设有用于对机器人进行示教和编程所需的操作按键和按钮。一般情况下，不同厂家设计的示教器外观不同，但是示教器都包含液晶显示区、功能按键区、急停按钮和出入线端口，如图5-31所示。操作时，只需要手持示教器，通过按键把信号传送到控制柜的存储器中，就能实现对机器人的示教。

图5-31　示教器

三、工业机器人的技术参数

工业机器人的种类、用途及用户要求各式各样，但无论如何，机器人的基本组成是一样的，需要研究的技术参数也一样。目前，工业机器人的主要技术参数有自由度、定位精度和重复定位精度、分辨率、工作范围、最大运动速度和承载能力等。

（一）自由度

自由度是指机器人所具有的独立坐标轴运动的数目，不包括末端执行器的开合自由度。一般情况下，机器人的一个自由度对应一个关节，所以自由度与关节的概念是等同的。自由度是表示机器人动作灵活程度的参数，自由度越多，机器人越灵活，但结构也越复杂、控制难度也就越大，所以机器人的自由度要根据其用途设计，一般为 3~6 个。大于 6 个的自由度称为冗余自由度。冗余自由度增加了机器人的灵活性，可方便机器人避开障碍物和改善机器人的动力性能。人类的手臂（大臂、小臂、手腕）共有 7 个自由度，所以工作起来很灵巧，可回避障碍物，并可从不同的方向到达同一目标位置。

（二）定位精度和重复定位精度

机器人的精度是一个位置量相对于其参照系的绝对度量，指机器人手部实际到达位置与所需要到达的理想位置之间的差距。机器人的精度取决于机械精度与电气精度，包括定位精度和重复定位精度两种精度指标。

1. 定位精度

定位精度是指机器人末端执行器的实际位置与目标位置之间的偏差。典型的工业机器人的定位精度一般为 $\pm(0.02 \sim 5)$ mm。

2. 重复定位精度

重复定位精度是指机器人重复到达某一目标位置的差异程度。重复定位精度越高，机器人在执行同一任务时的稳定性和可靠性也就越高。

（三）分辨率

机器人的分辨率是指每一关节所能实现的最小移动距离或最小转动角度。工业机器人的分辨率分为编程分辨率和控制分辨率两种。

1. 编程分辨率

编程分辨率是指控制程序中可以设定的最小距离，又称为基准分辨率。例如，当机器人的关节电动机转动 0.1° 时，机器人关节端点移动的直线距离为 0.01mm，其基准分辨率便为 0.01mm。

2. 控制分辨率

控制分辨率是指系统位置反馈回路所能检测到的最小位移，即与机器人关节电动机同轴安装的编码盘发出单个脉冲时电动机所转过的角度。

精度和分辨率不一定相关。一台设备的运动精度是指命令设定的运动位置与该设备执行命令后能够达到运动位置之间的差距，分辨率则反映实际需要的运动位置和命令所能够设定的位置之间的差距。

（四）工作范围

工作范围也称为工作区域，是指机器人手臂末端或手腕中心所能到达的所有点的集合。工作范围的形状和大小是十分重要的，机器人在执行某作业时可能会因为存在手部不能到达的作业死区而不能完成任务。

（五）最大工作速度

最大工作速度，有的厂家指工业机器人主要自由度上的最大的稳定速度，有的厂家指手臂末端最大的合成速度，通常都在技术参数中加以说明。很明显，工作速度越高，工作效率越高。但是，工作速度越高，就要花费更多的时间去升速和降速，或者对工业机器人的最大加速率或最大减速率的要求更高。

（六）承载能力

承载能力是指机器人在工作范围内的任何位置上所能承受的最大质量。承载能力不仅取决于负载的质量，还与机器人运行的速度和加速度的大小和方向有关。为了安全起见，承载能力规定为高速运行时的承载能力。通常，承载能力不仅指负载，还包括机器人末端操作器的质量。

单元9　绿色制造

一、绿色制造概述

1. 绿色制造的概念

绿色制造又称为环境意识制造或面向环境的制造，是一个系统地考虑环境影响和资源效率的现代制造模式，其目标是使产品在从设计、制造、包装、运输、使用到报废处理的整个产品生命周期中，对环境的负面影响最小，资源效率最高，并使企业的经济效益和社会效益协调优化。

2. 绿色制造的意义

1）绿色制造研究属于国际制造科学技术前沿，将有力地推动制造科学的发展。

2）绿色制造是实现可持续发展的必然要求，具有重大社会效益和生态效益。

3）国际环境管理标准的提出，更增添了企业对实施绿色制造的需求。

4）绿色制造为制造企业取得显著的经济效益带来了新的机遇。

5)实施绿色制造战略将为我国企业突破国际绿色贸易壁垒提供有力支撑。

3. 绿色制造的内涵和特征

（1）绿色制造的内涵

1）绿色制造涉及多个学科领域的理论、技术和方法，具有多学科交叉、技术集成的特点。

2）绿色制造考虑两个过程：产品的生命周期过程和物流转化过程。通过绿色制造要实现两个目标：减少污染物排放，保护环境；实现资源优化。

3）绿色制造的技术内容广泛，包括绿色设计、清洁生产、绿色再制造等现代设计和制造技术。

4）绿色制造是一种充分考虑资源、环境的现代制造模式。

（2）绿色制造的特征　绿色制造的特征主要表现为：

1）绿色制造要求在整个产品生命周期中，实现减少环境污染、资源优化的目标。

产品生命周期模型如图5-32所示。

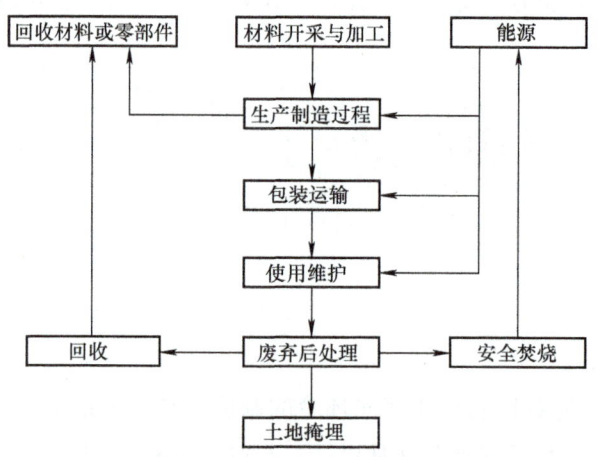

图5-32　产品生命周期模型图

2）绿色制造是以提高企业经济效益、社会效益和生态效益为目标，强调以人为本，集成各种先进技术和现代管理技术，实现企业经济效益、社会效益和生态效益协调与优化。

3）绿色制造鼓励在制造过程中采用新的技术方法、使用新的材料资源。

4）绿色制造模式具有社会性。

4. 绿色制造的结构体系

绿色制造的结构体系如图5-33所示。

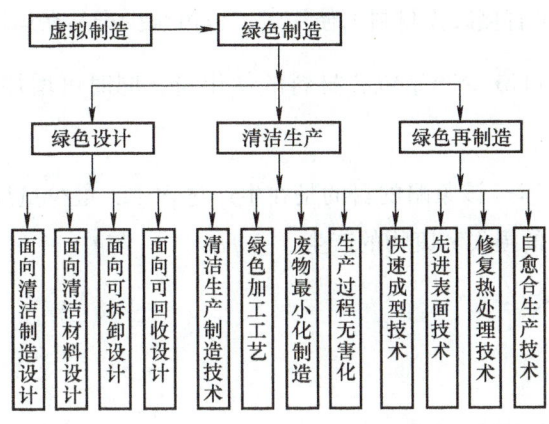

图5-33　绿色制造结构体系

二、绿色设计

1. 绿色设计的概念

绿色设计也称为面向环境的设计,是系统地考虑环境影响并集成到产品最初设计过程中的技术和方法,其核心是从整个产品系统的角度考虑,在整个产品的生命周期内的各个阶段对环境产生的影响。

绿色设计要求在满足产品的功能、质量和成本的同时,使产品在整个生命周期中对环境的影响减少到最小。

2. 绿色设计策略

绿色设计策略主要有以下两个方面:一是采用不同的设计方法以满足所设计产品特定环境特性要求的技术方法;二是从不同的角度分析产品的环境特性,提出减少对环境影响的技术方法。主要内容如下。

(1)选择低环境影响材料　这种策略主要侧重于材料的选择及表面处理方式的选择,目的是为产品选择对环境影响最小的材料。

1)清洁材料。尽可能采用无毒、无害的材料。

2)可再生材料。尽可能采用可无限制使用且不需要替代的材料。

3)低含能材料。避免或减少需要使用高能量进行提取或加工的材料。

4)回收的材料。即曾经被加工过,经回收后可重新用于加工的材料。

5)可回收材料。指材料回收后能被重新加工后使用。

(2)减少材料的使用量　该策略的目的是采用最小的产品体积,以便产品在运输和使用过程中占用最小的空间。

1)减少产品重量。可直接减少材料的使用量,也可减少产品在运输过程中的能耗。

2)减小产品体积。可减少产品包装材料的使用量,同时可增加产品的储运效率,节约能源。

(3)优化产品生产技术　该策略的目的是在生产过程中,最少量地使用辅助材料,以减少能源消耗量,降低原材料的损失和废物的产生。

1)采用绿色制造技术。

2)减少加工步骤。

3)降低能源消耗,使用清洁能源。

4)减少生产过程的废物。

(4)优化销售系统　该策略保证产品以最有效的方式从工厂传输到零售商直到最终用户。

1)减少包装材料,使用清洁和可重复使用的包装材料。

2)采用最能效的运输方式。

3)建立最能效的产品供应系统,也可有效地减少对环境的影响。

(5)减少使用中的环境影响　该策略是要减少用户在使用过程中对环境产生的影响。

1)降低能量消耗。

2)使用清洁能源。

3)在满足产品功能的条件下,尽可能减少消费品的使用。

4)设计使用最清洁的消费品,并保证在其使用过程中,不产生潜在的有害的废物。

5)避免产品和消耗品的误用,设置产品理想工作状态,减少能源和其他消耗品的浪费。

(6)优化产品寿命　该策略的目的是延长产品的使用寿命,包括产品的技术寿命和美学寿命,以及它们之间的平衡。

1)增加产品的可靠性和耐用性。

2)易于维护和维修可以保证产品及时地清洁、维护和修理。

3)采用模块化产品结构便于产品的升级和更新换代以及维护和修理。

4)采用先进的设计保证产品在一定的时间内不落后,保持产品技术寿命和美学寿命的平衡。

5)具有良好的宜人性。

（7）优化产品回收处理系统　该策略的目的是在产品使用寿命结束后，重复使用具有使用价值的产品及元件，确保使用后的产品采取适当、安全的回收和处理方法。

1）产品的重复使用。

2）重新加工和刷新。

3）材料的回收。

4）安全焚烧。

3．绿色设计的基本步骤和方法

绿色设计过程可分为以下三个步骤：

（1）产品选择和产品基本特性分析

1）产品的选择。主要由市场需求决定，同时要考虑潜在的环境影响和技术可行性。

2）产品基本特性分析。分析报告应包括以下内容：

① 产品市场情况。

② 市场上同类产品分析。

③ 企业的资源和能力。

④ 产品的适应性。

⑤ 产品信息。

⑥ 产品生命周期流程图。

（2）产品的环境影响分析　通过产品的环境影响分析确立设计目标和方向。

根据对所选择产品的环境特性及动力的分析，建立优先发展方向，选择最适合的绿色设计策略用于产品的设计。

1）生命周期评价。生命周期评价是对产品整个生命周期，从获取原材料、生产、使用直至最终处理的环境因素及其潜在影响的研究。包括以下四个步骤：

① 目标和范围的确定。

② 生命周期清单分析。

③ 生命周期影响评价。

④ 结果解释。

生命周期评价的实施步骤如图 5-34 所示。

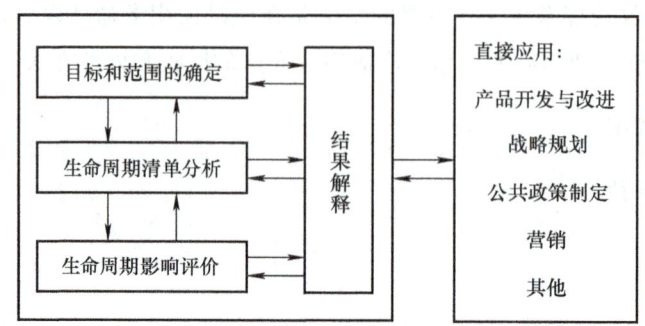

图5-34 生命周期评价的实施步骤

2）简化生命周期评价过程。在设计过程中，尽量简化生命周期评价，以获得产品在生命周期中主要的环境影响因素，确定影响因素次序，为设计过程提供参考和建议。

简化生命周期评价的步骤如下：

① 建立产品生命周期流程图。

② 进行有限的产品清单分析。

③ 应用分析工具软件进行环境影响分析，确定影响因素的重要性次序。

3）绿色设计指导工作组。工作组应包括生产技术人员、材料专家、市场销售人员、设计人员、环境管理专家等。工作组应对解决产品对环境影响的各种意见和方法给出基本的评价。

（3）绿色产品的实现

1）将产品的环境影响因素按优先级分类，确定绿色设计策略。

2）综合考虑和优化各相关环境目标，确定最佳解决方案。

3）写出所设计产品的设计大纲，进行产品的详细设计、开发和原型制造。

三、清洁生产

1. 清洁生产的内涵

清洁生产就是在现有的技术和经济条件下，用清洁的能源和原材料、清洁工艺及无污染或少污染的生产方式，以及科学而严格的管理措施生产清洁的产品。

1）清洁生产是一种综合预防的环境保护策略，并持续地应用于生产过程、产品和产品服务的过程中，以期减少对人类和环境的影响和伤害。

对于生产过程来说，清洁生产的目的就是在生产过程中节约原材料、水资源和能源，消除毒害材料的使用，减少毒害物质排放和废弃物的产生。

对于产品来说，清洁生产的目标在于减少产品在整个生命周期过程中，对生态环境和人类健康与安全的影响。

对于产品服务而言，清洁生产是指在产品设计和服务中综合考虑环境影响因素，实现绿色设计。

从可持续发展的角度讲，清洁生产是既可满足人们的需要，又可合理使用自然资源和能源，并保护环境的实用生产方法和有效措施。

2）清洁生产包含两个过程控制：产品生产过程控制和产品整个生命周期过程控制。

对生产过程而言，清洁生产包括节约原材料和能源，淘汰有毒有害的原材料，并在全部排放物和废物离开生产过程以前，尽最大可能减少它们的排放量和毒性。

对产品而言，清洁生产要减少产品在整个生命周期过程中，从原料的提取、产品使用到产品的最终处理对人类和自然环境的影响。

3）清洁生产要实现两个目标。

① 合理利用自然资源，减缓资源的耗竭。通过资源的综合利用，短缺资源的代用，二次能源的利用，以及节能、降耗、节水，合理利用自然资源，减缓资源的耗竭。

② 减少工业废弃物和污染物的产生和排放，促进工业产品的生产、消耗过程与环境相容，降低工业活动对人类和环境的风险，促进工业与环境的协调。

2. 清洁生产的实现方法

（1）实现清洁生产的基本途径

1）改进产品设计，调整产品结构，选择绿色原材料，生产原料闭路循环、资源综合利用。不采用对环境有害的原料，不生产对环境有害的产品。

2）改革生产工艺和设备，开发全新工艺流程，最大限度地提高生产率，减少污染排放。

3）加强生产管理，发展环保技术，减少和杜绝生产中的跑、冒、滴、漏。

4）进行产品的生命周期评价或清洁生产审计，提出清洁生产方案并进行可行性分析。建立企业环境管理体系，为企业持续进行清洁生产提供组织和管理保障。

（2）绿色制造工艺　绿色制造工艺是指在产品加工过程中，采用的既能提高经济效益，又能减少对环境影响的工艺技术。可划分为三种类型：

1）节约资源的工艺技术（如干式加工技术）。

2）节省能源的工艺技术。

3）环保型工艺技术（如采用绿色切削液）。

绿色制造工艺开发策略如图 5-35 所示。

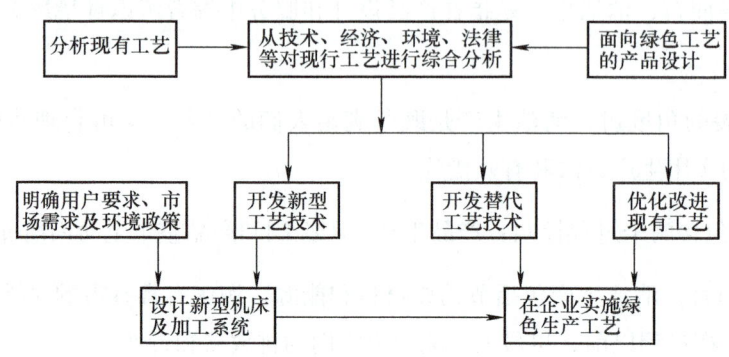

图5-35　绿色制造工艺开发策略

（3）绿色包装　绿色包装技术是从环境保护的角度，优化产品包装方案，使得资源消耗和废弃物产生最少。

绿色包装的内容包括：包装材料、包装结构、包装废弃物回收处理。

绿色包装的基本原则如下：

1）减量化。减少包装材料的使用量。

2）重新使用。包装材料的再利用。

3）循环再生。包装材料的回收和循环使用。

4）可降解。应尽量选择易于降解的材料，如纸、可回收材料等。

3. 清洁生产的优点

1）利于减少资源消耗和环境污染，保护生态环境、自然资源和大众健康。

2）利于改善产品质量，降低生产成本，提高企业利润，增强产品竞争力，使企业走入良性循环。

3）利于改善企业职工的劳动条件和工作环境，提高职工劳动积极性和生产效率。

4）利于企业树立良好的社会公众形象。

5）响应国家绿色发展的理念。

习题

5-1 先进制造技术有哪些特点？发展趋势如何？

5-2 先进制造技术的体系结构有哪几部分？

5-3 简述成组技术的概念及应用。

5-4 简述 CIMS（计算机集成制造系统）和其实施步骤。

5-5 传统的顺序设计方法与并行设计方法有何区别？

5-6 制造企业的敏捷能力主要反映在哪几个方面？

5-7 超精密磨削和镜面磨削的加工精度如何实现？

5-8 超精密加工技术分为哪几类？

5-9 目前技术条件下精密加工和超精密加工是如何划分的？

5-10 试说明超精密切削、超精密磨削加工的特点和各自的适应场合。

5-11 超精密加工对机床设备和环境有何要求？

5-12 试说明 LIGA 技术的加工工艺及主要应用对象。

5-13 微机械加工中的关键技术是什么？

5-14 什么是虚拟制造技术？分为哪几类？

5-15 虚拟制造技术有什么特点？

5-16 虚拟制造技术的关键技术有哪些？

5-17 什么是工业机器人？分为哪几类？

5-18 工业机器人的基本组成有哪些？工业机器人的主要技术参数有哪些？

5-19 工业机器人的发展趋势是什么？

5-20 机器人主要应用在哪些领域？

5-21 什么是绿色制造？发展绿色制造有什么意义？

5-22 绿色制造的内涵是什么？

5-23 什么是绿色设计？绿色设计的策略有哪些？

5-24 绿色设计的步骤有哪些？

5-25 清洁生产的内涵是什么？如何实现清洁生产？

5-26 什么是绿色包装？绿色包装的原则有哪些？

参 考 文 献

[1] 吕谊明. 机械制造技术 [M]. 2版. 北京：高等教育出版社，2023.

[2] 张世昌，张冠伟. 机械制造技术基础 [M]. 4版. 北京：高等教育出版社，2022.

[3] 徐向纮，赵延波. 机械制造技术实训 [M]. 北京：清华大学出版社，2018.

[4] 倪小丹，杨继荣，熊运昌. 机械制造技术基础 [M]. 3版. 北京：清华大学出版社，2020.

[5] 卢秉恒. 机械制造技术基础 [M]. 4版. 北京：机械工业出版社，2018.

[6] 王明耀，李海涛. 机械制造技术 [M]. 3版. 北京：机械工业出版社，2021.

[7] 郭彩芬. 机械制造技术 [M]. 2版. 北京：机械工业出版社，2021.

[8] 赵玉奇. 机械制造基础与实训 [M]. 3版. 北京：机械工业出版社，2018.

[9] 庄佃霞，崔朝英. 机械制造基础 [M]. 2版. 北京：机械工业出版社，2018.